Die Fürsorgegesetze

im Reich und in Bayern

Textausgabe mit Einleitung und Sachregister

von

Dr. Walther Heß

Regierungsrat I. Kl. im Bayer. Staatsministerium des Innern

2. völlig neubearbeitete Auflage

1 9 3 2

München - Berlin - Leipzig

J. Schweitzer Verlag (Arthur Sellier)

Druck von Dr. F. P. Datterer & Cie., Freising-München

Vorwort zur 1. Auflage.

Es hat sich in der Praxis das dringende Bedürfnis herausgestellt, den Wortlaut der Texte der reichsrechtlichen Bestimmungen über das öffentliche Fürsorgerecht (Reichsverordnung über die Fürsorgepflicht vom 13. Febr. 1924; noch aufrechterhaltener Teil des Unterstützungswohnsitzgesetzes; Reichsfürsorgegrundsätze vom 4. Dez. 1924, amtliche Erläuterungen dazu) in einer handlichen Textausgabe in absolut zuverlässiger Form und unter Beigabe der Abänderungsverordnungen zusammenzustellen. Die Verabschiedung des Bayer. Ausführungsgesetzes zur Reichsverordnung über die Fürsorgepflicht, des Fürsorgegesetzes, in der Landtagsvollsitzung vom 28. Febr. 1930 gibt dazu Anlaß, diese Zusammenstellung zu bringen und ihr den beschlossenen Text des Bayerischen Fürsorgegesetzes sowie das bis zum 1. April 1930 gültige vorläufige bayer. Ausführungsrecht zur RFV. beizugeben.

Die Vollzugsvorschriften zum Fürsorgegesetz werden sofort nach Erscheinen in einer Sonderbeilage nachfolgen.

Der Gebrauch der Textausgabe soll durch das beigefügte Sachregister erleichtert werden. Die in Bearbeitung befindliche Handausgabe „Öffentliches Fürsorgerecht des Reiches und Bayerns" wird in allerkürzester Frist nachfolgen.

München, 28. Februar 1930. **Dr. Heß.**

Vorwort zur 2. Auflage.

Das zum Angelpunkte der Gemeindefinanzen und damit der öffentlichen Verwaltung überhaupt gewordene Fürsorgerecht hat durch die einschneidenden Notverordnungsmaßnahmen der Reichsregierung zahlreiche weittragende Änderungen erfahren, die durch einen neuerlichen (III.) Nachtrag nicht mehr zu erfassen waren. Vielmehr erweist sich die Neuauflage des Textbüchleins als notwendig; sie berücksichtigt alle fürsorgerechtlichen Änderungen und Ergänzungen des Reichs- und bayer. Landesrechts bis Mitte Februar 1932. Um die Novellen genau verfolgen zu können, sind sämtliche im Wortlaut des RGBl. abgedruckt (S. 61 bis 82). Der Inhalt der Novellen ist in der Einleitung S. 7 ff. dargestellt.

Es ist zu hoffen, daß nunmehr — abgesehen von einer kleinen Novelle zum Bayer. Fürsorgegesetz — ein gewisser Abschluß und Stillstand eingetreten ist.

Um einen Überblick über die Rechtsquellen des derzeitigen Reichs- und Landesfürsorgerechts zu gewinnen, sei auf Seite 107 bis 109 mit Fußnoten verwiesen.

Möge das Büchlein den zahlreichen mit dem öffentlichen Fürsorgerecht befaßten Stellen ein brauchbarer Wegweiser bleiben, bis die in Bearbeitung befindliche, durch die Gesetzesänderungen aber wiederholt umzuarbeitende Handausgabe „Öffentliches Fürsorgerecht des Reiches und Bayerns“ nachfolgt!

München, 15. Februar 1932. **Dr. Heß.**

Inhaltsverzeichnis.

Abkürzungen.

AVAVG. = Gesetz über Arbeitsvermittlung und Arbeitslosenversicherung in der Fassung vom 5. Juni 1931.
BayFürsBl. = Bayerische Fürsorgeblätter, Beilage der Bayer. Gemeinde- und Verwaltungszeitung, Verlag J. Schweitzer, München.
Bl. f. öffentl. Fürs. = Blätter für öffentliche Fürsorge, Kommunalschriften-Verlag, München.
BAH. = Entscheidungen des Bundesamts für das Heimatwesen.
E. = Entschließung.
GVBl. = Gesetz und Verordnungsblatt für den Freistaat Bayern.
i. d. F. = in der Fassung.
MABl. = Ministerialamtsblatt.
RABl. I = Reichsarbeitsblatt, Teil I usw.
RFGr. = Reichsgrundsätze über Voraussetzung, Art und Maß der öffentlichen Fürsorge, vom 4. Dezember 1924.
RFV. = Reichsverordnung über die Fürsorgepflicht, vom 13. Febr. 1924.
RGBl. = Reichsgesetzblatt.
RVBl. = Reichsversorgungsblatt (= Reichsarbeitsblatt Teil V).
StAnz. = Bayer. Staatsanzeiger.
UWG. = Unterstützungswohnsitzgesetz vom 30. Mai 1908.
V. = Verordnung.
VGH. = Sammlung der Entscheidungen des Bayer. Verwaltungsgerichtshofs.

Einleitung.

A. Das öffentliche Fürsorgerecht beschränkte sich zur Zeit der Geltung des Unterstützungswohnsitzgesetzes vom $\frac{\text{6. Juni 1870}}{\text{30. Mai 1908}}$ — in Bayern am 1. Januar 1916 in Kraft getreten — auf das Armenrecht. Die Kriegs- und Nachkriegszeit brachte eine ungeahnte Ausdehnung der öffentlichen Fürsorge auf alle möglichen Personenkreise, die mit den durch die Armenfürsorge erfaßten Personen in keiner Weise mehr identifiziert werden konnten. In der Nachkriegszeit wurden die einzelnen Sonderfürsorgezweige jeweils nach dem augenblicklichen Bedürfnis gesondert geregelt. Dadurch entstand eine Unübersichtlichkeit, die zu einer zusammenfassenden Neuregelung drängte. Diese kam im Vollzuge des § 42 der III. Steuernotverordnung v. 14. Febr. 1924 (RGBl. I S. 74) mit der Reichsverordnung über die Fürsorgepflicht (RFV.) vom 13. Februar 1924 (RGBl. I S. 100), die die Organisation des öffentlichen Fürsorgewesens kodifizierend neu regelte. Ihr folgte eine reichsrechtliche Kodifikation des sog. materiellen (sachrechtlichen) Fürsorgerechts in den Reichsgrundsätzen über Voraussetzung, Art und Maß der öffentlichen Fürsorge (RFGr.) vom 4. Dezember 1924 (RGBl. I S. 765).

B. Die Entwicklung des Fürsorgerechts in der Zeit seit Inkrafttreten der RFV. ging zunächst in ruhigen Bahnen, bis die katastrophale Entwicklung des Jahres 1930 dazu nötigte, die Maßnahmen zur Sicherung von Wirtschaft und Finanzen auch auf das Gebiet des öffentlichen Fürsorgerechts auszudehnen, wodurch sich eine wesentliche Abänderung sowohl der Reichsverordnung über die Fürsorgepflicht als auch der Reichsgrundsätze über Voraussetzung, Art und Maß der öffentlichen Fürsorge ergab.

Im folgenden sollen die Änderungen der RFV. und RFGr. kurz dargestellt werden.

I. RFV.

Diese hat bis jetzt 5 Änderungen erfahren.

1. Die 1. Abänderung ist durch Anlage 3 Ziff. 7 der zweiten **Verordnung vom 12. Dezember 1924** zur Durchführung des Münzgesetzes (RGBl. I S. 775) eingetreten (s. hier S. 61). Darnach ist in den §§ 16 und 36 das Wort „Goldmark" durch „Reichsmark" ersetzt worden.

2. Eine 2. Änderung brachte das Gesetz **vom 8. Juni 1926** (RGBl. I S. 255) (s. hier S. 61). Geändert wurden §§ 3, 6 und 32. § 3 erfuhr eine Erweiterung, indem der Forderung des Reichstags auf Beteiligung der Hilfsbedürftigen im Fürsorgestreitverfahren, die in Bayern übrigens schon nach der Verwaltungsordnung vom 12. Januar 1925

sichergestellt war, reichsrechtlich Rechnung getragen wurde, woraus sich gleichzeitig die Aufhebung des § 32 Abs. 3 RFV. ergab. Neben dieser Beteiligung der Hilfsbedürftigen wurde den Ländern die Einführung eines besonderen Beschwerdeverfahrens zur Pflicht gemacht, wobei unter Beschwerdeverfahren auch das sogen. „Einspruchsverfahren" verstanden wurde, wie es Bayern bereits kannte. § 6 wurde durch Einführung landesrechtlich festzusetzender Fürsorgerichtsätze (und Einkommensrichtsätze der Wochenfürsorge) sowie durch die gesetzliche Bestimmung über Nichtanrechnung gewisser Bezüge aus dem Aufwertungs- und Anleiheablösungsgesetz ergänzt; letztere Bestimmung war bereits inhaltlich gleichlautend in § 33 a RFGr. durch Gesetz vom 7. September 1925 aufgenommen worden.

3. Besonders einschneidend ist die dritte Änderung der RFV., die durch die diktatorischen Maßnahmen der Reichsregierung in der Zweiten Verordnung zur Sicherung von Wirtschaft und Finanzen vom **5. Juni 1931** (RGBl. I S. 279) (s. hier S. 63) erfolgten. Diese Änderungen sollen hier eingehender besprochen werden:

Die Verordnung ist, da sie selbst keine Bestimmung über das Inkrafttreten enthält, gemäß § 2 des Gesetzes über die Verkündung von Rechtsverordnungen vom 13. Oktober 1923 (RGBl. I S. 959) **am 7. Juni 1931 in Kraft** getreten (BAH. 78 S. 141). Der **fünfte Teil** dieser Verordnung „Sozialversicherung und öffentliche Fürsorge" bringt in **Kapitel VIII Art. 1—4** eine starke Umgestaltung der Verordnung über die Fürsorgepflicht (RFV.) vom 13. Februar 1924 (RGBl. I S. 100) in der Fassung des Gesetzes vom 8. Juni 1926 (RGBl. I S. 255). Die Verordnung bedient sich dabei in ihren Einleitungsworten zum 5. Teil, Kap. VIII Art. 1 nicht des Ausdruckes, daß die RFV. abgeändert wird, sondern daß sie „in folgender Fassung anzuwenden" ist. Gleichwohl liegt — die Rechtsgültigkeit der Verordnung vom 5. Juni 1931 vorausgesetzt — eine Änderung der RFV. vor; der Wortlaut „in folgender Fassung anzuwenden" deutet aber darauf hin, daß Notverordnungen nach Art. 48 Abs. 2 RVerf. regelmäßig zeitlich befristet sind, wenngleich eine solche zeitliche Befristung bei einem so schwierigen Rechtsgebiet, wie es hier in Frage steht, kaum angängig erscheint und eine Wiederaufhebung der einmal in Kraft gesetzten Verordnung einen unabsehbaren Rechtswirrwarr im Gefolge haben müßte.

Die Abänderung betrifft zunächst:

a) Die **Organisation** der Fürsorgeträger bzw. ihrer Verwaltungsorgane. Unter Streichung des § 3 Abs. 3 und 4 RFV. wird nicht nur wie bisher die Beteiligung der Hilfsbedürftigen bei der Aufstellung von Richtlinien und Richtsätzen vorgesehen, sondern auch reichsrechtlich ein unter Beteiligung der Hilfsbedürftigen stattfindendes Einspruchsverfahren gegen die Ablehnung der Fürsorge sowie gegen Festsetzung ihrer Art und Höhe eingeführt (**§ 3 a** Abs. 1 und 2). Neben Hilfsbedürftigen selbst können auch „Vertreter derselben", insbesondere solche ihrer Vereinigungen herangezogen werden. Ob damit auch Wohlfahrtspflegevertreter getroffen sind, bleibt nach dem Wortlaut unklar. Weiter wird die schriftliche Bescheidserteilung mit Angabe von Gründen für den Einspruchsbescheid vorgeschrieben (§ 3 a Abs. 3); gegen die Entscheidung auf den Einspruch muß Beschwerde zugelassen werden.

Für Bayern ist diese Regelung im Gegensatz zu anderen Ländern durch Art. 13—20 und 30 FürsG. im wesentlichen bereits getroffen; insbesondere entspricht das Verfahren vor dem Spruchausschuß dem Einspruchsverfahren; die Beschwerde ist nach Art. 30 FürsG. gegen die Bescheide des Spruchausschusses ausdrücklich eingeräumt.

b) Zum **materiellen Fürsorgerecht**[1]) wird die Rechtsnatur der „Reichsgrundsätze" über Voraussetzung, Art und Maß der öffentlichen Fürsorge unter Beendigung eines ausgedehnten wissenschaftlichen Streites mit einem Federstrich im Sinne der Anerkennung der Reichsgrundsätze als materielles unmittelbar bindendes Reichsrecht erledigt durch Neufassung des **§ 6** RFV. und durch Erlaß einer ausdrücklichen Bestimmung, die die bestehenden Reichsgrundsätze als Vorschriften im Sinne des § 6 Abs. 1 Satz 1 RFV. erklärt (s. **Art. 2** des 5. Teiles Kap. VIII der Verordnung).

Gleichzeitig wird die in der Rechtsprechung lange strittige Frage der Anrechnung der nach der Aufwertungsgesetzgebung anrechnungsfreien Beträge auf die Mehrleistung der gehobenen Fürsorge in dem für die Hilfsbedürftigen ungünstigen Sinne der Zulassung der Anrechnung gelöst (§ 6 Abs. 2 Satz 3). Die Entscheidung des Bayer. VGH. Bd. 50 S. 77 stimmt mit dieser Auffassung überein.

c) Der Abschnitt C **(Zuständigkeit)** der RFV. wird in 3 Punkten geändert:

aa) Die endgültige Fürsorgepflicht der Familienwohnung **(§ 7 Abs. 3 und 4** RFV. alter Fassung) wird kurzerhand samt der Auswirkung in **§ 14 Abs. 2** RFV. (Übernahmeanspruch) durch Streichung dieser Bestimmungen beseitigt. Eine endgültige Fürsorgepflicht der Familienwohnung gibt es also für Fürsorgeleistungen, die für die Zeit ab 7. Juni 1931 gewährt werden, nicht mehr. Für Leistungen vor diesem Zeitpunkt gilt § 7 Ab. 3 und 4 weiter, VGH. vom 24. November 1931 Nr. 207 III 29; BAH. 78 S. 136; denn die V. hat keine rückwirkende Kraft.

bb) Die Unmöglichkeit der Begründung eines gewöhnlichen Aufenthalts durch Kinder in Pflege **(§ 9 Abs. 3)** wird entgegen der

---

[1]) Hier folgt die NotV. im wesentlichen den Vorschlägen in einem Kommissionsentwurf des Deutschen Vereins f. öffentl. u. priv. Fürs. und den Grundsätzen des Reichsarbeits- und ReichsinnenMin. vom 8. Okt. 1929, s. darüber Heß, Bayer. FürsBl. 1931 Sp. 199 u. 225; Bayer. VerwBl. 1931 Sp. 230.

in der Rechtsprechung für anwendbar erklärten Bestimmung des § 19 RJWG. ausdrücklich auf Kinder bis zum vollendeten **16.** Lebensjahr (statt bisher 14. Lebensjahr) ausgedehnt. Damit werden die ländlichen Bezirksfürsorgeverbände (Ortsfürsorgeverbände), die Kinder in Pflege nehmen, davor geschützt, daß sie mit der Vollendung des 14. Lebensjahres des Pfleglings, also meist gerade während eines Lehrverhältnisses, an Stelle des Bezirksfürsorgeverbandes des Herkunftsortes mit der Fürsorge für diese jungen Leute endgültig belastet werden. Die Bestimmung ist also sachlich sicherlich erfreulich.

cc) Für Auslandsdeutsche (Heimkehrer) wird der Fall geregelt (**§ 12** Abs. 2 Satz 2 Halbs. 2 und Abs. 4 Satz 2), daß Deutsche oder staatlose ehemalige Deutsche die Staatsangehörigkeit mehrerer deutscher Länder besitzen oder besessen haben, und zwar nicht im Sinne der bisherigen Praxis (Beteiligung der mehreren Länder nach gleichmäßigen Quoten), sondern im Sinne eines Bestimmungsrechts der Reichsregierung.

d) Der Abschnitt D **„Kostenersatz"** (§§ 16—18 a RFV.) wird durch Einfügung einer Bestimmung **(§ 18 a)** über Verjährung der Erstattungsansprüche unter Aufhebung des **§ 26** RFV. ergänzt. Während § 26 RFV. bisher allgemein für alle Ersatzansprüche eines Fürsorgeverbandes auf Grund dieser Verordnung, auch soweit der beklagte Schuldner kein Fürsorgeverband war, die 2jährige Verjährungsfrist vorsah, wird die 2jährige Verjährungsfrist nunmehr auf die Erstattungsansprüche gegenüber Fürsorgeverbänden beschränkt. Für Erstattungsansprüche gegenüber dem Hilfsbedürftigen, seinem Erben usw. gilt jetzt die **4**jährige Verjährungsfrist, s. § 25 b (unten Buchst. ee δ).

e) Die bedeutendste und rechtlich schwierigste Änderung hat der Abschnitt E **(„Arbeitspflicht und Unterhaltspflicht"**, §§ 19—26 RFV.) erfahren (vgl. Diefenbach, Zeitschr. f. d. Heimatw. 1932 S. 1).

aa) Das Recht des Fürsorgeverbandes, Ansprüche des unterstützten Hilfsbedürftigen gegenüber Dritten geltend zu machen (§ 21 Abs. 2 alter Fassung), hat in Rechtsprechung und Schrifttum Anlaß zu einer Unzahl von Streitigkeiten gegeben (vgl. die Darstellung dieser Frage Heß, Bayer. Fürsorgeblätter 1931 Sp. 203 ff. und Sp. 225 ff.). Der Notgesetzgeber regelt diese Frage in **§ 21 a** nun in Gestalt einer qualifizierten cessio legis gewisser Ansprüche des Hilfsbedürftigen; qualifiziert, insofern eine schriftliche Anzeige des Fürsorgeverbandes an den Drittschuldner zur Herbeiführung eines Forderungsübergangs notwendig ist; nur gewisse Ansprüche werden getroffen, nämlich nur solche auf Leistungen zur Deckung des Lebensbedarfes — jedoch ohne Rücksicht darauf, ob für den Anspruch Bedürftigkeit Voraussetzung ist oder nicht — und nur solche für die Zeit der Unterstützung (Grundsatz der Gleichartigkeit und Gleichzeitigkeit der Ansprüche), § 21 a **Abs. 1.**

bb) Die Ansprüche des Fürsorgeverbandes gegenüber einer dem Hilfsbedürftigen gegenüber unterhaltspflichtigen Person sind in **§ 21 a Abs. 2** neu geregelt worden. Nach § 1613 BGB. konnte ein Fürsorgeverband einen Unterhaltsanspruch des Hilfsbedürftigen für die Vergangenheit nur von der Zeit an erheben, zu welcher der Unterhaltsverpflichtete in Verzug gekommen oder der Unterhaltsanspruch rechtshängig geworden ist. § 21 a Abs. 2 erstreckt das Recht des Fürsorgeverbandes zur Erhebung von Unterhaltsansprüchen des Hilfsbedürftigen für die Vergangenheit auch auf den Fall, daß der Fürsorgeverband dem Unterhaltspflichtigen von der Gewährung der Fürsorge unverzüglich schriftliche Mitteilung gemacht hat.

cc) § 22 RFV. alter Fassung hatte die Unterhaltspflicht der Kinder gegenüber hilfsbedürftigen Eltern, soweit der Ersatzanspruch des Fürsorgeverbandes in Frage kommt, insofern erweitert, als die Einrede des Notbedarfs (des standesgemäßen Unterhalts, § 1603 BGB.) regelmäßig ausgeschlossen wurde, es sei denn, daß das Kind selbst seiner eigenen Familie (Ehefrau oder Kinder) gegenüber nur den notdürftigen Unterhalt gewähren konnte. **§ 22** neuer Fassung schließt an die Fälle der Unmöglichkeit der Verwertung von Vermögen oder Einkommen (insbesondere § 9 RFGr., § 84 AufwertungsG., § 26 AnleiheablösungsG.) an sowie an den Grundsatz des § 1602 BGB., daß unterhaltsberechtigt nur derjenige ist, der außerstande ist, sich selbst zu unterhalten. Die Einwendung des Unterhaltsverpflichteten aus § 1602 BGB. (Einwendung, daß der Unterhaltsberechtigte imstande sei, sich selbst zu unterhalten), kann dem Fürsorgeverband gegenüber nicht auf das Vorhandensein von fürsorgerechtlich nicht verwertbarem Vermögen oder Einkommen gestützt werden; nur darf das Verlangen des Fürsorgeverbandes, Unterhalt zu gewähren, keine unbillige Härte darstellen.

dd) Der Verwaltungszwang gegenüber Unterhaltspflichtigen ist durch Neufassung des **§ 23** RFV. umgestaltet worden. Der Verwaltungszwang ist nur gegenüber Unterhaltspflichtigen, nicht gegenüber „Ersatzpflichtigen" zugelassen; diese Änderung war wegen der Änderung des § 22 RFV. notwendig. Für die Unterhaltspflicht des unehelichen Vaters ist eine Sondervorschrift aufgenommen. Hinsichtlich des Verfahrens ist nunmehr reichsrechtlich die örtliche Zuständigkeit der Verwaltungsbehörde festgelegt und zwar ist der Sitz des (antragstellenden) Fürsorgeverbandes maßgebend (§ 23 Abs. 2 Satz 2). Die Zuständigkeitsregelung des Art. 46 Satz 1 FürsG. ist durch diese reichsrechtliche Regelung überholt worden. Für den Fall der Aufhebung der Verwaltungsentscheidung durch die bürgerlichen Gerichte ist in Anlehnung an § 717 Abs. 2 ZPO. eine Schadensersatzpflicht des Fürsorgeverbandes gegenüber dem in Anspruch genommenen (bisher nur Ersatzpflicht der Leistungen oder Mehrleistungen) festgelegt worden, eine sehr weitgehende tatsächliche Beschränkung der Möglichkeit der Erfassung der Unterhaltspflichtigen im Verwaltungswege, da der Fürsorgeverband sich diese weittragenden Folgen einer möglicherweise unberechtigten Inanspruchnahme sehr überlegen wird.

ee) Einer völligen Umgestaltung ist die Vorschrift des **§ 25** RFV. über die Ersatzpflicht Hilfsbedürftiger unterzogen worden (Übergangsrecht BGH. 52 S. 97).

α) Der Notgesetzgeber beendigt den Streit über die Rechtsnatur der Fürsorgeleistung und erklärt positiv grundsätzlich[1]) die Ersatzpflicht des Hilfsbedürftigen für alle gewährten Fürsorgeleistungen (§ 25 **Abs. 1**); er macht die Fürsorgeleistung entgegen dem für bürgerlich rechtliche Unterhaltsleistungen geltenden Grundsatze der Nichtrückzahlbarkeit zu einer Vorschußleistung des Fürsorgeverbandes. Selbstverständlich muß diese grundsätzliche Rückersatzpflicht Hilfsbedürftiger für die Fälle ausgeschlossen werden, daß der Hilfsbedürftige kein hinreichendes Vermögen oder Einkommen hat (§ 25 **Abs. 2**); sie wird weiter für bestimmte Arten von Fürsorgeleistungen prinzipiell ausgenommen **(Abs. 4)**, nämlich für Wochenfürsorgeleistungen, für Kosten der Erwerbsbefähigung Blinder, Taubstummer und Krüppel und für Fürsorgeleistungen an Kinder und Jugendliche bis zu 18 Jahren, beschränkt ausgeschlossen auch für Kosten für Geschlechtskranke und Tuberkulose **(Abs. 5)**.

β) Da § 25 Abs. 1 nun grundsätzlich die Ersatzpflicht des Hilfsbedürftigen festlegt, haftet der Erbe des Hilfsbedürftigen im Falle des Todes des Hilfsbedürftigen kraft Gesetzes für diese Schuld als Nachlaßverbindlichkeit (§ 1967 BGB.) und zwar ohne die Einrede, die der Unterstützte selbst zur Zeit seines Todes mangels hinreichenden Vermögens oder Einkommens hatte; die Haftung beschränkt sich aber kraft Gesetzes auf den Nachlaß (§ 25 **Abs. 3**). Erben, die mit dem Unterstützten bis zu seinem Tode nicht nur vorübergehend in häuslicher Gemeinschaft gelebt oder ohne rechtliche Verpflichtung oder ohne entsprechende Gegenleistung den Hilfsbedürftigen unterstützt oder gepflegt haben, oder unterhaltsberechtigte in öffentlicher Fürsorge stehende Angehörige können den Ersatz verweigern.

γ) Ein selbständiger (nicht an gesetzliche Unterhaltspflicht geknüpfter) Ersatzanspruch wird dem Fürsorgeverband gegenüber dem Ehegatten eines Unterstützten und gegenüber den Eltern unterstützter noch nicht 18jähriger Kinder eingeräumt (**§ 25 a** Abs. 1), wobei gewisse Unterstützungen ausgenommen werden (Abs. 2).

δ) Der Ersatzanspruch gegenüber dem Unterstützten, dem Erben des Unterstützten (§ 25), dem Ehegatten und den Eltern (§ 25 a) verjährt nach **§ 25 b** entgegen dem bisherigen § 26 RFV.

[1]) Ausnahme s. § 31 Abs. 2 RFGr. i. d. F. vom 1. August 1931.

und im Gegensatz zu den im jetzigen § 18a behandelten Ansprüchen erst in 4 Jahren (nicht 2 Jahren).

ε) Für den Ersatzanspruch nach §§ 25 und 25a kann an Stelle des an sich zulässigen ordentlichen Rechtsweges der Verwaltungsrechtsweg landesrechtlich zugelassen werden (**§ 25c**). Dieser ist in Bayern für den Anspruch gegenüber dem Unterstützten und dem Erben durch Art. 47, 33 Abs. I Ziff. 1 und 31 FürsG. bereits bisher zugelassen. § 25c Abs. 2 erteilt dem Land noch die Befugnis, wie bei den Ansprüchen des Fürsorgeverbandes gegenüber Unterhaltspflichtigen (§ 23) den Verwaltungsweg vorbehaltlich der Entscheidung im ordentlichen Rechtswege oder Verwaltungsrechtswege zuzulassen.

Art. 47 FürsG. ist durch § 25 RFV. gegenstandslos geworden.

f) Die **Schluß- und Übergangsbestimmungen** (Abschnitt F, §§ 27 bis 39 RFV.) werden in mehreren Punkten geändert:

aa) Die Rechtshilfe und Auskunftspflicht ist durch Neufassung des **§ 27** RFV. geändert worden. Die Rechtshilfepflicht wird als Amtshilfe bezeichnet (weiter als der Begriff „Rechtshilfe", der ein zivilprozessualer Begriff ist, s. §§ 156—168 GVG.). Neu ist die Bestimmung der Amtshilfepflicht für die Organe der Versicherungsträger (§ 27 Abs. 1 Satz 3), die in Abweichung von § 142 RVO., § 346 AngVG. und § 233 RKnappschG. festgesetzt ist. Gegenüber Arbeitgebern, die ihrer Auskunftspflicht nicht genügen, kann nunmehr von der von der Obersten Landesbehörde bestimmten Stelle eine Ordnungsstrafe bis zu 150 RM ausgesprochen werden.

bb) Die Bestimmung über Gebühren- und Stempelfreiheit (**§ 28** RFV.) ist neugefaßt und erweitert worden. Alle gerichtlichen und außergerichtlichen Verhandlungen und Urkunden sind gebühren- und stempelfrei, auch die Angelegenheiten der streitigen Gerichtsbarkeit, soweit hier die Gerichtsgebühren und Stempel einem Fürsorgeverbande zur Last fallen würden. Für die Gebühren- und Stempelfreiheit der Fürsorgeverbände vor den Verwaltungsbehörden (einschließlich der Verwaltungsgerichte) gilt nach wie vor Art. 49 FürsG.

In § 28 Abs. 2 RFV. wird die Gebühren- und Stempelfreiheit auch auf Fälle ausgedehnt, in denen die Fürsorgeleistung nicht von einem Fürsorgeverband, sondern von einer anderen, von der obersten Landesbehörde bezeichneten Stelle an Hilfsbedürftige gewährt wird. Bayern hat die Ausdehnung nicht angeordnet.

cc) In **§ 30** RFV. (armenrechtliche Wegweisung), der den § 5 des Freizügigkeitsgesetzes abänderte, ist der Abs. 2 hinsichtlich der hilfsbedürftigen Minderjährigen geändert. Freilich ist auch durch die Neufassung eine Klarheit über den eigentlichen Zweck dieser Vorschrift jedenfalls aus dem Wortlaut allein nicht zu gewinnen **(Art. 3).**

dd) Der „Rettungsanker" des **§ 38** RFV. ist auch geändert worden. Das Recht der Aufstellung von Auslegungsgrundsätzen mit Gesetzeskraft ist

α) nicht mehr an die Zustimmung des Reichsrats geknüpft,

β) auch auf Feststellung des endgültig verpflichteten Fürsorgeverbandes für den Fall der Festsetzung einer Frist für Erwerb des gewöhnlichen Aufenthalts ausgedehnt.

ee) Endlich ermächtigt **Art. 4** des 5. Teiles Kap. VIII der Notverordnung die Landesregierungen, an Stelle des Weges der Gesetzgebung die zur Durchführung der Notverordnung erforderlichen landesrechtlichen Ausführungsvorschriften im Wege der Verordnung der Landesregierung, also des Gesamtministeriums, ohne Landtag zu erlassen, aber nur soweit die Erlassung bis 15. August 1931 erfolgt. Bayern hat von dieser Ermächtigung keinen Gebrauch gemacht, muß also die landesrechtliche Regelung (zu Art. 33, 46, 47, 56 FürsG.) im Wege eines formellen Gesetzes treffen, das in Vorbereitung ist.

4. Der Grundsatz der Bindung der endgültigen Fürsorgepflicht an den gewöhnlichen Aufenthalt (§ 7 Abs. 2 Halbs. 1 RFV.) nötigte zu einer 4. Änderung der RFV. durch V. vom **3. Oktober 1931** (RGBl. I S. 583) — (s. hier S. 69)[1] — nach ihrem § 4 rückwirkend vom 29. Juni 1931 an in Kraft gesetzt[2] —, die auf der Grundlage der Ermächtigung in § 38 RFV. erlassen wurde. Sie regelt den Sonderfall der Verlegung des gewöhnlichen Aufenthalts eines Arbeitslosen von einem Ort nach einem andern infolge der Regelung des § 168 des Gesetzes über Arbeitsvermittlung und Arbeitslosenversicherung i. d. F. der V. vom 5. Juni 1931, dritter Teil, Kap. I. Diese Bestimmung gestattet vom Gesichtspunkte der Bekämpfung der Landflucht aus die Inanspruchnahme der Arbeitslosenunterstützung nur mehr am Arbeitsamte des Ortes, an dem der Arbeitslose bei Eintritt der Arbeitslosigkeit seinen Wohnort hatte; sie bestimmt ferner, daß für Arbeitslose, die in den Städten der Sonderklassen, der Ortsklasse A und B des Besoldungsverzeichnisses, die bei Eintritt der Arbeitslosigkeit noch nicht ein Jahr ihren Wohnort haben, die Arbeitslosenunterstützung in der Stadt auf 4 Wochen beschränkt wird und nachher das Arbeitsamt zuständig wird, wo der Arbeitslose in den letzten 2 Jahren wenigstens 6 Monate lang gewohnt hat. Die V. bringt für diesen Fall der Verlegung des gewöhnlichen Aufenthalts — wo ein gewöhnlicher Aufenthalt nicht bestand, ist die V. nicht anwendbar — eine vom § 15 RFV. abweichende Vorschrift über die Beendigung

---

[1]) S. dazu Ruppert, RABl. 1931 II S. 663ff.; Heissing, Bl. f. öffentl. Fürs. 1931 S. 277; Ruppert, BayFürsBl. 1932 Sp. 1.

[2]) weil die Vorschriften des § 168 AVAVG. und des § 139a AVAVG. i. d. F. vom 5. Juni 1931 gleichfalls am 29. Juni 1931 in Kraft getreten sind.

einer bereits begründeten endgültigen Fürsorgepflicht des Bezirksfürsorgeverbandes des bisherigen gewöhnlichen Aufenthalts. Die V. bestimmt weiter, daß die Entscheidung über die Zuständigkeit des Arbeitsamts für die Spruchbehörden im Fürsorgestreitverfahren (Bayern Art. 31 FürsG.) bindend ist.

Die V. bringt endlich für die sog. „Arbeitsdienstwilligen" (vgl. § 139 a des Gesetzes über Arbeitsvermittlung und Arbeitslosenversicherung i. d. F. des dritten Teils Kap. I der zweiten Verordnung des Reichspräsidenten zur Sicherung von Wirtschaft und Finanzen vom 5. Juni 1931, RGBl. I S. 279; dazu Verordnung vom 23. Juli 1931 über die Förderung des freiwilligen Arbeitsdienstes, RGBl. I S. 398) gleichfalls den Ausschluß der endgültigen Fürsorgepflicht des Bezirksfürsorgeverbandes des Ortes des Arbeitsdienstes durch gesetzlichen Ausschluß der Begründung eines gewöhnlichen Aufenthalts an diesem Orte und zwar in Fällen, in denen an sich der Tatbestand der Begründung eines gewöhnlichen Aufenthalts des Arbeitsdienstwilligen an seinem Wohnort während des freiwilligen Arbeitsdienstes gegeben wäre — alles Anzeichen für die Schwierigkeiten, die sich durch die überstürzte Ersetzung des Unterstützungswohnsitzes durch das Prinzip des gewöhnlichen Aufenthalts am 1. 4. 24 ergeben haben!

5. Die 5. Änderung der RFV. wurde in der vierten Verordnung des Reichspräsidenten zur Sicherung von Wirtschaft und Finanzen usw. vom **8. Dezember 1931**, Fünfter Teil Kap. V vorgenommen (RGBl. I S. 699); sie ist am 10. Dezember 1931 in Kraft getreten (Neunter Teil der V. vom 8. Dezember 1931); hier wird vornehmlich § 6 RFV. über die Bindungen für die Festsetzung der Richtsätze in der gehobenen Fürsorge sowie hinsichtlich der Anrechnung von Aufwertungs- und Vorzugsrentenbezügen geändert. Es wird zwar an dem Grundsatze der Gewährung einer Mehrleistung an die Empfänger der gehobenen Fürsorge festgehalten, jedoch das „wieviel" der Mehrleistung nicht mehr auf mindestens ¼ des Richtsatzes der Armenfürsorge reichsrechtlich festgelegt, sondern dem Ermessen des Fürsorgeverbandes überlassen; doch muß die Mehrleistung „angemessen" sein. Die Bindung der Fürsorgeverbände in der Nichtanrechnung von 270 RM Bezügen aus Aufwertungs- oder Vorzugsrenten (§ 84 des Aufwertungsgesetzes vom 16. Juli 1925, RGBl. I S. 117, und § 26 des Anleiheablösungsgesetzes vom 16. Juli 1926, RGBl. I S. 137), die bereits durch ein Gutachten des Bundesamts für das Heimatwesen (BAH. 67 S. 140) und durch die Rechtsprechung des Bayerischen Verwaltungsgerichtshofes (Bd. 50 S. 77) durchbrochen war, wird nunmehr durch den Notgesetzgeber überhaupt in der Weise durchbrochen, daß der Fürsorgeverband „abweichen kann". Es bleibt also seinem Ermessen überlassen, inwieweit er auch diese Beträge anrechnen will oder nicht.

6. Eine weitere (6.) Änderung ist durch die Bestimmungen der V. zur vorstädtischen Kleinsiedlung und Bereitstellung von Kleingärten

für Erwerbslose vom 23. Dez. 1931 (RGBl. I S. 790) veranlaßt; sie ist auf Grund der Dritten Verordnung des Reichspräsidenten zur Sicherung von Wirtschaft usw. vom 6. Oktober 1931 (RGBl. I S. 537), Vierter Teil Kap. II § 21 erlassen worden. Die V. bezweckt einen Schutz der durch die Aussiedlung Erwerbsloser außerhalb des bisherigen Gemeindebezirks in vorstädtische Kleinsiedlerstellen zu befürchtenden Belastung vorstädtischer Gemeinden mit öffentlichen Lasten auf dem Gebiet des Fürsorgewesens (dann des Schul- und Kirchenwesens, des Wegebaues). Soweit innerhalb des Burgfriedens der Stadt gesiedelt wird, hat die V. keine Bedeutung. Auch diese V. will Schwierigkeiten des Aufenthaltsprinzips für einen Spezialfall beseitigen, indem sie im Wege einer Fiktion dem gesetzlichen Tatbestand der Begründung eines gewöhnlichen Aufenthalts am Orte der Ansiedlung die Rechtswirkung der Begründung des gewöhnlichen Aufenthalts versagt. S. im übrigen Schott, FürsBl. 1932 Sp. 42.

7. Was endlich die Änderung betrifft, die die in § 29 RFV. aufrechterhaltenen Bestimmungen des UWG. durch das Gesetz vom 7. Dezember 1928 erhalten haben (s. hier S. 75), so war diese Änderung bei den Änderungen nicht mitzuzählen, weil rein formell nicht die RFV., sondern das UWG. abgeändert wurde.

II. RFGr.

1. Die erste Änderung — Einfügung eines § 33 a über Einführung der Fürsorgerichtsätze und Einkommenssätze und über Ausschluß der Anrechnung gewisser Aufwertungs- und Vorzugsrentenbezüge — geschah durch V. vom **7. September 1925** (RGBl. I S. 332).

2. Die zweite Änderung — Außerkraftsetzen des § 33 a — erfolgte durch V. vom **8. Juni 1926** (RGBl. I S. 256). Die Änderung hatte nur formale Bedeutung; denn gleichzeitig wurde die Bestimmung des § 33 a im gleichen Wortlaut in § 6 RFV. als Abs. 3 und 4 durch Gesetz vom 8. Juni 1926 (RGBl. I S. 255) eingeschaltet.

3. Die dritte Änderung brachte die Verordnung vom **29. März 1928** (RGBl. I S. 138). Geändert wurden § 15 unter Einschaltung eines § 15 a, dann die §§ 16, 18 und 30.

Anlaß zur Änderung waren (vgl. Rundschreiben des RAM. und RInnM. vom 10. April 1928 Nr. V a 3425. 28 und II B 5330/31. 3, abgedruckt in der Zeitschrift für das Heimatwesen 1928 Sp. 370) die Klagen im Reichstag über ungenügende Durchführung der Kleinrentnerfürsorge. Das Rundschreiben führt dann weiter aus[1]:

„Die Verordnung sieht zunächst vor, daß die Fürsorge nicht mehr vom Verbrauch oder der Verwertung eines kleineren Ver-

[1]) Es ist zu beachten, daß die Ausführungen zum Teil durch die 4. Änderung der RFGr. vom 1. August 1931 (s. nächstfolgende Ziff. 4) überholt sind.

mögens (§ 15 Abs. 1 a) und der anderen in § 15 Abs. 1 aufgeführten Vermögensstücke (angemessener Hausrat, Familien- und Erbstücke, Gegenstände, die zur Befriedigung geistiger, besonders wissenschaftlicher oder künstlerischer Bedürfnisse dienen, und ein kleines Hausgrundstück) abhängig gemacht werden darf (Artikel I Ziff. 1). Als kleineres Vermögen soll künftighin ein Kapitalvermögen jedenfalls dann gelten, wenn sein jährlicher Ertrag hinter dem doppelten Monatsbetrage des erhöhten Richtsatzes zurückbleibt (Artikel I Ziff. 2). Diese Vorschrift stellt lediglich einen Mindestsatz fest; ob es nach den örtlichen und persönlichen Verhältnissen ausreicht, muß im Einzelfall geprüft werden. Es widerspräche insbesondere dem Sinn und Geist der Verordnung, wenn die Fürsorgeverbände, die bisher größere Vermögensbeträge als unangreifbar anerkannt haben, nunmehr zu einer geringeren Bemessung heruntergingen. Der Verbrauch oder die Verwertung anderer Vermögensbestandteile darf künftighin nur dann gefordert werden, wenn dies für den Hilfsbedürftigen und seine unterhaltsberechtigten Angehörigen keine besondere Härte bedeutet (Artikel I Ziff. 3). Auch die Sicherstellung des Ersatzes darf nur unter den gleichen Voraussetzungen verlangt werden, also nur dann, wenn dies für den Hilfsbedürftigen und seine unterhaltsberechtigten Angehörigen keine besondere Härte bedeutet (Artikel I Ziff. 3). Manche Fürsorgeverbände haben gerade durch ihr schematisches und schroffes Vorgehen in dieser Richtung den berechtigten Unmut der Kleinrentner hervorgerufen.

Für die alten Kleinrentner, die unter der Verschlechterung ihrer wirtschaftlichen Lage am schwersten leiden und daher besonders hilfsbedürftig sind, bringt die Verordnung eine weitere Verbesserung. Die Fürsorge muß künftighin Kleinrentnern über 65 Jahren zur Deckung des notwendigen Lebensunterhalts mindestens den erhöhten Richtsatz (§ 6 Abs. 3 Satz 2 der Fürsorgepflichtverordnung) sicherstellen (Artikel II, § 15 a Satz 1). Bei den hilfsbedürftigen Alten werden daher die erhöhten Richtsätze nunmehr Mindestsätze. Dabei ist es selbstverständlich, daß der Mindestsatz nun nicht etwa zu einer schematischen Fürsorge für die Alten führen darf; wo bei Prüfung des Einzelfalls sich eine weitergehende Hilfe rechtfertigt, muß auch hier der notwendige Lebensbedarf höher angesetzt werden. Bei den hilfsbedürftigen Alten wird ferner die Anrechnung von freiwilligen Zuwendungen Dritter und von Arbeitsverdienst (§ 8 Abs. 4 und 5 der Reichsgrundsätze) von der Zustimmung einer von der obersten Landesbehörde bestimmten Stelle abhängig gemacht (§ 15 a Satz 2 1. Halbsatz). Die Anrechnung soll künftig nicht mehr der Entscheidung nachgeordneter Beamter überlassen bleiben, sondern dem Fürsorgeausschuß, dem Leiter des Fürsorgeverbandes selbst oder der Dienstaufsichtsbehörde vorbehalten werden. Ohne Zustimmung dieser Stelle darf von den hilfsbedürftigen Alten auch eine Sicherstellung des Ersatzes nicht mehr verlangt werden (§ 15 a Satz 2 2. Halbsatz).

Gemäß §§ 16, 17, § 18 Abs. 1 der Reichsgrundsätze gelten diese Vorschriften auch für Sozialrentner, Gleichgestellte, für Kriegsbeschädigte und Kriegshinterbliebene."

4. Die vierte umfassende Änderung — **V. vom 1. August 1931, RGBl. I S. 431** — erfolgte in der Zeit der Notgesetzgebung des Reichspräsidenten und ist zum Teil durch die Änderung der RFV. durch die 2. Notv. vom 5. Juni 1931 veranlaßt. Die Änderung führte zu einer **Neufassung** der Reichsfürsorgegrundsätze durch Bek. vom 1. Aug. 1931 (RGBl. I S. 441).

Über die Änderung der V. vom 1. August 1931 ist folgendes auszuführen: Die Notwendigkeit der Änderung ergab sich aus den Änderungen der RFV. in der zweiten NotV. vom 5. Juni 1931.

Geändert wurden §§ 7, 9, 11, 13, 15, 15 a, 31, 33 (aufgehoben) und 35 und zu § 85 des Aufwertungsgesetzes eine Vollzugsbestimmung erlassen. Gleichzeitig erschienen die RFGr. in neuer Fassung[1]).

Die Änderungen[2]) halten sich im Gegensatz zu der 3. Novelle (s. oben Ziff. 3) zum Teil in einer rückläufigen Bewegung, veranlaßt durch die katastrophale Entwicklung der Wirtschaftslage des deutschen Volkes und damit der Finanzlage aller öffentlichen Körperschaften. Formalrechtlich haben die Reichsgrundsätze nunmehr die Eigenschaft unmittelbar bindenden materiellen Rechts erlangt (§ 6 Abs. 1 RFV. i. d. F. des Art. 2 des Fünften Teils, Kap. VIII der V. des Reichspräsidenten vom 5. Juni 1931).

a) Zunächst paßt die V. vom 1. August 1931 das Fürsorgerecht an die Vorschriften des AVAVG. (§§ 90, 92, 93, ferner § 93 c i. d. F. vom 5. Juni 1931) an. Es werden in §§ **7** Abs. 4 und **13** Abs. 1 RFGr. die Voraussetzungen für das Eintreten der Fürsorge für solche Hilfsbedürftige geregelt, über die wegen Arbeitsverweigerung oder unberechtigter Aufgabe einer Arbeitsstelle oder wegen berechtigter Entlassung aus dem Arbeitsverhältnis oder Weigerung der Berufsumschulung oder Berufsfortbildung, überhaupt wegen Arbeitsunwilligkeit oder verschuldeter Arbeitslosigkeit Sperrfristen für Arbeitslosen- und Krisenunterstützung verhängt wurden. Um die Sperrfristen der Arbeitslosenversicherung nicht dadurch wirkungslos zu machen, daß an Stelle der

---

[1]) Zur neuen Fassung der RFGr. wurden nunmehr durch Bek. vom 27. Nov. 1931 (RABl. I S. 315) auch die Amtl. Erläuterungen zu den Reichsfürsorgegrundsätzen neugefaßt, abgedruckt S. 52; s. auch Bay. FürsBl. 1932 Sp. 20.

[2]) Schrifttum: Wittelshöfer, Zeitschr. f. d. Heimatwesen 1931 S. 393; Nachr.dienst des Deutschen Vereins f. öffentl. u. priv. Fürsorge 1931 S. 238; Schott, BayFürsBl. 1931 Sp. 329; Fleischmann, Blätter f. öffentl. Fürs. 1931 S. 217.

nichtgewährten Arbeitslosen- oder Krisenunterstützung die öffentliche Fürsorge eingreift, ist nunmehr bei Personen, über die Sperrfristen verfügt sind, wie bei Arbeitsscheuen nach § 13 RFGr. zu verfahren; insbesondere werden weitgehend Sachleistungen an Stelle von Barleistungen zu gewähren sein. Außerdem sollen die Fürsorgeverbände von diesen Arbeitslosen nach Möglichkeit Pflichtarbeit (§ 19 RFGr.) verlangen, § 7 Abs. 4 RFGr.

b) Da durch Änderung des § 25 RFV. (V. vom 5. Juni 1931) ein allgemeiner Rückersatzanspruch des Fürsorgeverbandes gegenüber dem Hilfsbedürftigen ohne Rücksicht auf vertragsmäßige Regelung der Rückersatzpflicht anerkannt wurde, so ist nunmehr das grundsätzliche Verbot von vertraglichen Vereinbarungen über die Rückersatzpflicht von Fürsorgeleistungen (Verbot der „Verpflichtungserklärungen") ausgesprochen. Ausnahmen enthält für die Kriegsbeschädigten- und Kriegshinterbliebenenfürsorge der **§ 31** Abs. 2 RFGr., der zunächst eine Abweichung von der Vorschrift des § 25 Abs. 1 RFV. bringt[1], indem er für das Gebiet der Kriegsbeschädigten- und Kriegshinterbliebenenfürsorge vertragliche Rückzahlungsvereinbarungen zuläßt und im Gegensatz zu § 25 Abs. 1 RFV. nur bei ihrem Abschluß eine Rückersatzforderung des Fürsorgeverbandes gegenüber dem Hilfsbedürftigen anerkennt. Diese Verpflichtungserklärungen (vertragliche Vereinbarung des Rückersatzes) sind nur unter folgenden Voraussetzungen und in folgendem Umfang zulässig:

aa) wenn es nach Art und Zweck der Fürsorgeleistung und nach den gegenwärtigen oder zu erwartenden wirtschaftlichen Verhältnissen des Hilfesuchenden unbillig wäre, hiervon abzusehen;
bb) wenn es sich nicht um Berufsausbildung handelt (§ 26 RFGr.);
cc) soweit nicht nach § 25 Abs. 2—5 der Rückersatz ausgeschlossen ist.

Unberührt durch die Beschränkung der Rückersatzpflicht nach § 31 bleibt die Möglichkeit des Fürsorgeverbandes, auch auf dem Gebiete der sozialen Kriegsbeschädigtenfürsorge, sich durch Forderungsübergang im Sinne des § 21 a RFV. Ersatz der aufgewendeten Fürsorgekosten zu verschaffen, z. B. durch Herbeiführung der Übertragung eines Rentenanspruchs (Schott, Fürsbl. 1931 Sp. 336).

c) Auch die Sicherstellung des Rückersatzes von Fürsorgeleistungen ist in **§ 9** Abs. 2—4 RFGr. neu geregelt; sie kann nur für „aufzuwendende" Kosten, also für künftige Kosten, nicht für Kosten, die bereits entstanden sind, verlangt werden; weiter soll die Sicherstellung nur verlangt werden, wenn die Rückzahlung voraussichtlich ohne besondere Härte möglich ist, wobei § 9 Abs. 4 diese Härtefälle der Unzulässigkeit der Sicherstellung ausdrücklich aufzählt. Für das Gebiet der gehobenen Fürsorge ist das Recht der Sicher-

[1] Die Zulässigkeit einer Vorschrift der Reichsgrundsätze, die RFV., auf deren § 6 die RFGr. gestützt sind, abzuändern, erscheint recht fraglich.

stellung noch weiter beschränkt (§ 15a neuer Fassung), indem angemessener Hausrat, Familien- und Erbstücke im Sinne des § 15 überhaupt nicht, ein kleines Hausgrundstück aber nur mit Beschränkung zur Sicherstellung des Ersatzes herangezogen werden darf.

Die durch die 3. Novelle eingeführte Vorschrift über Gewährung des erhöhten Richtsatzes an Kleinrentner über 65 Jahren als Mindestsätze sowie die Bestimmung über die Notwendigkeit der Zustimmung einer bestimmten Stelle (Bayern § 5 der V. vom 12. April 1930, GVBl. S. 117; hier S. 132) zur Anrechnung freiwilliger Zuwendungen Dritter und des Arbeitsverdienstes und zur Sicherstellung des Ersatzes sind, da die individuelle Fürsorge dadurch eingeengt wurde, aufgehoben worden.

d) Besonders geregelt wird die Fürsorgegewährung in der Form eines Darlehens. § 25 Abs. 6 RFV. i. d. F. vom 5. Juni 1931 verbietet Darlehen außerhalb den in den RFGr. geregelten Fällen. Diese Regelung ist in **§ 11** Abs. 2 RFGr. i. d. F. vom 1. August 1931 erfolgt; und zwar werden enumerativ die Fälle eines zulässigen Darlehensvertrags (§§ 607—610 BGB.) aufgezählt. Die nach dieser Vorschrift nicht zugelassenen Darlehensverträge sind bürgerlichrechtlich nichtig (§ 25 Abs. 6 RFV.); die auf Grund dieser nichtigen Verträge gewährten Leistungen sind öffentlichrechtlich im Rahmen des § 25 Abs. 1 bis 5 RFV. zurückzuersetzen.

e) Die Vorschriften über Verbrauch und Verwertung von Vermögen wurden geändert **(§ 15)**.

Die durch die 3. Novelle (oben Ziff. 3) eingeführte Begriffsbestimmung des „kleineren Vermögens" wird, da sie sich nicht bewährte, wieder beseitigt. Das Verbot der Verwertung von Vermögen wird auf Fälle ausgedehnt, in denen der Hilfsbedürftige das kleine Hausgrundstück allein bewohnt (§ 15 Buchst. e). Die Worte des § 15 Abs. 2 über die Sicherstellung des Ersatzes wurden gestrichen, weil die Sicherstellung nunmehr in §§ 9 und 15a abschließend geregelt ist.

f) Entsprechend der Entscheidung des Bundesamts für das Heimatwesen Bd. 64 S. 1 wird § 35 Abs. 2 RFGr. wegen Rechtsungültigkeit nunmehr aufgehoben.

g) Endlich gibt Art. 3 der V. zur Änderung der Reichsgrundsätze usw. die seit langem erwartete Ausführungsvorschrift zu § 85 des Aufwertungsgesetzes (abgedruckt S. 83). Die Heranziehung aufgewerteter oder aufzuwertender Forderungen zur Sicherstellung des Ersatzes für aufgewendete Fürsorgekosten wird nur unter gewissen Beschränkungen zugelassen, wobei der Grundsatz der ist, daß Aufwertungsvermögen, die zusammen mit dem sonstigen Vermögen ein „kleines Vermögen" im Sinne des § 15 Buchst. a RFGr. nicht übersteigen, überhaupt nicht zur Sicherstellung herangezogen werden dürfen.

I. Reichsrecht.

1.

Verordnung über die Fürsorgepflicht.

Vom 13. Februar 1924[1]).

(RGBl. I S. 100).

Auf Grund des Ermächtigungsgesetzes vom 8. Dezember 1923 (Reichsgesetzbl. I S. 1179) verordnet die Reichsregierung zum Vollzuge der dritten Steuernotverordnung nach Anhörung eines Ausschusses des Reichsrats und eines aus 15 Mitgliedern bestehenden Ausschusses des Reichstags:

A. Träger der Fürsorge

Fürsorgeaufgaben[2]).

§ 1. (1) Die nachstehenden öffentlich-rechtlichen Fürsorgeaufgaben sind, soweit Reichsgesetze nichts anderes bestimmen, von den Landesfürsorgeverbänden und den Bezirksfürsorgeverbänden zu erfüllen:

a) die soziale Fürsorge für Kriegsbeschädigte und Kriegshinterbliebene und die ihnen auf Grund der Versorgungsgesetze Gleichstehenden,

b) die Fürsorge für Rentenempfänger der Invaliden- und Angestelltenversicherung, soweit sie nicht den Versicherungsträgern obliegt,

c) die Fürsorge für die Kleinrentner und die ihnen Gleichstehenden,

---

[1]) abgeändert: 1. durch Anlage 3 Ziff. 7 der Zweiten V. vom 12. Dez. 1924 zur Durchführung des Münzgesetzes (RGBl. I S. 775); — 2. durch Ges. vom 8. Juni 1926 (RGBl. I S. 255); — 3. durch Fünften Teil Kap. VIII Art. 1—4 der Zweiten V. des Reichspräsidenten zur Sicherung von Wirtschaft und Finanzen vom 5. Juni 1931 (RGBl. I S. 279); — 4. durch V. vom 3. Okt. 1931 (RGBl. I S. 583); — 5. durch Fünften Teil Kap. V der Vierten V. des Reichspräsidenten zur Sicherung von Wirtschaft und Finanzen usw. vom 8. Dez. 1931 (RGBl. I S. 699, 724); — 6. durch V. zur vorstädtischen Kleinsiedlung usw. vom 23. Dez. 1931 (RGBl. I S. 790).

Über diese Änderungen s. Einleitung S. 7 ff.; Text der Änderungen S. 61 ff.

[2]) Die Stichworte und Absatzziffern befinden sich nicht im ursprünglichen Verordnungswortlaut im RGBl. 1924 I S. 100; dagegen enthält die Novelle vom 5. Juni 1931 (RGBl. I S. 279, 305) bereits Absatzziffern.

d) die Fürsorge für Schwerbeschädigte und Schwererwerbsbeschränkte durch Arbeitsbeschaffung,
e) die Fürsorge für hilfsbedürftige Minderjährige,
f) die Wochenfürsorge.

(2) Den Fürsorgeverbänden liegt auch weiterhin die Armenfürsorge ob; das Land kann ihnen weitere Fürsorgeaufgaben übertragen.

Fürsorgeverbände.

§ 2. (1) Das Land bestimmt, wer Landesfürsorgeverband und wer Bezirksfürsorgeverband ist, sowie welche der Aufgaben die Landesfürsorgeverbände und welche davon die Bezirksfürsorgeverbände zu erfüllen haben.

(2) Ein Land kann mehrere Landesfürsorgeverbände oder Zweigverbände bilden; mehrere Länder können sich oder Teile ihres Gebiets zu gemeinsamen Landesfürsorgeverbänden zusammenschließen.

(3) Das Land kann zu Bezirksfürsorgeverbänden Gemeinden oder Gemeindeverbände erklären oder besondere Fürsorgeverbände bilden und ihre Einrichtung bestimmen. Die Bezirksfürsorgeverbände sind so zu bestimmen, daß sie ihren Aufgaben gewachsen sind.

(4) Das Land bestimmt, wie der Aufwand seiner Fürsorgeverbände zu decken ist, insbesondere inwieweit diese andere Fürsorgeverbände, Gemeinden oder Gemeindeverbände an ihren Lasten beteiligen können und inwieweit die Landesfürsorgeverbände die Kosten gemeinsamer Einrichtungen aller oder einzelner Bezirksfürsorgeverbände zu tragen, die Lasten auszugleichen oder Zuschüsse an nicht leistungsfähige Fürsorgeverbände zu leisten haben.

(5) Das Land kann die Ersatz- und Übernahmepflicht seiner Fürsorgeverbände im Verhältnis zueinander abweichend von dieser Verordnung regeln.

Fürsorgebehörden. Verfahren. (§§ 3 u. 3 a).

§ 3[1]. (1) Welche Behörden oder sonstige Stellen die Aufgaben der Landes- und Bezirksfürsorgeverbände durchzuführen haben, bestimmt das Land; die Fürsorgeaufgaben desselben örtlichen Bereichs sollen tunlichst von der gleichen Stelle durchgeführt werden.

(2) Das Land regelt im Rahmen der reichsrechtlichen Vorschriften Verfahren, Beschwerde und Aufsicht. Es bestimmt, inwieweit die Gemeinden von den Fürsorgeverbänden und die Bezirksfürsorgeverbände von den Landesfürsorgeverbänden zur Durchführung ihrer Aufgaben herangezogen werden können.

(3) Das Land kann Aufgaben, die diese Verordnung den Fürsorgeverbänden überträgt, auch Versicherungsträgern unter deren Verantwortung widerruflich übertragen, sofern sie damit einverstanden sind.

---

[1]) i. d. F. des Ges. vom 8. Juni 1926 und der V. vom 5. Juni 1931.

§ 3a[1]. (1) Bei der Aufstellung von Richtlinien und Richtsätzen muß die Beteiligung von Personen aus den Kreisen der Hilfsbedürftigen gesichert sein.

(2) Gegen Ablehnung der Fürsorge sowie gegen Festsetzung ihrer Art und Höhe muß der Einspruch zugelassen werden. Im Einspruchsverfahren muß die Beteiligung von Personen aus den Kreisen der Hilfsbedürftigen gesichert sein.

(3) Neben oder an Stelle von Personen aus den Kreisen der Hilfsbedürftigen können auch Vertreter derselben, insbesondere solche ihrer Vereinigungen, herangezogen werden. Neben Personen aus den Kreisen der Hilfsbedürftigen oder Vertretern ihrer Vereinigungen ist die Heranziehung von Vertretern von Vereinen zulässig, die Hilfsbedürftige betreuen.

(4) In dem Einspruchsverfahren ergehende Bescheide sind schriftlich zu erteilen und mit Gründen zu versehen. Gegen die Entscheidung auf den Einspruch muß die Beschwerde zugelassen werden.

Rechtsfähigkeit.

§ 4. Die Fürsorgeverbände sind Körperschaften des öffentlichen Rechtes. Das Land kann bestimmten Zwecken dienenden Teilen ihres Vermögens gesonderte Rechtsfähigkeit verleihen.

Freie Wohlfahrtspflege.

§ 5. (1) Das Land kann einzelne der Aufgaben, die diese Verordnung den Fürsorgeverbänden überträgt, unter seiner Verantwortung auch Verbänden oder Einrichtungen der freien Wohlfahrtspflege übertragen, sofern sie damit einverstanden sind.

(2) Der Fürsorgeverband kann einzelne seiner Aufgaben unter seiner Verantwortung derartigen Verbänden oder Einrichtungen übertragen, sofern sie damit einverstanden sind. Das Land kann sich die Zustimmung dazu vorbehalten; es kann die Übertragung nach Anhörung des Fürsorgeverbandes und der Vertretung der beteiligten freien Wohlfahrtspflege zurücknehmen, wenn ein wichtiger Grund dazu vorliegt.

(3) Die Fürsorgeverbände sollen eigene Einrichtungen nicht neu schaffen, soweit geeignete Einrichtungen der freien Wohlfahrtspflege ausreichend vorhanden sind.

(4) Die Fürsorgestellen (§ 3) sollen für ihren Bereich Mittelpunkt der öffentlichen Wohlfahrtspflege und zugleich Bindeglied zwischen öffentlicher und freier Wohlfahrtspflege sein; sie sollen darauf hinwirken, daß öffentliche und freie Wohlfahrtspflege sich zweckmäßig ergänzen und in Formen zusammenarbeiten, die der Selbständigkeit beider gerecht werden. Die Reichsregierung kann mit Zustimmung des Reichsrats und eines Ausschusses des Reichstags Grundsätze für diese Zusammenarbeit aufstellen; solange und soweit dies nicht geschieht, können es die Länder.

---

[1]) eingefügt durch V. vom 5. Juni 1931.

B. Umfang der Fürsorge

§ 6[1]. (1) Die Reichsregierung erläßt mit Zustimmung des Reichsrats Vorschriften[2]) über Voraussetzung, Art und Maß der zu gewährenden Fürsorge. Im Rahmen dieser Vorschriften können die Länder weitere Bestimmungen treffen.

(2) Die oberste Landesbehörde oder die von ihr bestimmten Stellen setzen den örtlichen Verhältnissen angepaßte Richtsätze für die Bemessung des notwendigen Lebensunterhalts der Hilfsbedürftigen fest. Für Sozial- und Kleinrentner und ihnen Gleichstehende sollen diese Sätze so bemessen sein, daß der Hilfsbedürftige gegenüber der allgemeinen Fürsorge eine angemessene Mehrleistung erhält[3]).

(3) Die oberste Landesbehörde oder die von ihr bestimmten Stellen setzen ferner den örtlichen Verhältnissen angepaßte Einkommenssätze fest, bei deren Nichterreichung eine Wöchnerin Wochenfürsorge stets dann erhält, wenn nicht Tatsachen die Annahme rechtfertigen, daß die Hilfe nicht benötigt wird.

C. Zuständigkeit

Vorläufige u. endgültige Fürsorgepflicht.

§ 7[4]). (1) Jeder hilfsbedürftige Deutsche muß vorläufig von demjenigen Bezirksfürsorgeverband unterstützt werden, in dessen Bezirk er sich bei Eintritt der Hilfsbedürftigkeit befindet.

(2) Zur Fürsorge endgültig verpflichtet ist derjenige Bezirksfürsorgeverband, in dessen Bezirk der Hilfsbedürftige bei Eintritt der Hilfsbedürftigkeit den gewöhnlichen Aufenthalt[5]) hat; ist ein solcher nicht

---

[1]) Abs. 1 i. d. F. der V. vom 5. Juni 1931 (an Stelle des ursprüngl. Abs. 1 und 2); Abs. 2 und 3 waren als Abs. 3 und 4 durch Ges. vom 8. Juni 1926 eingefügt und erhielten durch V. vom 5. Juni 1931 die Bezeichnung Abs. 2 und 3; Abs. 2 gilt jetzt i. d. F. der V. vom 8. Dez. 1931.

[2]) s. dazu Art. 2 des Fünften Teils, Kap. VIII der V. vom 5. Juni 1931, welcher lautet: „Die Reichsgrundsätze über Voraussetzung, Art und Maß der öffentlichen Fürsorge vom 4. Dezember 1924 (Reichsgesetzbl. I S. 765) in der Fassung der Verordnung vom 29. März 1928 (Reichsgesetzbl. I S. 138) gelten als Vorschriften im Sinne des § 6 Abs. 1 Satz 1 der Fürsorgepflichtverordnung."

Zu beachten ist, daß die jetzt gültige Fassung der RFGr. vom 1. Aug. 1931 datiert (s. S. 43).

[3]) s. dazu § 2 des Kap. V des Fünften Teiles der V. vom 8. Dez. 1931:

„Die Fürsorgeverbände können bei der Festsetzung einer Unterstützung von den Vorschriften des § 84 des Aufwertungsgesetzes und des § 26 des Gesetzes über die Ablösung öffentlicher Anleihen abweichen."

[4]) Die früheren Abs. 3 und 4 (endgültige Fürsorgepflicht des Bezirksfürsorgeverbandes von Familienwohnung und -haushalt) sind durch V. vom 5. Juni 1931 gestrichen. Übergangsrecht s. Einleitung S. 9.

[5]) s. dazu die Ausnahmefälle: a) V. vom 3. Okt. 1931 zur Vierten Änderung der RFV. (abgedruckt S. 69); b) V. vom 23. Dez. 1931 (RGBl. I S. 790) zur vorstädtischen Kleinsiedlung usw. (abgedruckt S. 71); [c) eine

vorhanden oder zu ermitteln, so ist derjenige Landesfürsorgeverband endgültig verpflichtet, dem der vorläufig verpflichtete Bezirksfürsorgeverband angehört.

Uneheliche Kinder.

§ 8. (1) Wird ein uneheliches Kind innerhalb von sechs Monaten nach der Geburt hilfsbedürftig, so ist derjenige Bezirksfürsorgeverband endgültig verpflichtet, in dessen Bezirk die Mutter im zehnten Monat vor der Geburt zuletzt ihren gewöhnlichen Aufenthalt gehabt hat, oder in Ermangelung eines solchen der Landesfürsorgeverband, in dessen Bezirk sie sich in diesem Monat zuletzt aufgehalten hat. Ist ein solcher Bezirks- oder Landesfürsorgeverband nicht vorhanden oder nicht zu ermitteln, so ist der Landesfürsorgeverband zuständig, dem der vorläufig verpflichtete Bezirksfürsorgeverband angehört.

(2) Das gleiche gilt für die uneheliche Mutter hinsichtlich der innerhalb von sechs Monaten nach der Geburt des Kindes notwendig werdenden Fürsorgemaßnahmen, auch wenn die Hilfsbedürftigkeit vor der Geburt eingetreten ist, es sei denn, daß die Hilfsbedürftigkeit offensichtlich außer Zusammenhang mit der Geburt steht.

Anstaltsinsassen. Kinder in Pflege.

§ 9[1]. (1) Durch den Eintritt oder die Einlieferung in eine Kranken-, Entbindungs-, Heil-, Pflege- oder sonstige Fürsorgeanstalt, in eine Erziehungsanstalt oder eine Straf-, Arbeits- oder sonstige Zwangsanstalt wird an dem Anstaltsort ein gewöhnlicher Aufenthalt nicht begründet.

(2) Tritt die Hilfsbedürftigkeit während des Aufenthalts in einer derartigen Anstalt oder bei der Entlassung daraus ein, so ist der Fürsorgeverband endgültig verpflichtet, der es bei dem Eintritt oder der Einlieferung in die Anstalt gewesen wäre.

(3) Entsprechendes gilt für die Unterbringung von Kindern bis zu 16 Jahren[1] in Pflege.

Geschäftsunfähigkeit.

§ 10. Der Einwand, daß ein Aufenthalt wegen Mangels der Geschäftsfähigkeit oder der Willenserklärung nicht habe begründet oder aufgehoben werden können, ist unzulässig.

Dienst- u. Arbeitsort.

§ 11. (1) Erkrankt eine Person, die an einem Orte mindestens eine Woche hindurch gegen Lohn oder Gehalt in einem und demselben Dienst- oder Arbeitsverhältnis gestanden hat, während der Fortdauer dieses Dienst- oder Arbeitsverhältnisses oder innerhalb einer Woche

---

V. über arbeitslose l a n d w i r t s c h a f t l i c h e S i e d l u n g s a n w ä r t e r steht noch zu erwarten].

[1]) Die Worte in Abs. 3 „bis zu 16 Jahren" sind durch V. vom 5. Juni 1931 eingeschaltet.

nach seiner Beendigung, so hat der Bezirksfürsorgeverband des Dienst- oder Arbeitsorts die Kosten der erforderlichen Kur und Verpflegung für die ersten 26 Wochen nach dem Beginne der Krankenpflege endgültig zu tragen oder, wenn die Krankenpflege von einem anderen Fürsorgeverbande gewährt worden ist, diesem zu erstatten.

(2) Die Verpflichtung des Bezirksfürsorgeverbandes des Dienst- oder Arbeitsorts erstreckt sich auf die Fälle der Erkrankung der Ehefrau und der noch nicht 16 Jahre alten Kinder des Dienstverpflichteten oder Arbeiters, die sich bei ihm befinden, sofern nicht ein anderer Bezirksfürsorgeverband deshalb verpflichtet ist, weil die Ehefrau oder die Kinder selbst im Dienst- oder Arbeitsverhältnisse gestanden haben.

(3) Wird im Falle der Erkrankung einer der vorbezeichneten Personen Kur und Verpflegung auf Kosten einer Krankenkasse gewährt und muß bei Beendigung der Leistungen der Krankenkasse die Fürsorge eintreten, so sind die Kosten der letzteren von dem Bezirksfürsorgeverbande des Dienst- oder Arbeitsorts in derselben Weise zu tragen oder zu erstatten, wie wenn die Fürsorge schon in dem Zeitpunkt eingetreten wäre, in welchem die Leistungen der Krankenkasse begonnen haben.

(4) Entsprechendes gilt für Lehrlinge.

(5) Schwangerschaft an sich ist nicht als eine Krankheit im Sinne der vorstehenden Bestimmung anzusehen.

Auslandsdeutsche.

§ 12[1]). (1) Sind Deutsche, staatlose ehemalige Deutsche oder staatlose Personen deutscher Abkunft beim freiwilligen oder erzwungenen Übertritt aus dem Ausland hilfsbedürftig oder werden sie es binnen eines Monats nachher, so ist endgültig verpflichtet der Bezirksfürsorgeverband, in dem der Hilfsbedürftige innerhalb des letzten Jahres vor dem Austritt aus dem Reichsgebiete zuletzt seinen gewöhnlichen Aufenthalt gehabt hat.

(2) Ist ein solcher Aufenthalt nicht zu ermitteln oder hat die Abwesenheit aus dem Reichsgebiete länger als ein Jahr gedauert, so obliegt die endgültige Fürsorgepflicht für Deutsche oder staatlose ehemalige Deutsche dem Lande, dessen Staatsangehörigkeit der Hilfsbedürftige besitzt oder zuletzt besessen hat. In den übrigen Fällen erklärt die Reichsregierung oder die von ihr bestimmte Stelle ein Land für endgültig verpflichtet; dies gilt auch für Deutsche oder staatlose ehemalige Deutsche, welche die Staatsangehörigkeit mehrerer deutscher Länder besitzen oder zuletzt besessen haben.

(3) Die Verpflichtung zur Fürsorge für staatlose ehemalige Deutsche erstreckt sich auf Ehefrauen und minderjährige Kinder, auch wenn diese die Reichsangehörigkeit nicht besessen haben, diejenige für staatlose Personen deutscher Abkunft auch auf Ehefrauen nichtdeutscher Abkunft.

---

[1]) Abs. 2 und Abs. 4 Satz 2 i. d. F. der V. vom 5. Juni 1931.

(4) Das Land bestimmt, welcher seiner Fürsorgeverbände die ihm obliegende Fürsorgepflicht endgültig zu erfüllen hat. Soweit die Reichsregierung oder die von ihr bestimmte Stelle ein Land für endgültig verpflichtet erklärt, erstattet das Reich diesem Lande die Kosten der Fürsorge; dies gilt nicht für Deutsche oder staatlose ehemalige Deutsche, welche die Staatsangehörigkeit mehrerer deutscher Länder besitzen oder zuletzt besessen haben.

(5) Bis zur Übernahme der Fürsorge durch den endgültig verpflichteten Fürsorgeverband hat der Bezirksfürsorgeverband die Fürsorge zu leisten, in dessen Bezirk der Hilfsbedürftige sich befindet. Dieser Bezirksfürsorgeverband kann, wenn das Land nichts anderes bestimmt, von dem Landesfürsorgeverbande, dem er angehört, die vorschußweise Zahlung der aufzuwendenden Kosten verlangen.

Ausländer.

§ 13. Ein Ausländer muß vorläufig von dem Bezirksfürsorgeverband unterstützt werden, in dessen Bezirk er sich bei Eintritt der Hilfsbedürftigkeit befindet. Das Land, dem der Bezirksfürsorgeverband angehört, hat ihm die Kosten zu ersetzen, es sei denn, daß ein Landesgesetz etwas anderes bestimmt.

Kostenersatz. Übernahme.

§ 14[1]. (1) Der vorläufig Fürsorge gewährende Fürsorgeverband kann von dem endgültig verpflichteten Fürsorgeverband Ersatz der Kosten und Übernahme des Hilfsbedürftigen in eigene Fürsorge verlangen. Der zur Übernahme verpflichtete Fürsorgeverband trägt die Kosten der Überführung. Er kann die Übergabe verlangen.

(2) Leben die Ehefrau oder Kinder bis zu 16 Jahren mit dem Hilfsbedürftigen an einem Orte zusammen, so kann nur die gleichzeitige Übergabe oder Übernahme auch dieser Personen verlangt werden.

(3) Übergabe oder Übernahme kann nicht verlangt werden:

a) bei nur vorübergehender Hilfsbedürftigkeit,

b) wenn eine Trennung der hilfsbedürftigen Ehefrau von dem Ehemann oder des hilfsbedürftigen Kindes von den Eltern oder einem Elternteil eintreten würde,

c) wenn sie eine offensichtliche Härte bedeuten oder zur Gefährdung eines Familienangehörigen führen würde.

Fortdauer der Hilfsbedürftigkeit.

§ 15. Die Pflicht zur endgültigen Fürsorge dauert, soweit nichts anderes bestimmt ist, bis zur Beendigung der Hilfsbedürftigkeit.

---

1) Der frühere Abs. 2 (Übernahmepflicht des Bezirksfürsorgeverbands von Familienwohnung und Haushalt) ist wegen Streichung des § 7 Abs. 3 und 4 gleichfalls durch V. vom 5. Juni 1931 gestrichen; die bisherigen Abs. 3 und 4 sind die jetzigen Abs. 2 und 3.

D. Kostenersatz

Höhe des Kostenersatzes.

§ 16. (1) Die Höhe der zu ersetzenden Kosten richtet sich nach den Grundsätzen, die am Unterstützungsorte für die Unterstützung Hilfsbedürftiger gleicher Art gelten. Allgemeine Verwaltungskosten des Fürsorgeverbandes dürfen nicht angerechnet werden.

(2) Für den Kostenersatz können Tarife aufgestellt werden, und zwar für den Kostenersatz zwischen den Fürsorgeverbänden desselben Landes durch die Landesregierung, sonst durch die Reichsregierung mit Zustimmung des Reichsrats.

(3) Ersatz kann nicht verlangt werden, wenn die für den einzelnen Hilfsbedürftigen aufgewendeten Kosten weniger als zehn Reichsmark [1]) betragen.

Abschiebung.

§ 17. (1) Ist die Unterstützungspflicht eines Fürsorgeverbandes durch eine pflichtwidrige oder gegen Treu und Glauben verstoßende Handlung entstanden, die ein anderer Fürsorgeverband zu vertreten hat (Abschiebung), so kann der dadurch belastete Fürsorgeverband von dem anderen außer der Übernahme Ersatz der Fürsorgekosten und Vergütung für seinen Verwaltungsmehraufwand verlangen; er kann dabei, auch wenn für den Ersatz Tarife bestehen, die tatsächlichen Aufwendungen und als Vergütung für Mehrarbeit ohne weiteren Nachweis 25 vom Hundert des Tarifsatzes oder der tatsächlichen Aufwendungen ansetzen.

(2) Das gleiche gilt, wenn ein Fürsorgeverband die verlangte Übernahme eines Hilfsbedürftigen (§ 14) schuldhaft verzögert oder unterläßt, von dem Zeitpunkt ab, in dem er die Übernahme hätte vollziehen können.

(3) Verzögert oder unterläßt ein Fürsorgeverband schuldhaft die verlangte Übergabe des Hilfsbedürftigen, so verwirkt er den Ersatzanspruch von dem Zeitpunkt ab, in dem er die Übergabe hätte vollziehen können.

(4) Geht in einem zwischen den Fürsorgeverbänden anhängigen Streitverfahren hervor, daß der eine Fürsorgeverband den Ersatz völlig unberechtigt abgelehnt oder gefordert hat, so kann der andere Vergütung für seinen Verwaltungsmehraufwand verlangen, und zwar ohne weiteren Nachweis in Höhe von 25 vom Hundert des streitigen Betrags.

---

[1]) Statt der ursprünglichen Fassung „Goldmark" nunmehr „Reichsmark", V. vom 12. Dez. 1924, s. S. 21 Fußnote 1 und S. 61.

Ersatzanspruch. Anmeldung.

§ 18. (1) Der Fürsorgeverband, der von einem anderen Kostenersatz[1]) verlangen will, hat ihm dies spätestens binnen drei Monaten nach begonnener Unterstützung anzumelden.

(2) Er kann dabei eine Frist mit der Wirkung setzen, daß die Erstattungspflicht als abgelehnt gilt, wenn sie nicht bis zu ihrem Ablauf anerkannt wird. Die Frist muß wenigstens vierzehn Tage betragen.

(3) Kann er den ersatzpflichtigen Fürsorgeverband nicht ermitteln, so meldet er den Ersatzanspruch bei seiner Aufsichtsbehörde an.

(4) Unterläßt er die Anmeldung innerhalb der Frist, so sind nur die Kosten ersatzfähig, die drei Monate vor der Anmeldung entstanden sind oder nachher entstehen.

§ 18 a[2]). Erstattungsansprüche, die ein Fürsorgeverband auf Grund dieser Verordnung gegenüber einem anderen Fürsorgeverband hat, verjähren in zwei Jahren vom Ablauf des Jahres ab, in dem der Anspruch entstanden ist.

E. Arbeitspflicht und Unterhaltspflicht

Arbeitsfürsorge.

§ 19. Die Unterstützung Arbeitsfähiger kann in geeigneten Fällen[3]) durch Anweisung angemessener Arbeit gemeinnütziger Art gewährt oder von der Leistung solcher Arbeit abhängig gemacht werden, es sei denn, daß dies eine offensichtliche Härte bedeuten würde oder ein Gesetz dem entgegensteht.

Arbeitszwang.

§ 20. (1) Wer obwohl arbeitsfähig infolge seines sittlichen Verschuldens der öffentlichen Fürsorge selbst anheimfällt oder einen Unterhaltsberechtigten anheimfallen läßt, kann von der Verwaltungsbehörde auf Antrag des vorläufig oder endgültig verpflichteten Fürsorgeverbandes oder desjenigen, der dem Fürsorgeverbande die Kosten der Unterstützung zu ersetzen hat, in einer vom Lande als geeignet anerkannten Anstalt oder sonstigen Arbeitseinrichtung zur Arbeit untergebracht werden, wenn er Arbeit beharrlich ablehnt oder sich der Unterhaltspflicht beharrlich entzieht.

(2) Als unterhaltsberechtigt im Sinne dieser Vorschrift gilt auch ein uneheliches Kind demjenigen gegenüber, der in öffentlicher Urkunde sich zur Unterhaltszahlung verpflichtet hat oder rechtskräftig dazu verurteilt ist.

(3) Die Unterbringung ist unzulässig, wenn sie eine außergewöhnliche Härte bedeuten würde; sie darf nicht in einer Strafanstalt erfolgen.

---

1) Die Fassung im RGBl. 1924, I S. 103 „Kostenersatze" ist natürlich ein Versehen.

2) eingefügt durch V. vom 5. Juni 1931.

3) s. dazu § 7 Abs. 4 RFGr. i. d. F. vom 1. August 1931.

(4) Die Länder können Vorschriften über weitere Voraussetzungen und Dauer der Unterbringung, über die Zuständigkeit und das Verfahren erlassen.

Verpflichtungen Dritter.

§ 21 [1]). Die Verpflichtungen Dritter, einen Hilfsbedürftigen zu unterstützen, werden durch diese Verordnung nicht berührt.

Forderungsübergang. Unterhaltspflicht.

§ 21 a [2]). (1) Der Fürsorgeverband, der auf Grund dieser Verordnung einen Hilfsbedürftigen unterstützt hat, kann, wenn der Hilfsbedürftige für die Zeit der Unterstützung Rechtsansprüche gegen einen Dritten auf Leistungen zur Deckung des Lebensbedarfs hat, durch schriftliche Anzeige an den Dritten bewirken, daß diese Rechtsansprüche zum Ersatz auf ihn übergehen. Dies gilt auch dann, wenn der Anspruch nicht von der Bedürftigkeit des Unterstützten abhängt. Der Fürsorgeverband soll den Übergang von Rechtsansprüchen nur insoweit bewirken, als es zum Ersatz seiner Aufwendungen erforderlich ist. Der Übergang wird nicht dadurch ausgeschlossen, daß der Anspruch der Pfändung nicht unterworfen ist.

(2) Der Fürsorgeverband kann einen nach bürgerlichem Recht Unterhaltspflichtigen für die Vergangenheit außer unter den Voraussetzungen des § 1613 des Bürgerlichen Gesetzbuchs auch in Anspruch nehmen, wenn er dem Unterhaltspflichtigen von der Gewährung der Fürsorge unverzüglich schriftliche Mitteilung gemacht hat.

(3) Abs. 1 und 2 gelten auch dann, wenn der Fürsorgeverband einen Erstattungsanspruch gegenüber einem anderen Fürsorgeverband hat.

Ersatzpflicht Unterhaltspflichtiger.

§ 22 [3]). Hat ein Unterstützter Vermögen, dessen vorherige Verwertung infolge gesetzlicher Vorschrift nicht verlangt worden ist, oder Einkommen, das infolge gesetzlicher Vorschrift bei der Festsetzung der Unterstützung außer Ansatz geblieben ist, so kann hieraus ein nach bürgerlichem Recht Unterhaltspflichtiger dem Fürsorgeverband die Einwendung, daß der Unterstützte nicht außerstande war, sich selbst zu unterhalten (§ 1602 des Bürgerlichen Gesetzbuchs), nicht entgegensetzen, wenn das Verlangen, Unterhalt zu gewähren, bei Berücksichtigung der sonstigen Verpflichtungen des Unterhaltspflichtigen keine unbillige Härte darstellt.

Verwaltungszwang gegen Unterhaltspflichtige.

§ 23 [4]). (1) Der nach bürgerlichem Recht Unterhaltspflichtige kann auf Antrag des vorläufig oder endgültig verpflichteten Fürsorgever-

[1]) i. d. F. der V. vom 5. Juni 1931; der bisherige Abs. 2 ist in geänderter Fassung in § 21 a übernommen.

[2]) eingefügt durch V. vom 5. Juni 1931.

[3]) i. d. F. der V. vom 5. Juni 1931.

[4]) i. d. F. der V. vom 5. Juni 1931.

bandes im Verwaltungsweg zum Kostenersatz und zur Erfüllung der Unterhaltspflicht angehalten werden. Als unterhaltspflichtig im Sinne dieser Vorschrift gilt der Vater des unehelichen Kindes nur, wenn er seine Vaterschaft nach § 1718 des Bürgerlichen Gesetzbuchs anerkannt hat, oder wenn seine Unterhaltspflicht in einem vollstreckbaren Titel festgestellt ist.

(2) Bestreitet der Unterhaltspflichtige seine Unterhaltspflicht, so kann die Verwaltungsbehörde vorbehaltlich des ordentlichen Rechtswegs die Unterhaltspflicht im Verwaltungsweg feststellen. Die örtliche Zuständigkeit richtet sich nach dem Sitze des Fürsorgeverbandes. Die Entscheidung ist vorläufig vollstreckbar. Wird eine Entscheidung im ordentlichen Rechtsweg aufgehoben oder abgeändert, so ist der Fürsorgeverband zum Ersatz des Schadens verpflichtet, der dem in Anspruch Genommenen durch die Vollstreckung der Entscheidung oder durch eine zur Abwendung der Vollstreckung gemachte Leistung entstanden ist. Zur Durchführung des Verwaltungsverfahrens haben sich Verwaltungsbehörden und Gerichte Amtshilfe zu leisten. Im übrigen bestimmt das Verfahren das Land.

(3) In den Entscheidungen können Teilzahlungen festgesetzt werden; bei wesentlicher Änderung der Verhältnisse können die Zahlungen anderweit festgesetzt oder erlassen werden.

Anstalten.

§ 24. Eine Anstalt (§ 9) kann zur Deckung ihrer Verpflegungskosten für ihre Insassen Anträge auf Fürsorgeleistungen stellen und die Leistungen in Empfang nehmen. Der Fürsorgeverband kann Auszahlungen von der Vorlage einer Vollmacht abhängig machen und den Betrag bestimmen, der dem Hilfsbedürftigen unmittelbar zugewendet werden muß.

Ersatzpflicht Hilfsbedürftiger.

§ 25[1]). (1) Der Unterstützte ist verpflichtet, dem Fürsorgeverband die aufgewendeten Kosten zu ersetzen.

(2) Der Unterstützte ist berechtigt, den Ersatz zu verweigern, soweit und solange er kein hinreichendes Vermögen oder Einkommen hat.

(3) Der Erbe kann gegen den Ersatzanspruch nicht die Einrede erheben, daß der Unterstützte zur Zeit des Todes den Ersatz verweigern konnte. Seine Haftung beschränkt sich auf den Nachlaß. Erben, die mit dem Unterstützten bis zu seinem Tode nicht nur vorübergehend in häuslicher Gemeinschaft gelebt oder ihn ohne rechtliche Verpflichtung oder ohne entsprechende Gegenleistung, wenn auch in Erwartung einer Zuwendung von Todes wegen, unterstützt oder gepflegt haben, können den Ersatz verweigern, soweit und solange die Geltendmachung ihnen gegenüber eine besondere Härte wäre. Darüber hinaus sind

---

[1]) i. d. F. der V. vom 5. Juni 1931.

unterhaltsberechtigte Angehörige als Erben berechtigt, den Ersatz zu verweigern, solange sie selbst nicht nur vorübergehend in öffentlicher Fürsorge stehen. Das Recht der Erben, den Ersatz zu verweigern, hindert den Fürsorgeverband nicht, seine Befriedigung aus dem zur Sicherung verpfändeten oder übereigneten Gegenstand zu suchen.

(4) Von dem Unterstützten sind nicht zu ersetzen:

a) die Kosten der Wochenfürsorge,

b) die Kosten der Erwerbsbefähigung Blinder, Taubstummer und von Krüppeln,

c) Fürsorgeleistungen, die ihm vor Vollendung seines 18. Lebensjahrs gewährt worden sind.

(5) Der Unterstützte kann den Ersatz von Kosten der Behandlung wegen einer ansteckenden Geschlechtskrankheit im Sinne des Gesetzes zur Bekämpfung der Geschlechtskrankheiten vom 18. Februar 1927 (Reichsgesetzbl. I S. 61) und der Behandlung wegen tuberkulöser Erkrankung verweigern, soweit und solange es unbillig ist, Ersatz zu verlangen.

(6) Auf eine Hilfe, die entgegen den auf Grund des § 6 Abs. 1 erlassenen Vorschriften[1]) in Form eines Darlehns gegeben ist, finden die Abs. 1 bis 5 Anwendung.

§ 25 a[2]). (1) Unbeschadet seiner Ersatzansprüche nach § 21 a hat der Fürsorgeverband Anspruch auf Ersatz gemäß § 25 Abs. 1 bis 3 gegen den Ehegatten des Unterstützten. Das gleiche gilt gegenüber Eltern hinsichtlich der Leistungen, die ihren Kindern vor Vollendung des 18. Lebensjahrs gewährt worden sind.

(2) Dieser Anspruch besteht nicht für Unterstützungen gemäß § 25 Abs. 4 a und b und Abs. 5 sowie für Kosten der Erziehung und Erwerbsbefähigung Minderjähriger bis zu 18 Jahren.

§ 25 b[2]). Der Ersatzanspruch nach den §§ 25 und 25 a verjährt in vier Jahren vom Ablauf des Jahres ab, in dem der Anspruch entstanden ist. Durch das Recht, den Ersatz zu verweigern (§ 25 Abs. 2, Abs. 3 und Abs. 5), wird der Lauf der Verjährung nicht gehemmt.

§ 25 c[2]). (1) Für den Ersatzanspruch nach den §§ 25 und 25 a ist der ordentliche Rechtsweg oder nach näherer Bestimmung der Länder der Verwaltungsrechtsweg zulässig.

(2) Die Länder können auch bestimmen, daß die Fürsorgeverbände den Anspruch vorbehaltlich der Entscheidung im ordentlichen Rechtsweg oder Verwaltungsrechtsweg im Verwaltungsweg geltend machen können oder müssen. Die örtliche Zuständigkeit richtet sich nach dem Sitze des Fürsorgeverbandes. Die Entscheidung ist vorläufig vollstreckbar. Wird eine Entscheidung im ordentlichen Rechtsweg oder Verwaltungsrechtsweg aufgehoben oder abgeändert, so ist der Fürsorgeverband zum

---

1) § 11 Abs. 2 RFGr. i. d. F. vom 1. August 1931.
2) eingefügt durch V. vom 5. Juni 1931.

Ersatz des Schadens verpflichtet, der dem in Anspruch Genommenen durch die Vollstreckung der Entscheidung oder durch eine zur Abwendung der Vollstreckung gemachte Leistung entstanden ist. Zur Durchführung des Verwaltungsverfahrens haben sich Verwaltungsbehörden und Gerichte Amtshilfe zu leisten.

(3) In den Entscheidungen können Teilzahlungen festgesetzt werden; bei wesentlicher Änderung der Verhältnisse können die Zahlungen anderweit festgesetzt oder erlassen werden.

§ 26. —[1])

F. Schluß- und Übergangsvorschriften

Rechtshilfe. Auskunftspflicht.

§ 27[2]). (1) Die Verwaltungsbehörden sind verpflichtet, den im Vollzuge dieser Verordnung an sie ergehenden Ersuchen der Fürsorgestellen (§ 3) zu entsprechen. Diese Amtshilfe haben auch die Fürsorgestellen einander sowie die Organe der Versicherungsträger zu leisten. Die Organe der Versicherungsträger sind insbesondere zur Auskunftserteilung über alle das Beschäftigungsverhältnis des Hilfsbedürftigen und des Unterhalts- oder Ersatzpflichtigen betreffenden Tatsachen verpflichtet; insoweit finden die Vorschriften des § 142 der Reichsversicherungsordnung, des § 346 des Angestelltenversicherungsgesetzes und des § 233 des Reichsknappschaftsgesetzes keine Anwendung. Die Finanzbehörden haben den Fürsorgestellen Auskunft zu geben über die ihnen bekannten Einkommens- und Vermögensverhältnisse des Hilfsbedürftigen und des Unterhalts- oder Ersatzpflichtigen, die Arbeitgeber über Art und Dauer der Beschäftigung, über die Arbeitsstätte und über den Arbeitsverdienst.

(2) Die Unterhalts- oder Ersatzpflichtigen haben den Fürsorgestellen bei Anfragen Auskunft über alle für die Fürsorge erheblichen Tatsachen zu geben.

(3) Gegen Arbeitgeber, die eine Auskunft, zu der sie nach Abs. 1 verpflichtet sind, verweigern, kann eine von der obersten Landesbehörde bestimmte Stelle eine Ordnungsstrafe bis zu 150 Reichsmark verhängen. Das Nähere bestimmt die oberste Landesbehörde[3]).

Gebühren- u. Stempelfreiheit.

§ 28[4]). (1) Gebühren- und stempelfrei sind alle gerichtlichen und außergerichtlichen Verhandlungen und Urkunden, insbesondere Vollmachten, amtliche Bescheinigungen sowie Eintragungen in das Grundbuch, die aus Anlaß der Beantragung, Feststellung, Auszahlung oder

[1]) § 26 enthielt die Verjährungsvorschrift; gestrichen durch V. vom 5. Juni 1931; s. jetzt §§ 18a und 25b.

[2]) Abs. 1 i. d. F. der V. vom 5. Juni 1931, Abs. 3 eingefügt durch V. vom 5. Juni 1931.

[3]) AusfBek. fehlt noch.

[4]) i. d. F. der V. vom 5. Juni 1931.

des Ersatzes einer vom Fürsorgeverband nach dieser Verordnung zu gewährenden Leistung nötig werden. Die Befreiung erstreckt sich auch auf die in Angelegenheiten der streitigen Gerichtsbarkeit fällig werdenden Gerichtsgebühren und Stempel, soweit diese gesetzlich den Fürsorgeverbänden zu Last fallen.

(²) Die in Abs. 1 Satz 1 vorgesehene Befreiung gilt auch dann, wenn die Leistung von einer anderen, von der obersten Landesbehörde bezeichneten Stelle an Hilfsbedürftige gewährt wird.

Unterstützungswohnsitzgesetz. Verfahren.

§ 29. Das Reichsgesetz über den Unterstützungswohnsitz in der Fassung vom 30. Mai 1908 (Reichsgesetzbl. S. 381) wird aufgehoben. Bis zur Neuregelung des Rechtsverfahrens werden jedoch Streitigkeiten zwischen Fürsorgeverbänden nach den Bestimmungen der §§ 37 **bis 57, 58 Abs. 2 dieses Gesetzes**[1]) entschieden.

Armenrechtliche Wegweisung.

§ 30[2]). § 5 des Gesetzes über die Freizügigkeit vom 1. November 1867 (Bundesgesetzbl. S. 55) wird durch folgende Vorschrift ersetzt:

(¹) Einem Hilfsbedürftigen, dem Armenfürsorge gewährt wird, kann die Fortsetzung des Aufenthalts in einer Gemeinde versagt werden, wenn diese nicht im Bezirke des endgültig verpflichteten Fürsorgeverbandes liegt und die Übernahme durch den endgültig verpflichteten Fürsorgeverband verlangt werden kann (§ 14 der Verordnung über die Fürsorgepflicht vom 13. Februar 1924, Reichsgesetzbl. I S. 103). Die Versagung muß sich zugleich gegen die Personen richten, deren gleichzeitige Übergabe oder Übernahme nach der angeführten Verordnung verlangt werden muß.

(²) Dies gilt auch für hilfsbedürftige Minderjährige, denen Fürsorge gewährt wird, sofern es sich nicht um uneheliche, vollverwaiste oder getrennt von beiden Eltern untergebrachte Minderjährige unter 16 Jahren handelt.

§ 31. —[3]).

---

[1]) i. d. F. des Ges. vom 7. Dez. 1928 (RGBl. I S. 401); abgedruckt S. 38.

[2]) Abs. 2 i. d. F. des Art. 4 des Fünften Teiles Kap. VIII der V. vom 5. Juni 1931.

[3]) gestrichen durch V. vom 5. Juni 1931; s. aber jetzt Art. 4 des Fünften Teiles Kap. VIII der V. vom 5. Juni 1931, welcher lautet: „Soweit zur Durchführung des Artikel 1 nach Landesrecht eine gesetzliche Regelung erforderlich ist, werden die Landesregierungen ermächtigt, entsprechende Ausführungsvorschriften bis zum 15. August 1931 im Verordnungswege zu erlassen."

Aufhebung von Reichsgesetzen. Übergangsregelung.

§ 32[1]. (1) Aufgehoben werden:

a) das Reichsgesetz über Notstandsmaßnahmen zur Unterstützung von Rentenempfängern der Invaliden- und Angestelltenversicherung vom 7. Dezember 1921 (Reichsgesetzbl. S. 1533) nebst seinen Ergänzungsgesetzen und -verordnungen,

b) das Gesetz über Kleinrentnerfürsorge vom 4. Februar 1923 (Reichsgesetzbl. I S. 104),

c) das Gesetz über die Kosten der Kriegsbeschädigten- und Kriegshinterbliebenenfürsorge vom 8. Mai 1920 (Reichsgesetzbl. S. 1066) sowie alle sonstigen Vorschriften, nach denen das Reich Kosten der sozialen Fürsorge im Sinne des Reichsversorgungsgesetzes zu tragen hat,

d) das Gesetz über die Wochenfürsorge vom 9. Juni 1922 (Reichsgesetzbl. I S. 502) und die Verordnung über Wochenfürsorge vom 18. August 1923 (Reichsgesetzbl. I S. 816).

(2) Bis zum Erlasse neuer Vorschriften gelten die bisherigen Bestimmungen über die Fürsorge für Rentenempfänger der Invaliden- und Angestelltenversicherung, Kleinrentner, Kriegsbeschädigte und Kriegshinterbliebene sowie diejenigen über Wochenfürsorge, soweit sie Voraussetzung, Art und Maß der Fürsorge betreffen, als Vorschriften im Sinne des § 6.

(3) Im § 14 Abs. 2 der Verordnung über die Auflösung der Flüchtlingslager vom 17. Dezember 1923 (Reichsgesetzbl. I S. 1202) werden die Worte „nach Maßgabe des Gesetzes über den Unterstützungswohnsitz" durch „nach Maßgabe der Verordnung über die Fürsorgepflicht vom 13. Februar 1924 (Reichsgesetzbl. I S. 100)" und das Wort „Armenverbände" durch „Fürsorgeverbände" ersetzt.

Schwerbeschädigtengesetz.

§ 33. Das Gesetz über die Beschäftigung Schwerbeschädigter in der Fassung vom 12. Februar 1923 (Reichsgesetzbl. I S. 57) wird durch folgende Vorschrift ergänzt:

„§ 27. Die Landeszentralbehörden können die in diesem Gesetze den Hauptfürsorgestellen und Fürsorgestellen übertragenen Aufgaben auch anderen Behörden übertragen unter der Voraussetzung, daß eine den Vorschriften dieses Gesetzes entsprechende Mitwirkung der Beteiligten gesichert ist".

---

[1]) i. d. F. des Ges. vom 8. Juni 1926; dadurch wurde der frühere Abs. 3 aufgehoben, welcher lautete: „Die Heranziehung von Personen aus dem Kreise der Fürsorgeberechtigten bei Festsetzung von Art und Höhe der Fürsorgeleistungen ist im bisherigen Umfang sicherzustellen"; s. jetzt § 3a RFV.

Soziale Kriegsbesch.- u. Kriegshinterbl.-Fürsorge.

§ 34. In der Verordnung über die soziale Kriegsbeschädigten- und Kriegshinterbliebenenfürsorge vom 8. Februar 1919 (Reichsgesetzbl. S. 187) wird § 1 Satz 1 durch folgende Vorschrift ersetzt:

„Die soziale Fürsorge für Kriegsbeschädigte und Kriegshinterbliebene wird von den Landes- und Bezirksfürsorgeverbänden nach Maßgabe der Grundsätze erfüllt, die die Reichsregierung mit Zustimmung des Reichsrats aufstellt."

§ 2 wird durch folgende Vorschrift ersetzt:

„(1) Der beim Reichsarbeitsministerium errichtete Reichsausschuß der Kriegsbeschädigten- und Kriegshinterbliebenenfürsorge ist Körperschaft des öffentlichen Rechtes. Er setzt sich zusammen aus acht Vertretern der Hauptfürsorgestellen der Kriegsbeschädigten- und Kriegshinterbliebenenfürsorge, acht Vertretern solcher Vereinigungen der Kriegsbeschädigten und Kriegshinterbliebenen, die ihre Wirksamkeit auf das Reich erstrecken und eine entsprechende Mitgliederzahl haben, ferner aus drei Vertretern aus den Kreisen sozial erfahrener Personen.

(2) Welche Hauptfürsorgestellen und Vereinigungen von Kriegsbeschädigten und Kriegshinterbliebenen Vertreter in den Reichsausschuß entsenden, bestimmt der Reichsarbeitsminister nach Anhörung der Beteiligten; er beruft auch die sozial erfahrenen Personen.

(3) Die Satzung des Reichsausschusses und ihre Änderung bedürfen der Genehmigung des Reichsarbeitsministers.

(4) Die Reichsregierung kann mit Zustimmung des Reichsausschusses seine Aufgaben auch anderen Körperschaften übertragen, in denen die Kriegsbeschädigten und Kriegshinterbliebenen vertreten sind."

Im § 4 werden die Vorschriften unter Nr. 1 und 3 gestrichen. § 10 erhält folgenden Zusatz:

„Sie können die Aufgaben der Hauptfürsorgestellen und Fürsorgestellen auch anderen Behörden übertragen unter der Voraussetzung, daß ihnen Beiräte nach Maßgabe der §§ 6 und 7 zur Seite gestellt werden oder die Mitwirkung von Vertretern der Kriegsbeschädigten und Kriegshinterbliebenen in anderer Weise hinreichend gesichert ist. Sie können ferner das Beschwerdeverfahren abweichend von den Vorschriften der §§ 7 und 9 regeln, sofern die Mitwirkung von Vertretern der Kriegsbeschädigten und Kriegshinterbliebenen wenigstens in einem Rechtszug gesichert ist."

§ 11 wird aufgehoben.

Reichsversorgungsgesetz usw.

§ 35. Aufgehoben werden ferner:

a) § 22 Abs. 2 des Reichsversorgungsgesetzes vom 12. Mai 1920 in der Fassung vom 30. Juni 1923 (Reichsgesetzbl. I S. 523)[1],

b) § 5 des Altrentnergesetzes vom 18. Juli 1921 in der Fassung vom 30. Juni 1923 (Reichsgesetzbl. I S. 542)[2],

c) die Bekanntmachung, betreffend Einwirkungen der Flüchtlingsfürsorge auf das Armenrecht, vom 16. Mai 1918 (Reichsgesetzbl. S. 409).

Ersatzansprüche in der Übergangszeit.

§ 36. (1) Ersatzansprüche von Armen-, Fürsorge- oder anderen öffentlich-rechtlichen Verbänden auf Grund der bisherigen Bestimmungen können nach Inkrafttreten dieser Verordnung derartigen Verbänden gegenüber nicht mehr geltend gemacht werden, wenn ihr Betrag weniger als zehn Reichsmark[3]) beträgt; Kosten, die ersetzt sind, können nicht mehr zurückgefordert werden.

(2) Ein Verband, der bisher nur vorläufig verpflichtet ist, kann nach dem Inkrafttreten dieser Verordnung von einem anderen Ersatz nicht mehr verlangen, wenn er nach den Bestimmungen dieser Verordnung endgültig verpflichtet wäre.

(3) Ein Verband, dessen endgültige Verpflichtung zur Fürsorge vor Inkrafttreten dieser Verordnung durch Anerkennung oder durch rechtskräftige Entscheidung festgestellt ist, bleibt bis zur Beendigung der Hilfsbedürftigkeit endgültig verpflichtet. Geht er in einem anderen Verband auf, so tritt dieser, sofern das Land den Übergang nicht anders regelt, an seine Stelle.

Mitwirkung des Reichstags.

§ 37. Die in dieser Verordnung vorgesehene Zustimmung eines Ausschusses des Reichstags ist nicht erforderlich, wenn der Reichstag vertagt oder aufgelöst ist. Die erlassenen Vorschriften sind dem Reichstag nach seinem Zusammentritte von der Reichsregierung mitzuteilen und auf sein Verlangen außer Kraft zu setzen.

---

[1]) Reichsversorgungsgesetz vom 12. Mai 1920, nunmehr i. d. F. vom 22. Dez. 1927 (RGBl. I S. 515), geändert durch V. vom 26. Juli 1930 (RGBl. I S. 311), Abschn. I Tit. 3, dann durch V. des Reichspräs. vom 1. Dez. 1930 (RGBl. I S. 517), durch V. vom 17. März 1931 (RGBl. I S. 68), durch den zweiten Teil Kap. IV Art. 1 der 2. V. des Reichspräs. vom 5. Juni 1931 (RGBl. I S. 279) und endlich durch die 3. V. des Reichspräs. vom 6. Okt. 1931 (RGBl. I S. 537).

[2]) nunmehr i. d. F. vom 22. Dez. 1927 (RGBl. I S. 515 und 531), geändert durch Zweiten Teil Kap. IV Art. 2 der Zweiten V. des Reichspräs. vom 5. Juni 1931 (RGBl. I S. 279), Zweiter Teil Kap. IV Artikel 2.

[3]) Statt der ursprünglichen Fassung „Goldmark" nunmehr „Reichsmark", V. vom 12. Dez. 1924, s. S. 21 Fußnote 1 u. S. 61.

Auslegungsgrundsätze mit Gesetzeskraft.

§ 38[1]). Die Reichsregierung kann Grundsätze für die Auslegung dieser Verordnung aufstellen und bestimmen, daß und inwieweit der gewöhnliche Aufenthalt an einem Ort erst nach Ablauf einer Frist als begründet gilt, und welcher Fürsorgeverband in diesem Falle zur Fürsorge endgültig verpflichtet ist, ferner, daß mit der Verlegung des gewöhnlichen Aufenthalts sich die endgültige Fürsorgepflicht trotz Fortdauer der Hilfsbedürftigkeit allgemein oder für bestimmte Gruppen von Hilfsbedürftigen ändert.

Inkrafttreten[2]).

§ 39. Diese Verordnung tritt am 1. April 1924 in Kraft. Die Reichsregierung kann mit Zustimmung des Reichsrats den Zeitpunkt des Inkrafttretens hinausschieben; sie muß es auf Antrag des Reichsrats, wenn nicht bis 1. April 1924 die Neuregelung des Finanzausgleichs in Kraft tritt.

2.

Gesetz über den Unterstützungswohnsitz.

Vom 30. Mai 1908.[3])

(RGBl. S. 381).

(Auszug)[4])[5]).

§ 37. (1) Streitigkeiten zwischen verschiedenen Armenverbänden über die öffentliche Unterstützung Hilfsbedürftiger werden, wenn die streitenden Teile einem und demselben Bundesstaat angehören, auf dem durch die Landesgesetze vorgeschriebenen Wege entschieden.

(2) Gehören die streitenden Armenverbände verschiedenen Bundesstaaten an, so finden die nachfolgenden Vorschriften der §§ 38 bis 51 dieses Gesetzes Anwendung.

§ 38. (1) Lehnt ein Armenverband den gegen ihn erhobenen Anspruch auf Erstattung der Kosten oder auf Übernahme eines Hilfsbedürftigen ab, so wird auf Antrag desjenigen Armenverbandes, welcher die öffentliche Unterstützung vorläufig zu gewähren genötigt ist, über

---

[1]) i. d. F. der V. vom 5. Juni 1931.

[2]) Über das Inkrafttreten der Änderungen s. Einleitung S. 7 ff.

[3]) abgeändert durch Gesetz vom 7. Dez. 1928 (RGBl. I S. 401), abgedruckt S. 75.

[4]) Es sind nur die gemäß § 29 Satz 2 RFV. aufrechterhaltenen Bestimmungen über das Streitverfahren abgedruckt.

[5]) Die Absatzziffern befinden sich nicht im RGBl.

den erhobenen Anspruch im Verwaltungswege durch diejenige Spruchbehörde entschieden, welche dem in Anspruch genommenen Armenverbande vorgesetzt ist.

(2) Die Zuständigkeit, den Instanzenzug sowie das Verfahren regelt innerhalb jedes Bundesstaats, vorbehaltlich der Vorschriften dieses Gesetzes, die Landesgesetzgebung.

§ 39. Die zur Entscheidung zuständigen Landesbehörden sind befugt, Untersuchungen an Ort und Stelle zu veranlassen, Zeugen und Sachverständige zu laden und eidlich zu vernehmen, überhaupt den angetretenen Beweis in vollem Umfange zu erheben.

§ 40. Die Entscheidung erfolgt durch schriftlichen, mit Gründen versehenen Beschluß; sofern dabei für den in Anspruch genommenen Armenverband eine Verpflichtung zur Übernahme eines Hilfsbedürftigen (§ 31) begründet ist, muß dies in dem Beschluß ausdrücklich ausgesprochen werden.

§ 41. Soweit die Organisation oder örtliche Abgrenzung der einzelnen Armenverbände Gegenstand des Streites ist, bewendet es endgültig bei der Entscheidung der höchsten landesgesetzlichen Instanz. Im übrigen findet gegen deren Entscheidung nur die Berufung an das Bundesamt für das Heimatwesen statt.

§ 42. (1) Das Bundesamt für das Heimatwesen ist eine ständige und kollegiale Behörde, welche ihren Sitz in Berlin hat.

(2) Es besteht aus einem Vorsitzenden und mindestens vier Mitgliedern. Der Vorsitzende sowie die letzteren werden auf Vorschlag des Bundesrats vom Bundespräsidium auf Lebenszeit ernannt. Der Vorsitzende sowohl, als auch mindestens die Hälfte der Mitglieder muß die Qualifikation zum höheren Richteramt im Staate ihrer Angehörigkeit besitzen.

§ 43. Bezüglich der Rechtsverhältnisse der Mitglieder des Bundesamts gelten bis zum Erlasse besonderer bundesgesetzlicher Vorschriften die Bestimmungen der §§ 23 bis 26 des Gesetzes, betreffend die Errichtung eines obersten Gerichtshofs für Handelssachen, vom 12. Juni 1869 mit der Maßgabe, daß

1. an Stelle des Plenums des Oberhandelsgerichts das Plenum des Bundesamts tritt, und daß im Falle des § 25 a. a. O. die Verrichtungen des Staatsanwalts und des Untersuchungsrichters von je einem Mitgliede des Königlich Preußischen Kammergerichts zu Berlin, welches der Bundeskanzler ernennt, wahrgenommen werden,
2. bezüglich der Höhe der Pensionen die Vorschriften in Anwendung kommen, welche darüber in demjenigen Bundesstaate gelten, aus dessen Dienste das Mitglied des Bundesamts berufen ist.

§ 44. (1) Zur Abfassung einer gültigen Entscheidung des Bundesamts gehört die Anwesenheit von mindestens drei Mitgliedern, von denen mindestens eines die im § 42 vorgeschriebene richterliche Qualifikation haben muß.

(²) Die Zahl der Mitglieder, welche bei der Fassung eines Beschlusses eine entscheidende Stimme führen, muß in allen Fällen eine ungerade sein. Ist die Zahl der bei der Erledigung einer Sache mitwirkenden Mitglieder eine gerade, so führt dasjenige Mitglied, welches zuletzt ernannt ist, und bei gleichem Dienstalter dasjenige, welches der Geburt nach das jüngere ist, nur eine beratende Stimme.

§ 45. (¹) Der Geschäftsgang bei dem Bundesamte wird durch ein Regulativ geordnet, welches das Bundesamt zu entwerfen und dem Bundesrate zur Bestätigung einzureichen hat.

(²) In dem Geschäftsregulative sind insbesondere auch die Befugnisse des Vorsitzenden festzustellen.

§ 46. (¹) Die Berufung an das Bundesamt ist bei Verlust des Rechtsmittels binnen vierzehn Tagen, von der Behändigung der angefochtenen Entscheidung an gerechnet, bei derjenigen Behörde, gegen deren Entscheidung sie gerichtet ist, schriftlich anzumelden.

(²) Die Angabe der Beschwerden sowie die Rechtfertigung der Berufung kann entweder zugleich mit der Anmeldung der letzteren oder innerhalb vier Wochen nach diesem Termine derselben Behörde eingereicht werden.

(³) Von sämtlichen Schriftsätzen sowie von den etwaigen Anlagen derselben sind Duplikate beizufügen.

§ 47. Die eingegangenen Duplikate werden von der zuständigen Behörde der Gegenpartei zur schriftlichen, binnen vier Wochen nach der Behändigung in zwei Exemplaren einzureichenden Gegenerklärung zugefertigt.

§ 48. Nach Ablauf dieser Frist legt die nämliche Behörde die sämtlichen Verhandlungen nebst ihren Akten dem Bundesamte vor.

§ 49[1]. Aufklärungen, die das Bundesamt vor der Entscheidung für nötig hält, hat auf sein Ersuchen die Behörde zu vermitteln, deren Entscheidung angefochten ist. Das Bundesamt kann sie auch selbst vornehmen.

§ 50[1]. (¹) Das Bundesamt entscheidet gebührenfrei. Es kann eine mündliche Verhandlung anordnen; auf Antrag eines Beteiligten muß dies geschehen. Die mündliche Verhandlung ist öffentlich.

(²) Das Erkenntnis wird schriftlich, mit Gründen versehen, den Parteien durch Vermittlung derjenigen Behörde (§ 46) zugefertigt, gegen deren Beschluß es ergangen ist.

§ 51. Gegen die Entscheidung des Bundesamts ist ein weiteres Rechtsmittel nicht zulässig.

---

[1]) in der Fassung des Ges. vom 7. Dez. 1928, abgedr. S. 75.

§ 52. Bis zu anderweitiger, von Bundes wegen erfolgender Regelung der Kompetenz des Bundesamts für das Heimatwesen kann durch die Landesgesetzgebung eines Bundesstaats bestimmt werden, daß die Vorschriften der §§ 38 bis 51, 56 Abs. 2 dieses Gesetzes für die Streitsachen zwischen Armenverbänden des betreffenden Bundesstaats in Wirksamkeit treten sollen.

§ 53. (1) In den Streitsachen über die durch dieses Gesetz geregelte öffentliche Unterstützung Hilfsbedürftiger ist die Entscheidung der ersten Instanz, ausgenommen in dem Falle des § 57, sofort vollstreckbar.

(2) Im übrigen findet die Exekution statt:

a) auf Grund und in den Grenzen eines von dem in Anspruch genommenen Armenverband ausgestellten Anerkenntnisses (§ 55);

b) auf Grund der endgültigen Entscheidung.

(3) Die Vollstreckung der Exekution liegt der zur Entscheidung in erster Instanz zuständigen Behörde des verpflichteten Armenverbandes ob und ist bei derselben unter Beifügung der bezüglichen Urkunden zu beantragen.

§ 54. Wird die bereits vollstreckte Entscheidung der ersten landesgesetzlichen Instanz durch endgültige Entscheidungen höherer Landesinstanzen oder in Gemäßheit der §§ 38 bis 51 dieses Gesetzes wieder aufgehoben, so hat die zur Entscheidung in erster Instanz zuständige Behörde desjenigen Armenverbandes, welcher die Vollstreckung der Exekution erwirkt hatte, die erforderlichen Anordnungen zu treffen, um die Exekution und deren Folgen wieder rückgängig zu machen.

§ 55. (1) Den zur vorläufigen Unterstützung (§ 28) und beziehungsweise zur Übernahme (§ 31) eines Hilfsbedürftigen verpflichteten Armenverbänden ist es unbenommen, die tatsächliche Vollstreckung der Ausweisung (§ 5 des Gesetzes über die Freizügigkeit vom 1. November 1867) durch eine unter sich zu treffende Einigung über das Verbleiben der auszuweisenden Person oder Familie in ihrem bisherigen Aufenthaltsorte gegen Gewährung eines bestimmten Unterstützungsbetrags von seiten des letztgedachten Armenverbandes dauernd oder zeitweilig auszuschließen.

(2) Die erstinstanzlichen Behörden (§§ 38, 39, 40) sind verpflichtet, auf Anrufen eines oder des anderen Beteiligten, zwecks tunlicher Herstellung einer solchen Einigung, vermittelnd einzuschreiten.

(3) Ist die Einigung urkundlich in Form eines Anerkenntnisses festgestellt, so findet auf Grund derselben die administrative Exekution statt (§ 53).

§ 56. (1) Wenn mit der Ausweisung Gefahr für Leben oder Gesundheit des Auszuweisenden oder seiner Angehörigen verbunden sein würde, oder wenn die Ursache der Erwerbs- oder Arbeitsunfähigkeit des Auszuweisenden durch eine im Bundeskriegsdienst oder bei Gelegenheit einer Tat persönlicher Selbstaufopferung erlittene Verwundung oder Krankheit herbeigeführt ist, oder endlich, wenn sonst die

Wegweisung vom Aufenthaltsorte mit erheblichen Härten oder Nachteilen für den Auszuweisenden verbunden sein sollte, kann auch bei nicht erreichter Einigung das Verbleiben der auszuweiseden Person oder Familie in dem Aufenthaltsorte, gegen Festsetzung eines von dem verpflichteten Armenverbande zu zahlenden Unterstützungsbetrags, durch die zur Entscheidung in erster Instanz zuständige Behörde des Ortsarmenverbandes des Aufenthaltsorts angeordnet werden.

(2) Gegen diese Anordnung, welche, wenn die Voraussetzungen fortfallen, unter welchen sie erlassen ist, jederzeit zurückgenommen werden kann, steht innerhalb vierzehn Tagen nach der Zustellung beiden Teilen die Berufung zu. Dieselbe erfolgt, wenn die streitenden Armenverbände einem und demselben Bundesstaat angehören, an die nächsthöchste landesgesetzliche Instanz, sofern die streitenden Teile verschiedenen Bundesstaaten angehören, an das Bundesamt für das Heimatwesen. Bei der hierauf ergehenden Entscheidung bewendet es endgültig.

(3) Dasselbe findet statt, wenn der Antrag des verpflichteten Armenverbandes auf Erlaß einer solchen Anordnung zurückgewiesen ist.

§ 57. Solange das Verfahren, betreffend den Versuch einer Einigung nach § 55, oder betreffend den Erlaß der im § 56 bezeichneten Anordnung, schwebt, bleibt die Vollstreckbarkeit der Entscheidung erster Instanz ausgesetzt (§ 53).

§ 58. . . . .[1]) . . . . . .

(2) Entsteht über die Notwendigkeit des Transports oder die Art der Ausführung desselben Streit, so erfolgt die Entscheidung hierüber endgültig durch die in erster Instanz in der Hauptsache zuständige Behörde des Armenverbandes des Aufenthaltsorts (§ 38 Abs. 2).

3.

Bekanntmachung der neuen Fassung der Reichsgrundsätze über Voraussetzung, Art und Maß der öffentlichen Fürsorge.

Vom 1. August 1931.[2])

(RGBl. I S. 441).

Auf Grund des Artikel 2 der Verordnung zur Änderung der Reichsgrundsätze über Voraussetzung, Art und Maß der öffentlichen Fürsorge und zur Ausführung des § 85 des Aufwertungsgesetzes vom

---

[1]) Abs. 1 ist durch § 29 Satz 2 RFV. nicht aufrechterhalten worden.

[2]) Diese Fassung ist an die Stelle der Reichsgrundsätze vom 4. Dez. 1924 (RGBl. I S. 138) i. d. F. der V. vom 29. März 1928 (RGBl. I S. 138) getreten, s. V. zur Änderung der Reichsgrundsätze usw. vom 1. Aug. 1931 (RGBl. I S. 439), hier abgedruckt S. 78.

Die Druckfehlerberichtigung (RGBl. 1931 I S. 448) ist hier berücksichtigt.

1. August 1931 (Reichsgesetzbl. I S. 439) wird der Wortlaut der Reichsgrundsätze über Voraussetzung, Art und Maß der öffentlichen Fürsorge in der nunmehr geltenden Fassung bekanntgemacht.

Berlin, den 1. August 1931.

Der Reichsarbeitsminister:
Stegerwald.

Der Reichsminister des Innern:
Dr. Wirth.

Reichsgrundsätze über Voraussetzung, Art und Maß der öffentlichen Fürsorge.

Vom 1. August 1931.

(RGBl. I S. 441.) [1] [2]

A. Fürsorge im allgemeinen

§ 1. (1) Die Fürsorge hat die Aufgabe, dem Hilfsbedürftigen den notwendigen Lebensbedarf zu gewähren. Sie muß dabei die Eigenart der Notlage berücksichtigen.

(2) Sie soll den Hilfsbedürftigen tunlichst in den Stand setzen, sich und seinen unterhaltsberechtigten Angehörigen den Lebensbedarf selbst zu beschaffen.

§ 2. (1) Die Fürsorge muß rechtzeitig einsetzen; sie ist nicht von einem Antrag abhängig.

(2) Sie muß der Notlage nachhaltig entgegenwirken und zu verhüten suchen, daß vorübergehende Not zu dauernder wird.

§ 3. Um drohende Hilfsbedürftigkeit zu verhüten, kann die Fürsorge auch vorbeugend eingreifen, besonders um Gesundheit und Arbeitsfähigkeit zu erhalten. Bei Minderjährigen kann sie, soweit dazu nicht die Jugendhilfe berufen ist, auch eingreifen, um Störungen der körperlichen, geistigen oder sittlichen Entwicklung zu verhindern.

§ 4. Die Fürsorge soll auch Einrichtungen für Hilfsbedürftige, besonders solche zur Beschäftigung Erwerbsbeschränkter, fördern, wenn sie die Einzelfürsorge entlasten, sparsam wirtschaften und die öffentlichen Mittel zweckentsprechend verwenden.

§ 5. Hilfsbedürftig ist, wer den notwendigen Lebensbedarf für sich und seine unterhaltsberechtigten Angehörigen nicht oder nicht ausreichend aus eigenen Kräften und Mitteln beschaffen kann und ihn auch nicht von anderer Seite, insbesondere von Angehörigen, erhält.

§ 6. (1) Zum notwendigen Lebensbedarfe gehören

a) der Lebensunterhalt, insbesondere Unterkunft, Nahrung, Kleidung und Pflege,

---

[1] Druckfehlerberichtigung (§ 36) in RGBl. 1932, I S. 459 ist hier berücksichtigt.

[2] Die Absatzziffern befinden sich — außer in § 6 — im RGBl. selbst.

b) Krankenhilfe sowie Hilfe zur Wiederherstellung der Arbeitsfähigkeit,

c) Hilfe für Schwangere und Wöchnerinnen,

außerdem

d) bei Minderjährigen Erziehung und Erwerbsbefähigung,

e) bei Blinden, Taubstummen und Krüppeln Erwerbsbefähigung.

(2) Nötigenfalls ist der Bestattungsaufwand zu bestreiten.

§ 7. (1) Jeder Hilfsbedürftige, auch der nicht voll arbeitsfähige, muß seine Arbeitskraft zur Beschaffung des notwendigen Lebensbedarfs für sich und seine unterhaltsberechtigten Angehörigen einsetzen. Die Fürsorge soll ihm, soweit möglich, Gelegenheit dazu bieten. Schwerbeschädigte soll sie geeignetenfalls mit Hilfe des Reichsgesetzes über die Beschäftigung Schwerbeschädigter unterbringen.

(2) Ob dem Hilfsbedürftigen eine Arbeit billigerweise zugemutet werden kann, soll nach Lebensalter, Gesundheitszustand, häuslichen Verhältnissen und, soweit angängig, auch nach der beruflichen Ausbildung beurteilt werden; das gilt besonders auch dann, wenn die Hilfe durch Anweisung von Arbeit gewährt oder von deren Leistung abhängig gemacht werden soll (§ 19 der Verordnung über die Fürsorgepflicht).

(3) Frauen soll Erwerbsarbeit nicht zugemutet werden, wenn dadurch die geordnete Erziehung ihrer Kinder gefährdet würde; auch sonst sind bei Frauen die Pflichten besonders zu berücksichtigen, die ihnen die Führung eines Haushalts oder die Pflege von Angehörigen auferlegt.

(4) Bei Hilfsbedürftigen, denen die Arbeitslosenunterstützung auf Grund der §§ 90, 92, 93 oder 93 c des Gesetzes über Arbeitsvermittlung und Arbeitslosenversicherung vom 16. Juli 1927 in der Fassung vom 26. Juli 1930 (Reichsgesetzbl. I S. 319) und vom 5. Juni 1931 (Reichsgesetzbl. I S. 279) entzogen oder versagt ist, soll die Unterstützung für die Dauer der Sperrfrist von der Leistung angemessener Arbeit gemeinnütziger Art (§ 19 der Fürsorgepflichtverordnung) abhängig gemacht werden.

§ 8. (1) Zu den eigenen Mitteln, die der Hilfsbedürftige einsetzen muß, ehe ihm die Fürsorge Hilfe gewährt, ist sein gesamtes verwertbares Vermögen und Einkommen zu rechnen, besonders Bezüge in Geld oder Geldeswert aus gegenwärtigem oder früherem Arbeits- oder Dienstverhältnis und aus Unterhalts- oder Rentenansprüchen öffentlicher oder privater Art.

(2) Als verwertbar gelten nicht Gegenstände, die zur persönlichen Fortsetzung der Erwerbstätigkeit unentbehrlich sind.

(3) Die Fürsorge soll, besonders bei alten, bei noch nicht erwerbsfähigen und bei erwerbsbeschränkten Personen, die vorherige Verwertung kleiner Vermögen oder Vermögensteile nicht verlangen, wenn

dadurch die Not des Hilfesuchenden oder seiner unterhaltsberechtigten Angehörigen erheblich verschärft oder zur dauernden würde.

(4) Bei Prüfung der Hilfsbedürftigkeit, der Art und des Umfanges der Hilfe bleiben Zuwendungen außer Ansatz, die die freie Wohlfahrtspflege oder ein Dritter zur Ergänzung der öffentlichen Fürsorge gewährt, ohne dazu eine rechtliche oder eine besondere sittliche Pflicht zu haben. Dies gilt nicht, wenn die Zuwendung die wirtschaftliche Lage des Unterstützten so günstig beeinflußt, daß öffentliche Fürsorge ungerechtfertigt wäre.

(5) Ebenso soll bei Personen, die trotz vorgerückten Alters oder trotz starker Beschränkung ihrer Erwerbsfähigkeit unter Aufwendung besonderer Tatkraft einem Erwerbe nachgehen, ein angemessener Betrag des Arbeitsverdienstes außer Ansatz bleiben; das gilt besonders bei Blinden, Hirnverletzten und anderen Schwererwerbsbeschränkten.

§ 9. (1) Von einer ausdrücklichen Verpflichtung, die aufzuwendenden Kosten zu ersetzen, darf die Fürsorge nicht abhängig gemacht werden.

(2) Muß die Fürsorge eintreten, weil Vermögen des Hilfesuchenden vorerst nicht verwertet werden kann oder soll, so kann sie ihre Hilfe davon abhängig machen, daß der Ersatz der aufzuwendenden Kosten sichergestellt wird, insbesondere durch Abschluß von Rentenverträgen, Bestellung von Hypotheken oder sonstige Verpfändung von Vermögenswerten.

(3) Die Fürsorge soll die Hilfe von einer Sicherstellung in der Regel nur abhängig machen, wenn die Rückzahlung voraussichtlich ohne besondere Härte möglich ist.

(4) Eine besondere Härte ist in der Regel anzunehmen, wenn die Rückzahlung nicht vor dem Ableben des Hilfsbedürftigen wird erfolgen können und wenn

a) unterhaltsberechtigte Angehörige vorhanden sind, die beim Tode des Hilfsbedürftigen voraussichtlich selbst in der öffentlichen Fürsorge verbleiben oder ihr anheimfallen werden oder

b) Personen vorhanden sind, mit denen der Hilfsbedürftige in häuslicher Gemeinschaft lebt und die ihn ohne rechtliche Verpflichtung oder ohne entsprechende Gegenleistung, wenn auch in Erwartung einer Zuwendung von Todes wegen, unterstützen oder pflegen.

§ 10. (1) Was im Einzelfall im Rahmen des notwendigen Lebensbedarfs (§ 6) an Hilfe zu gewähren ist, hat sich nach der Besonderheit des Falles zu richten, namentlich nach Art und Dauer der Not, nach der Person des Hilfsbedürftigen und den örtlichen Verhältnissen.

(2) Bei Störungen der körperlichen, geistigen oder sittlichen Entwicklung Minderjähriger ist die Hilfe so ausreichend zu bemessen, daß gründliche und dauernde Abhilfe zu erwarten ist.

§ 11. (1) Die Hilfe kann in Geld, Sachleistung oder persönlicher Hilfe bestehen und in offener oder geschlossener (Anstalts-) Pflege gewährt werden. In einer Anstalt oder einer fremden Familie soll der Hilfsbedürftige nur untergebracht werden, wenn sein körperlicher, geistiger oder sittlicher Zustand besondere Maßnahmen zur Heilung, Pflege oder Bewahrung erfordert. Zwangsweise darf dies nur geschehen, wenn ein Gesetz es gestattet.

(2) Die Hilfe darf in Form des Darlehns nur gewährt werden,

1. wenn durch eine einmalige größere Aufwendung die wirtschaftliche Selbständigkeit des Hilfsbedürftigen alsbald hergestellt oder gesichert werden kann;
2. in Fällen vorübergehender Not, soweit die Zurückzahlung innerhalb angemessener Frist voraussichtlich die Bestreitung des nach billigem Ermessen erforderlichen Lebensbedarfs nicht gefährdet und der Kostenersatz nicht nach § 25 Abs. 4 der Verordnung über die Fürsorgepflicht ausgeschlossen ist;
3. in Fällen vorbeugender Fürsorge.

(3) Die Fürsorgeverbände sind nicht gehindert, eine über die Reichsgrundsätze hinausgehende Hilfe in Form des Darlehns zu gewähren.

§ 12. Schwangeren und Wöchnerinnen (§ 6 c) sind je nach Art und Grad der Hilfsbedürftigkeit ärztliche Behandlung[1]), Entbindungskostenbeitrag und Wochengeld, Wöchnerinnen, die ihr Kind stillen, außerdem Stillgeld zu gewähren. Die Hilfe soll ihnen das sicherstellen, was die Reichsversicherungsordnung den Familienangehörigen eines Versicherten gewährt (Familienwochenhilfe). An die Stelle barer Beihilfen können auch Sachleistungen treten.

§ 13. (1) Bei Arbeitsscheu oder offenbar unwirtschaftlichem Verhalten sind die Voraussetzungen der Hilfsbedürftigkeit aufs strengste zu prüfen sowie Art und Maß der Fürsorge auf das zur Fristung des Lebens Unerläßliche zu beschränken. Für Hilfsbedürftige, denen die Arbeitslosenunterstützung auf Grund der §§ 90, 92, 93 oder 93 c des Gesetzes über Arbeitsvermittlung und Arbeitslosenversicherung vom 16. Juli 1927 in der Fassung vom 26. Juli 1930 (Reichsgesetzbl. I S. 319) und vom 5. Juni 1931 (Reichsgesetzbl. I S. 279) entzogen oder versagt ist, gilt das gleiche während der Sperrfrist. Bei Hilfsbedürftigen, die den berechtigten Anordnungen der zuständigen Stellen beharrlich zuwiderhandeln, kann entsprechend verfahren werden.

(2) Bei Arbeitsscheu oder offenbar unwirtschaftlichem Verhalten kann die Hilfe auf Anstaltspflege beschränkt, offene Pflege aber abgelehnt werden.

(3) Wird die Fürsorge einem Hilfsbedürftigen gegenüber beschränkt, so ist, soweit möglich, zu verhüten, daß davon seine Angehörigen oder andere Hilfsbedürftige mitbetroffen werden, mit denen er in häuslicher Gemeinschaft lebt.

---

1) Über Hebammengebühren s. S. 153.

B. Besondere Bestimmungen

a) Für Kleinrentner, Sozialrentner und die ihnen Gleichstehenden

§ 14. (1) Bei alten oder erwerbsunfähigen Personen, die infolge eigener oder fremder Vorsorge ohne die eingetretene Geldentwertung nicht auf die öffentliche Fürsorge angewiesen wären (Kleinrentner), ist bei Prüfung der Hilfsbedürftigkeit, der Art und des Umfanges der Hilfe auf ihre früheren Lebensverhältnisse Rücksicht zu nehmen, dabei aber auch die allgemeine Verschlechterung der Lebenshaltung des deutschen Volkes zu beachten. Das gilt besonders, wenn die Hilfe in einer Anstalt oder durch Anweisung von Arbeit gewährt oder von deren Leistung abhängig gemacht werden soll.

(2) Als erwerbsunfähig ist ein Kleinrentner dann anzusehen, wenn er infolge körperlicher oder geistiger Gebrechen nicht nur vorübergehend außerstande ist, sich durch Arbeit einen wesentlichen Teil seines Lebensbedarfs zu beschaffen.

§ 15. (1) Die Fürsorge darf bei Kleinrentnern nicht abhängig gemacht werden vom Verbrauch oder der Verwertung

a) eines kleineren Vermögens,

b) eines angemessenen Hausrats, wobei die bisherigen Lebensverhältnisse des Hilfsbedürftigen zu berücksichtigen sind,

c) von Familien- und Erbstücken, deren Entäußerung den Hilfsbedürftigen hart treffen würde, oder deren Verkehrswert außer Verhältnis zu dem Werte steht, den sie für den Hilfsbedürftigen oder seine Familie haben,

d) von Gegenständen, die zur Befriedigung geistiger, besonders wissenschaftlicher oder künstlerischer Bedürfnisse dienen und deren Besitz nicht Luxus ist,

e) eines kleinen Hausgrundstücks, das der Hilfsbedürftige allein oder zusammen mit bedürftigen Angehörigen, denen es nach seinem Tode weiter als Wohnung dienen soll, ganz oder zum größten Teil bewohnt.

(2) Der Verbrauch oder die Verwertung sonstigen Vermögens darf nur verlangt werden, wenn dies keine besondere Härte für den Hilfsbedürftigen oder seine unterhaltsberechtigten Angehörigen bedeutet.

§ 15 a. (1) Bei Kleinrentnern müssen von der Sicherstellung Hausrat im Umfang des § 15 Abs. 1 b und Gegenstände der im § 15 Abs. 1 c genannten Art verschont bleiben.

(2) Ein kleines Hausgrundstück, das der Unterstützte ganz oder zum größten Teil zusammen mit bedürftigen Angehörigen bewohnt, denen es nach seinem Tode weiter als Wohnung dienen soll, darf zur Sicherung des Ersatzes der aufzuwendenden Kosten nur mit der Beschränkung belastet werden, daß Befriedigung nach dem Ableben des Hilfs-

bedürftigen nicht verlangt werden kann, solange es einer dieser Angehörigen bewohnt.

§ 16. In entsprechender Weise wie die Kleinrentner (§§ 14 bis 15 a) sind alte oder invalide oder berufsunfähig gewordene Rentner der Arbeiter- oder Angestelltenversicherung zu betreuen. Die Rentenerhöhung, die ein Hilfloser zur Pflege und Wartung erhält (§§ 560, 930, 1065 der Reichsversicherungsordnung), bleibt bei jeder Hilfe außer Ansatz, die nicht demselben Zwecke dient.

§ 17. Den Kleinrentnern können alte oder durch geistige oder körperliche Gebrechen erwerbsunfähig gewordene Personen gleichgestellt werden, die trotz wirtschaftlicher Lebensführung auf die öffentliche Fürsorge angewiesen sind. Die oberste Landesbehörde kann sich die Gleichstellung vorbehalten oder sie allgemein vorschreiben.

b) Für Kriegsbeschädigte und Kriegshinterbliebene

§ 18. (1) Kriegsbeschädigten und Kriegshinterbliebenen gegenüber (§ 20) soll jede Art der Fürsorge wenigstens die Rücksichten nehmen, die für Kleinrentner vorgeschrieben sind (§§ 14 bis 15 a).

(2) Die Pflegezulage, die ein Beschädigter für Pflege und Wartung erhält, bleibt bei jeder Hilfe außer Ansatz, die nicht demselben Zwecke dient; das gilt auch für die den Blinden gewährte Führerhundzulage.

(3) Vergünstigungen, die Personen erhalten, weil ihr Einkommen unter einer bestimmten Höhe bleibt, können Kriegsbeschädigten und Kriegshinterbliebenen, die ihren Lebensunterhalt ausschließlich oder überwiegend aus den Versorgungsgebührnissen bestreiten müssen, auch dann gewährt werden, wenn ihr Einkommen diese Höhe erreicht oder nur unwesentlich übersteigt.

§ 19. Die soziale Fürsorge, die nach den Versorgungsgesetzen Kriegsbeschädigten und Kriegshinterbliebenen über die allgemeine Fürsorge hinaus Hilfe zu gewähren hat, richtet sich nach den Bestimmungen der §§ 20 bis 32.

§ 20. (1) Als Kriegsbeschädigte und Kriegshinterbliebene gelten

a) die nach dem Reichsversorgungsgesetze Versorgungsberechtigten,

b) die nach dem Offizierpensionsgesetze vom 31. Mai 1906 (Reichsgesetzbl. S. 565) Versorgten selbst und ihre nach dem Militärhinterbliebenengesetze vom 17. Mai 1907 (Reichsgesetzbl. S. 214) versorgten Angehörigen, wenn jene im Kriege eine Dienstbeschädigung erlitten haben oder an ihren Folgen verstorben sind.

(2) Den Kriegsbeschädigten und Kriegshinterbliebenen stehen Personen gleich, denen andere Reichsgesetze soziale Fürsorge im Sinne des Reichsversorgungsgesetzes zubilligen.

(3) Wenn es besondere Gründe der Billigkeit rechtfertigen, soll ein Versorgungssucher schon vor der Anerkennung seines Anspruchs hinsichtlich der Fürsorge wie ein Versorgungsberechtigter behandelt werden.

---

[1]) s. die Fußnote 3 zu S. 107.

§ 21. Die soziale Fürsorge für einen Berechtigten umfaßt auch die Familienmitglieder, deren Ernährer er gewesen ist oder ohne die Dienstbeschädigung voraussichtlich geworden wäre.

§ 22. Die soziale Fürsorge gewährt ihre Hilfe in der Regel nur, wenn die Notlage mit der Dienstbeschädigung oder dem Verluste des Ernährers zusammenhängt; der Zusammenhang wird angenommen, soweit nicht das Gegenteil offenkundig oder nachgewiesen ist. Auch ohne diesen Zusammenhang kann sie eintreten, wenn es besondere Gründe der Billigkeit rechtfertigen.

§ 23. (1) Die soziale Fürsorge gewährt ihre Hilfe auch dann, wenn zwar der Beschädigte oder die Hinterbliebenen selbst oder ein unterhaltspflichtiger Angehöriger die Leistungen aus ihrem Einkommen oder Vermögen bestreiten könnten, es aber unbillig wäre, dies zu verlangen.

(2) Bei Prüfung der Hilfsbedürftigkeit und der Art und des Umfanges der Hilfe ist entgegenkommend zu verfahren; dabei ist besonders auch der Aufwand für Erziehung und Erwerbsbefähigung von Kindern zu berücksichtigen, der nach ihren Anlagen und Fähigkeiten und nach der Lebensstellung der Eltern berechtigt ist.

(3) Bei Prüfung, inwieweit ein Schwerbeschädigter den Lebensbedarf aus eigenen Mitteln bestreiten kann, soll die Schwerbeschädigtenzulage einschließlich des auf sie entfallenden Betrags an Ausgleichs- und Ortszulage in der Regel außer Betracht bleiben.

(4) Mehrausgaben, die einem Schwerbeschädigten infolge seiner Beschädigung erwachsen, sollen angemessen berücksichtigt werden. Bei einer Witwe soll in der Regel die Rentenerhöhung außer Betracht bleiben, die sie erhält, weil sie erwerbsunfähig ist oder ein Kind zu versorgen oder das 45. oder ein höheres Lebensjahr vollendet hat.

§ 24. Die soziale Fürsorge hat zum Ziele, den Beschädigten tunlichst wieder erwerbsfähig zu machen und ihn dem Wirtschaftsleben zu erhalten, der Witwe die Fortführung ihres Hausstandes und die Erziehung und Ausbildung ihrer Kinder tunlichst aus eigenen Kräften zu ermöglichen und den Waisen die Erlangung einer ihren Fähigkeiten angemessenen Lebensstellung zu erleichtern.

§ 25. Die soziale Fürsorge hat den Beschädigten und Hinterbliebenen bei der Berufsausbildung und bei der Unterbringung und Erhaltung im Erwerbsleben beizustehen und behilflich zu sein, die Folgen einer erlittenen Dienstbeschädigung oder des Verlustes des Ernährers nach Möglichkeit zu überwinden oder zu mildern.

§ 26. (1) Hat ein Beschädigter nach dem Reichsversorgungsgesetz einen Anspruch auf unentgeltliche berufliche Ausbildung, so muß ihm die soziale Fürsorge diese gewähren und während der Ausbildung auch den notwendigen Lebensbedarf für ihn und seine unterhaltsberechtigten Angehörigen, soweit er ihn nicht aus eigenen Mitteln beschaffen kann.

(2) Inwieweit darüber hinaus Beschädigten und Hinterbliebenen Berufsausbildung gewährt werden soll, richtet sich nach den Besonderheiten des Einzelfalls.

§ 27. (1) Die soziale Fürsorge soll Beschädigte und Hinterbliebene in Versorgungs-, Fürsorge- und Familienangelegenheiten beraten oder diese Beratung vermitteln.

(2) Sie soll für Berufsberatung, Arbeitsvermittlung und Arbeitsbeschaffung im Zusammenwirken mit den Arbeitsnachweisen sorgen und Schwerbeschädigte bei Wahrung ihrer Rechte aus dem Reichsgesetz über die Beschäftigung Schwerbeschädigter unterstützen.

(3) In geeigneten Fällen soll sie auch die Ansiedlung und Selbständigmachung Beschädigter und Hinterbliebener, besonders kinderreicher Familien, fördern.

§ 28. (1) Die soziale Fürsorge soll den dauernd erwerbsunfähigen Schwerbeschädigten die durch die Dienstbeschädigten verursachten körperlichen Beschwerden erleichtern, soweit dies nicht durch die Versorgungsheilbehandlung zu geschehen hat.

(2) Soweit Beschädigte dauernder Pflege bedürfen, aber nicht auf Kosten des Reichs unter entsprechender Anrechnung der Versorgungsgebührnisse Anstaltspflege erhalten, soll die soziale Fürsorge für angemessene Pflege und Unterkunft sorgen.

(3) Während der Heilbehandlung eines Beschädigten soll die Fürsorge, wenn nötig, die Versorgungsleistungen durch Fürsorgemaßnahmen für ihn und seine Angehörigen ergänzen.

§ 29. (1) Die soziale Fürsorge hat die Berufsausbildung von Waisen und von Kindern Schwerbeschädigter nachdrücklich zu fördern; sie soll dabei die Anlagen und Fähigkeiten des Kindes und die Lebensstellung der Eltern angemessen berücksichtigen.

(2) Die soziale Fürsorge soll auch sonst auf die Erziehung von Waisen und von Kindern Schwerbeschädigter sowie auf die Pflege ihrer Gesundheit besonderes Gewicht legen und ihnen die Teilnahme an Einrichtungen der Gesundheits- und Erholungsfürsorge möglichst erleichtern.

§ 30. Für hilfsbedürftige nichtversicherte Hinterbliebene soll durch Vereinbarung mit den Krankenkassen oder auf andere Weise für die notwendige Krankenhilfe gesorgt werden. Als hilfsbedürftig gelten insbesondere die Hinterbliebenen, denen Zusatzrente nach dem Reichsversorgungsgesetze gewährt wird.

§ 31. (1) Um die wirtschaftliche Selbständigkeit Beschädigter und Hinterbliebener zu sichern, soll von der Möglichkeit, ihnen Darlehen gegen Verpfändung von Versorgungsgebührnissen zu gewähren, tunlichst Gebrauch gemacht werden.

(2) Der Ersatzanspruch aus § 25 der Verordnung über die Fürsorgepflicht ist nur gegeben, wenn die soziale Fürsorge bei ihrer Hilfe

die Rückzahlung der aufzuwendenden Kosten ausdrücklich ausbedingt. Dies darf nur geschehen, wenn es mit Rücksicht auf Art und Zweck der Fürsorgeleistungen und die gegenwärtigen oder zu erwartenden wirtschaftlichen Verhältnisse des Hilfesuchenden unbillig wäre, hiervon abzusehen; bei der beruflichen Ausbildung, auf die ein Beschädigter nach dem Reichsversorgungsgesetz Anspruch hat (§ 26), darf Rückzahlung nicht ausbedungen werden. Der Ersatzanspruch aus § 25 a der Verordnung über die Fürsorgepflicht ist ausgeschlossen.

§ 32. Die soziale Fürsorge soll allgemeine Einrichtungen, die auch Kriegsbeschädigten und Kriegshinterbliebenen zugute kommen, besonders fördern.

C. Schlußbestimmungen.

§ 33 (aufgehoben).

§ 34. Ausländern ist im Falle der Hilfsbedürftigkeit Lebensunterhalt, insbesondere Unterkunft, Nahrung, Kleidung und Pflege sowie Krankenhilfe zu gewähren. Nötigenfalls ist der Bestattungsaufwand zu bestreiten. Die übrigen Bestimmungen gelten für Ausländer nur, soweit es die Reichsregierung mit Zustimmung des Reichsrats oder ein Staatsvertrag bestimmt.

§ 35. Die vorstehenden Grundsätze hindern die Länder und, soweit nicht landesrechtliche Vorschriften entgegenstehen, auch die Fürsorgeverbände nicht, den Hilfsbedürftigen darüber hinaus Hilfe zu gewähren.

§ 36. Diese Grundsätze treten am 1. Januar 1925 in Kraft, soweit sich nicht aus den Änderungsverordnungen für einzelne Vorschriften ein anderer Zeitpunkt des Inkrafttretens ergibt[1]). Mit diesem Zeitpunkt treten außer Kraft:

a) die im Artikel 2 der Verordnung vom 14. Februar 1924 (Reichsgesetzbl. I S. 110) über das Inkrafttreten des Reichsgesetzes für Jugendwohlfahrt noch aufrechterhaltenen Vorschriften des § 49 Abs. 1 und 2 des Reichsgesetzes für Jugendwohlfahrt vom 9. Juli 1922 (Reichsgesetzbl. I S. 633),

b) die im § 32 der Verordnung über die Fürsorgepflicht vom 13. Februar 1924 (Reichsgesetzbl. I S. 100) noch aufrechterhaltenen Bestimmungen über die Fürsorge für Rentenempfänger der Invaliden- und Angestelltenversicherung, Kleinrentner, Kriegsbeschädigte und Kriegshinterbliebene sowie diejenigen über Wochenfürsorge.

---

[1]) Der Halbsatz „soweit ... usw. ... ergibt" ist durch „Berichtigung" (RGBl. 1931 I S. 459) eingefügt.

4.

Erläuterungen zu den Reichsgrundsätzen über Voraussetzung, Art und Maß der öffentlichen Fürsorge.

Vom 27. November 1931

(RABl. 1931 Teil I S. 315; MABl. 1932 S. 1).

Der Reichsarbeitsminister. Berlin, den 27. November 1931.
II b Nr. 8261/31.

Der Reichsminister des Innern.
II B 5322/27 11.

An die Landesregierungen (die für die Durchführung der Fürsorgepflichtverordnung zuständigen Ministerien).

Neufassung der Erläuterungen zu den Reichsgrundsätzen über Voraussetzung, Art und Maß der öffentlichen Fürsorge.

Die Neufassung der Reichsgrundsätze über Voraussetzung, Art und Maß der öffentlichen Fürsorge vom 1. August 1931 (Reichsgesetzbl. I S. 441) läßt es erwünscht erscheinen, die „Erläuterungen zu den Reichsgrundsätzen" vom 13. Dezember 1924 [1]) den Abänderungen und Ergänzungen anzupassen, die die Reichsgrundsätze durch die Verordnung zur Änderung der Reichsgrundsätze über Voraussetzung, Art und Maß der öffentlichen Fürsorge und zur Ausführung des § 85 des Aufwertungsgesetzes vom 1. August 1931 (Reichsgesetzbl. I S. 439) [2]) erfahren haben. Die Neufassung der Erläuterungen berücksichtigt außer den Änderungen und Ergänzungen der Reichsgrundsätze selbst auch inzwischen ergangene, das Fürsorgerecht berührende gesetzliche Neuregelungen auf anderen Gebieten; sie berücksichtigt ferner die seit Inkrafttreten der Fürsorgepflichtverordnung gemachten Erfahrungen und die Rechtsprechung des Bundesamts für das Heimatwesen. Die sonstigen Änderungen sind rein formaler Natur. So sind namentlich alle Hinweise auf die vor der Schaffung der Reichsgrundsätze geltenden Bestimmungen und auf die vor dieser Zeit gemachten Erfahrungen fortgeblieben.

Die Erläuterungen in ihrer neuen Fassung werden im Reichsarbeitsblatt veröffentlicht werden [3]).

A. Fürsorge im allgemeinen

Der Abschnitt „Fürsorge im allgemeinen" umfaßt die Vorschriften, die für jede Art der Fürsorge (allgemeine und gehobene Fürsorge) gelten sollen.

Zu § 1

Pflichtaufgabe der Fürsorge soll sein, dem Hilfsbedürftigen den notwendigen Lebensbedarf zu gewähren. Die Fürsorge darf dabei nicht ein-

---

[1]) RABl. 1924, Amtl. Teil S. 494; Bayer. MABl. 1925 S. 1.
[2]) s. hier S. 78.
[3]) RABl. 1931 Teil I S. 315.

förmig helfen, sondern muß die Eigenart der Notstände ergründen und danach die Mittel zur Abhilfe wählen; schematische Fürsorge widerspricht den Grundsätzen.

Das Ziel jeder Fürsorge muß sein, sich überflüssig zu machen, d. h. den Hilfsbedürftigen in seinem Willen und in seiner Kraft so zu stärken, daß er sich durch eigenes Können, Mühen und Schaffen selbst behaupten, insbesondere für seine unterhaltsberechtigte Familie selbst sorgen kann.

Zu §§ 2 und 3

Die Fürsorgepflichtverordnung verpflichtet an sich den Fürsorgeverband, erst bei eingetretener Hilfsbedürftigkeit einzugreifen. Die große Bedeutung vorbeugender Fürsorge aber, besonders auf dem Gebiete der Gesundheits- und Arbeitsfürsorge und der Bewahrung Minderjähriger vor Störungen der körperlichen, geistigen oder sittlichen Entwicklung, ließ es geboten erscheinen, in den Grundsätzen auf vorbeugende Maßnahmen ausdrücklich hinzuweisen.

Die Fürsorge muß rechtzeitig und ausreichend einsetzen. Sie wird dann sicherer helfen und sparsamer wirtschaften, als wenn sie wartet, bis sie einem verschärften Notstand gegenübersteht, dem sie nicht oder nur mit verstärkten Kräften und Mitteln gewachsen ist.

Hilfsbedürftigkeit und Eintritt der Notlage sind nicht gleichbedeutend. Die Grenzen zwischen vorbeugenden und abhelfenden Maßnahmen werden häufig — nur schwer scheidbar — ineinander übergehen. Die Hilfsbedürftigkeit wird regelmäßig schon dann als eingetreten zu gelten haben, wenn die Notlage erkennbar droht und der von der Notlage Bedrohte außerstande ist, ihr in einem Zeitpunkt entgegenzutreten, in dem ein verständig wirtschaftender und sorgender Mensch Abhilfemaßnahmen trifft. Die Fürsorge, die einer ihr erkennbar werdenden Notlage bereits in diesem Zeitpunkt entgegentritt, setzt rechtzeitig ein; ihre Leistung ist eine abhelfende, nicht eine vorbeugende Maßnahme und daher ersatzfähig im Sinne der Fürsorgepflichtverordnung.

Der Hilfsbedürftige soll nicht aus Unkenntnis oder aus Scheu der Hilfe verlustig gehen. Die Fürsorge darf daher ihr Eingreifen nicht von einem Antrag abhängig machen; sie muß erforderlichenfalls auch von Amts wegen einsetzen. Ein Verzicht des Hilfsbedürftigen auf Hilfe entbindet sie nicht von ihrer Pflicht. Durch enges Zusammenarbeiten mit der freien Wohlfahrtspflege wird der Not vieler verschämter Hilfsbedürftiger gesteuert werden können.

Zu § 4

Einrichtungen, die einer größeren Zahl von Hilfsbedürftigen dienen, helfen vielfach den Notständen am zweckmäßigsten ab und entlasten die Fürsorgeverbände in der Einzelfürsorge. Dies gilt insbesondere für Einrichtungen, die der Beschäftigung Erwerbsbeschränkter oder, wie es bei Kleinrentnern häufig der Fall ist, bisher Erwerbsungewohnter dienen. Dabei kann es sich um Einrichtungen der öffentlichen oder der freien Wohlfahrtspflege handeln.

Zu § 5

Die Bestimmung, wann eine Person als hilfsbedürftig anzusehen ist, entspricht der Verwaltungsübung und Rechtsprechung. Wird ein Unterhaltsberechtigter unterstützt, so gilt grundsätzlich er, nicht der Unterhaltsverpflichtete, als hilfsbedürftig. Bei der Schwierigkeit, zu unterscheiden, inwieweit die einer Familie geleistete Hilfe dem Familienhaupt oder den übrigen Familienmitgliedern zuteil wird, wer also von ihnen als hilfsbedürftig anzusehen ist, soll jemand auch dann schon als hilfsbedürftig gelten, wenn seine Mittel und Kräfte nicht ausreichen, den notwendigen Lebensbedarf für seine unterhaltsberechtigten Angehörigen zu beschaffen.

Die Tatsache, daß ein Anstaltspflegling der Anstalt gegenüber einen vertraglichen Unterhaltsanspruch hat, schließt seine Hilfsbedürftigkeit u. a. dann nicht aus, wenn die Anstalt nicht mehr in der Lage ist, ihre Vertragspflichten zu erfüllen.

Zu § 6

Unter notwendigem Lebensbedarf soll nicht lediglich das zum Lebensunterhalt unbedingt Notwendige verstanden werden, sondern darüber hinaus auch das, was zur Wiederherstellung der Gesundheit und Arbeitsfähigkeit geboten ist; auch sollen die werdende Mutter und das Kind ausreichend vor Notständen geschützt werden.

In Verwirklichung des Gedankens, daß die Fürsorge bestrebt sein muß, die zu betreuenden Personen selbständig und damit unabhängig von ihrer Hilfe zu machen, ist außerdem Erziehung und Erwerbsbefähigung als zum Lebensbedarf der Minderjährigen gehörig bezeichnet worden. Ob die Fürsorge einem Minderjährigen als Maßnahme der Erwerbsbefähigung über die Befähigung zu ungelernter Arbeit hinaus auch die Ausbildung zu einem bestimmten Beruf ermöglichen soll, muß nach der Lage des Einzelfalls, insbesondere auch danach entschieden werden, ob der körperliche, geistige oder sittliche Zustand des Minderjährigen solche besonderen Maßnahmen erforderlich erscheinen läßt. Förderung des Aufstiegs der Begabten (Art. 146 RV.) ist nicht Aufgabe der öffentlichen Fürsorge.

Auch bei Blinden, Taubstummen und Krüppeln ist die Erwerbsbefähigung Pflichtaufgabe der Fürsorge. Es ist die wirksamste, würdigste und im Endergebnisse sparsamste Hilfe, die Kräfte derartig Schwererwerbsbeschränkter dem Wirtschaftsleben nutzbar zu machen. Wenn die Erfolglosigkeit des Versuchs, einen solchen Hilfsbedürftigen erwerbsfähig zu machen, mit Sicherheit vorauszusehen ist oder sich bereits herausgestellt hat, braucht er — wie sich aus § 10 ergibt — nicht unternommen oder fortgesetzt zu werden. Zur Erwerbsbefähigung Schwererwerbsbeschränkter, insbesondere Blinder, wird unter Umständen auch die Gewährung von Hilfsmitteln gehören, die infolge des Gebrechens zur Ausübung der Erwerbstätigkeit notwendig sind.

Zu § 7

Die Fürsorge darf das Streben nach wirtschaftlicher Selbständigkeit nicht lähmen. Jeder Hilfsbedürftige muß daher die ihm noch verbliebene Arbeitskraft zur Beschaffung des notwendigen Lebensbedarfes selbst einsetzen, ehe ihm die Fürsorge Hilfe gewährt. Die Fürsorge wird die hierauf gerichteten Bemühungen des Hilfsbedürftigen durch Maßnahmen der Arbeitsfürsorge unterstützen müssen. Doch soll der Hilfsbedürftige nicht zu Erwerbsarbeiten gedrängt werden, die nach seinen persönlichen Verhältnissen unwirtschaftlich oder unbillig wären; insbesondere sollen Mütter, die ihre Kinder erziehen können und wollen, nicht durch Verweigerung der Hilfe gezwungen werden, ohne Rücksicht auf die geordnete Erziehung der Kinder einem Erwerbe nachzugehen.

Um die Wirkung der von den Arbeitsämtern auf Grund der §§ 90, 92, 93, 93 c des Gesetzes über Arbeitsvermittlung und Arbeitslosenversicherung verhängten Sperrfristen zu verstärken, soll die Unterstützung, die einem Arbeitslosen während einer Sperrfrist gewährt wird, von der Leistung angemessener Arbeit gemeinnütziger Art abhängig gemacht werden.

Zu § 8

Die Allgemeinheit, die die Mittel der Fürsorge aufbringt, kann verlangen, daß der Hilfsbedürftige seine eigenen Mittel, d. h. sein gesamtes verwertbares Vermögen und Einkommen einzusetzen hat, ehe die öffentliche Fürsorge eintritt. Jedoch soll die vorherige Verwertung nicht in einem Umfang oder in einer Art verlangt werden, die unbillig oder unwirtschaftlich wäre, insbesondere zwar im Augenblick eine Verringerung des Fürsorgeaufwandes, später jedoch eine größere und dauernde Last zur Folge hätte.

Die öffentliche Fürsorge darf freiwillige Gaben, die zur Ergänzung ihrer Leistungen gegeben werden, nicht zum Anlaß ihrer Entlastung nehmen; die Tätigkeit der freien Wohlfahrtspflege könnte hierdurch beeinträchtigt und die Gebefreudigkeit Dritter gehemmt werden.

Wer durch außergewöhnliche Tatkraft trotz vorgerückten Alters oder starker Beschränkung seiner Erwerbsfähigkeit sich bemüht, seine wirtschaftliche Lage durch Arbeit zu verbessern, soll von der Fürsorge durch Freilassung eines Teils des Arbeitsverdienstes auch besonders berücksichtigt werden. Als schwererwerbsbeschränkt sind Personen anzusehen, die wenigstens um 50 v. H. in ihrer Erwerbsfähigkeit beschränkt sind.

Zu § 9

Die Pflicht des Unterstützten, dem Fürsorgeverband die aufgewendeten Kosten zu ersetzen, ist gesetzlich festgelegt (§ 25 Abs. 1 RFV.). Von einer ausdrücklichen Verpflichtung zum Kostenersatz braucht und darf daher die Fürsorge nicht abhängig gemacht werden. In Fällen, in denen Vermögen vorerst nicht verwertet werden kann oder soll, später aber voraussichtlich verwertbar sein wird, kann die Fürsorge die Sicherstellung des Ersatzes der zukünftigen, nicht der in der Vergangenheit entstandenen Fürsorgekosten verlangen. Darüber, ob und inwieweit Ansprüche, die nach dem Aufwertungsgesetz vom 16. Juli 1925 aufgewertet worden sind oder aufgewertet werden, zur Sicherstellung des Ersatzes herangezogen werden können, sind durch Artikel 3 der Verordnung zur Änderung der Reichsgrundsätze und zur Ausführung des § 85 des Aufwertungsgesetzes vom 1. August 1931 (Reichsgesetzbl. I S. 439) die in dem Aufwertungsgesetz vorgesehenen Bestimmungen getroffen.

Zu § 10

Der Lebensbedarf ist nur insoweit zu gewähren, als er im Einzelfall erforderlich ist. Was als erforderlich zu gelten hat, ist ohne Engherzigkeit, aber mit der ernsten Verantwortung zu prüfen, die bei Verwendung öffentlicher Mittel unter den gegenwärtigen Verhältnissen besonders geboten ist; dabei werden einerseits die berechtigten besonderen Bedürfnisse des Hilfsbedürftigen und andererseits die Finanzlage sowie die allgemeine Lebenshaltung des Volkes in abwägende Rücksicht zu ziehen sein.

Den schwierigen wirtschaftlichen Verhältnissen, unter denen kinderreiche Familien leben, ist besonders Rechnung zu tragen. Dies gilt auch für Flüchtlinge.

Auch die Frage, in welcher Form Hilfe geleistet werden soll, muß individuell, d. h. nach der Besonderheit des Einzelfalles, geprüft und entschieden werden.

Zu § 11

Auf die Hingabe von Geld kann sich die Fürsorge nicht beschränken; je nach den Umständen muß sie auch Sachleistungen und vor allem persönliche Hilfe gewähren. Die Fürsorge kann in offener oder Anstaltspflege geleistet werden; der Hilfsbedürftige soll aber gegen eine nicht gebotene, ihm unerwünschte Unterbringung in einer Anstalt oder einer fremden Familie angemessen geschützt werden.

Für die Hilfe darf die Form des Darlehns nur in den ausdrücklich zugelassenen Fällen gewählt werden. Voraussetzung für die Gewährung eines Darlehns muß stets sein, daß die Tilgung des Darlehns voraussichtlich ohne Gefährdung des notwendigen Lebensbedarfs des Darlehnsempfängers oder seiner unterhaltsberechtigten Angehörigen möglich sein wird. Neben den sogenannten Produktivdarlehen, die der Begründung oder Sicherung der wirtschaftlichen Selbständigkeit des Hilfsbedürftigen dienen, werden Darlehen beispielsweise dann angebracht sein, wenn alsbald eine größere Aufwendung erforderlich ist, deren Kosten aus den Einkünften des Hilfesuchenden nicht sofort, wohl aber ratenweise bestritten werden könnten. Auf eine Hilfe, die unzulässigerweise in der Form des Darlehns gewährt wird, finden die Vorschriften über den Kostenersatz (§ 25 RFV.) Anwendung.

Zu § 12

Die nach der Reichsversicherungsordnung (§ 205 a) an Familienangehörige Versicherter zu gewährende Wochenhilfe soll als Maßstab für die Fürsorge für hilfsbedürftige andere Schwangere und Wöchnerinnen dienen. Die Leistungen sind je nach Art und Grad der Hilfsbedürftigkeit so zu bemessen, daß dem Hilfsbedürftigen für die besonderen Bedürfnisse der Schwangerschaft und Entbindung das zur Verfügung steht, was die Familienwochenhilfe gewähren würde.

Dabei wird die Fürsorge besonders wohlwollend verfahren und daher vielfach auch bei Familien eingreifen müssen, bei denen sonst ein Eingreifen der öffentlichen Fürsorge nicht in Betracht kommt.

Zu § 13

Dem Hilfsbedürftigen gegenüber, der sich unter Aufwendung besonderer Tatkraft bemüht, sich selbst zu erhalten, ist es ebenso wie gegenüber der Allgemeinheit, die die Fürsorgelasten zu tragen hat, ein Gebot der Billigkeit, bei arbeitsscheuen und offenbar unwirtschaftlichen Personen die Fürsorge weitgehend zu beschränken. Das gleiche gilt gegenüber Hilfesuchenden, die den berechtigten Anordnungen der zuständigen Stellen beharrlich zuwiderhandeln. Um offenbar unwirtschaftliches Verhalten anzunehmen, genügt eine einmalige unwirtschaftliche Handlung nicht; es muß vielmehr der Hang zum Nichtstun oder zur Unwirtschaftlichkeit (z. B. Trunksucht, Verschwendung) festgestellt werden.

Ist die Hilfsbedürftigkeit darauf zurückzuführen, daß die Arbeitslosenunterstützung auf Grund der §§ 90, 92, 93 oder 93 c des Gesetzes über Arbeitsvermittlung und Arbeitslosenversicherung entzogen oder versagt ist, so muß die Fürsorge ihre während der Dauer der Sperrfrist notwendigen Maßnahmen so treffen, daß sie den auf Beeinflussung des Arbeitswillens gerichteten Anordnungen des Arbeitsamts nicht entgegenwirken. Auch in diesem Falle sind daher die Voraussetzungen der Hilfsbedürftigkeit aufs strengste zu prüfen und Art und Maß der Fürsorge während der Dauer der Sperrfrist auf das Unerläßliche zu beschränken.

Diese einschränkenden Bestimmungen gelten, falls ihre Voraussetzungen vorliegen, für alle Gruppen von Hilfsbedürftigen, also auch für die, die sonst unter die besonderen Bestimmungen der Reichsgrundsätze fallen würden.

B. Besondere Bestimmungen

a) Für Kleinrentner, Sozialrentner und ihnen Gleichstehende

Zu §§ 14, 15 und 15 a

Voraussetzung der Kleinrentnereigenschaft ist, daß der Hilfsbedürftige alt oder dauernd erwerbsunfähig ist, ferner daß sein Lebensunterhalt für den Fall des Alters oder der Erwerbsunfähigkeit infolge eigener oder fremder Vorsorge derart gesichert war, daß er ohne die eingetretene Geldentwertung nicht auf die öffentliche Fürsorge angewiesen wäre.

Als Kleinrentnerinnen sind u. a. auch alte oder erwerbsunfähige Diakonissen und Ordensschwestern anzusehen, denen das Mutterhaus infolge der Geldentwertung keine ausreichende Versorgung mehr gewähren kann.

Ferner zählen hierzu, wenn die sonstigen Voraussetzungen vorliegen, auch die Flüchtlinge, die ohne den Verlust ihres Vermögens im Ausland oder in einem ehemals deutschen Gebiet während des Krieges oder auf Grund des Vertrags von Versailles nicht auf die öffentliche Fürsorge angewiesen wären.

Bei Kleinrentnern sollen Hilfsbedürftigkeit sowie Art und Maß der Hilfe nach besonderen Maßstäben beurteilt werden. Die Kleinrentner sollen vor allem dagegen geschützt werden, daß sie noch die letzten Reste des ihnen durch die Geldentwertung genommenen Vermögens angreifen müssen, ehe die Fürsorge mit ihrer Hilfe einsetzt. Auch das Verlangen nach Sicherstellung des Ersatzes unterliegt bei Kleinrentnern besonderen Beschränkungen.

Zu § 16

Zu den Sozialrentnern im Sinne des § 16 gehören

1. auf dem Gebiete der Invalidenversicherung
   a) die Empfänger einer Invalidenrente (§ 1255 RVO.); bezugsberechtigt ist, wer mehr als $^2/_3$ der Erwerbsfähigkeit verloren hat oder 65 Jahre alt ist;
   b) die Empfänger einer Witwen- oder Witwerrente (§§ 1258, 1261 RVO.);
2. auf dem Gebiete der Angestelltenversicherung
   a) die Empfänger von Ruhegeld (§ 30 des Angestelltenversicherungsgesetzes); bezugsberechtigt ist, wer mehr als die Hälfte der beruflichen Arbeitskraft verloren hat oder 65 Jahre alt ist;
   b) die Empfänger einer Witwerrente (§ 34) und solche Empfängerinnen einer Witwenrente (§ 32 des Angestelltenversicherungsgesetzes), die berufsunfähig oder invalide oder 65 Jahre alt sind;

3. auf dem Gebiete der knappschaftlichen Versicherung
   a) die Empfänger einer Invalidenpension oder eines Ruhegeldes (§§ 35, 36, 57, 58 des Reichsknappschaftsgesetzes);
   b) die Empfängerinnen einer Witwenpension (§§ 41, 62 des Reichsknappschaftsgesetzes), die berufsunfähig oder invalide oder 65 Jahre alt sind;
4. auf dem Gebiete der Unfallversicherung
   a) die Unfallrentner, die zugleich entweder eine Invalidenrente nach der Reichsversicherungsordnung oder ein Ruhegeld nach der Angestelltenversicherung oder eine Invalidenpension nach der Knappschaftsversicherung beziehen;
   b) andere Empfänger einer Verletztenrente dann, wenn sie infolge des Unfalles berufsunfähig oder invalide oder wenn sie 65 Jahre alt sind;
   c) die Empfängerinnen einer Witwenrente, die berufsunfähig oder invalide oder 65 Jahre alt sind;
   d) die Empfänger einer Witwerrente.

Nicht zu den Sozialrentnern gehören die nicht dauernd invaliden Bezieher von Invalidenrente nach § 1255 Abs. 3 RVO. oder Invalidenpension nach § 35 Nr. 2 RKG. und die nicht dauernd berufsunfähigen Bezieher von Ruhegeld nach § 30 Abs. 2 AVG. und § 57 Abs. 2 RKG., weil es sich bei ihnen um eine vorübergehende Erwerbsunfähigkeit handelt. Das gleiche gilt hinsichtlich der für die Dauer ihrer Arbeitslosigkeit nach § 397 AVG. zum Bezuge von Ruhegeld Berechtigten (vgl. Gesetz zur Änderung des Angestelltenversicherungsgesetzes vom 7. März 1929 — Reichsgesetzbl. I S. 75 —).

Zu § 17

Ähnliche Rücksichten wie bei den Kleinrentnern sind auch bei anderen alten oder erwerbsunfähig gewordenen Personen angebracht, die sich zwar eine Versorgung, wie sie die Voraussetzung der Kleinrentnereigenschaft ist, noch nicht sicherstellen konnten, die aber durch jahrelange Arbeit sich eine wirtschaftliche Stellung errungen haben, in der ihnen ohne Geldentwertung oder sonstige Kriegsfolgen die Sicherstellung einer Versorgung möglich gewesen wäre. Sie können nach § 17 den Kleinrentnern gleichgestellt werden. Darüber hinaus soll es zulässig sein, die Sonderbestimmungen für Kleinrentner auf alte oder durch körperliche oder geistige Gebrechen erwerbsunfähig gewordene Personen auszudehnen, die trotz wirtschaftlicher Lebensführung infolge ihres Alters oder ihrer Gebrechen nicht nur vorübergehend außerstande sind, sich durch Arbeit einen wesentlichen Teil ihres Lebensbedarfs zu beschaffen[1]).

b) Für Kriegsbeschädigte und Kriegshinterbliebene

Zu § 18

Für Kriegsbeschädigte und Kriegshinterbliebene gelten, unabhängig davon, ob die Notlage im Zusammenhang mit der Dienstbeschädigung oder

[1]) Unter § 17 fallen auch die Witwen, deren Witwenrente nach Teil V Kap. IV § 6 der Vierten V. des Reichspräsidenten vom 8. Dez. 1931 (RGBl. I S. 699 und 723) in Verbindung mit Art. 3 des Ges. über Leistungen in der Invalidenversicherung vom 12. Juli 1929 (RGBl. I S. 135) nicht mehr gewährt werden.

(Diese Fußnote befindet sich nicht im amtlichen Wortlaut im RABl.)

dem Tode des Ernährers steht, die für Kleinrentner vorgeschriebenen Sonderbestimmungen. Die Fürsorge soll auf den, der seine Gesundheit der Allgemeinheit geopfert oder dessen Ernährer in ihrem Dienste gefallen ist, die gleichen Rücksichten nehmen, wie auf den, der infolge der Geldentwertung auf die Fürsorge angewiesen ist.

Zu § 20

Die im § 20 Abs. 2 angeführten Reichsgesetze, die soziale Fürsorge im Sinne des Reichsversorgungsgesetzes zubilligen, sind:

das Altrentnergesetz vom 18. Juli 1921 in der Fassung vom 22. Dezember 1927 (Reichsgesetzbl. I S. 515/531);

das Kriegspersonenschädengesetz vom 15. Juli 1922 in der Fassung vom 22. Dezember 1927 (Reichsgesetzbl. I S. 515/533);

das Wehrmachtversorgungsgesetz vom 4. August 1921 (Reichsgesetzbl. S. 993) in der Fassung der Bekanntmachung vom 19. September 1925 (Reichsgesetzbl. I S. 349);

das Reichsgesetz über die Schutzpolizei der Länder vom 17. Juli 1922 (Reichsgesetzbl. I S. 597)[1]);

das Gesetz über die Versorgung der Polizeibeamten beim Reichswasserschutze vom 26. Februar 1926 (Reichsgesetzbl. I S. 149);

das Besatzungspersonenschädengesetz vom 17. Juli 1922 in der Fassung der Bekanntmachung vom 12. April 1927 (Reichsgesetzbl. I S. 103).

Vor der Entscheidung über den Versorgungsanspruch wird soziale Fürsorge in der Regel nur dann in Betracht kommen, wenn auf die Anerkennung des Anspruchs mit Wahrscheinlichkeit gerechnet werden kann.

Zu § 22

Die soziale Fürsorge soll in der Regel nur eintreten, wenn ein ursächlicher Zusammenhang zwischen der erlittenen Dienstbeschädigung oder dem Verluste des Ernährers und der zu behebenden Notlage besteht. Die Bestimmung, daß bis zum Beweise des Gegenteils ein solcher Zusammenhang vermutet wird, will den berechtigten Wünschen der Kriegsbeschädigten entgegenkommen. Daß den Beschädigten oder den Hinterbliebenen ein Anspruch auf Rente zusteht, ist nicht unbedingt erforderlich, wird aber in der Regel die Voraussetzung für die Gewährung sozialer Fürsorge sein. Vgl. zu § 20 Abs. 2.

Zu § 23

Die soziale Fürsorge ist ihrer Natur nach eine individuelle Ergänzung der Rentenversorgung. Sie erfordert eine wohlwollende Berücksichtigung der Verhältnisse des Kriegsbeschädigten oder der Kriegshinterbliebenen, die nicht unbillig mit Ausgaben belastet werden sollen, die ganz oder über-

[1]) Das Reichsgesetz über die Schutzpolizei der Länder ist mit Wirkung vom 14. Juli 1926 aufgehoben worden (Reichsgesetz vom 10. Juli 1926 — Reichsgesetzbl. I S. 402). Die bis zum 14. Juli 1926 bereits ausgeschiedenen und die bis zu diesem Zeitpunkt angestellten und noch im Dienst befindlichen Beamten der Schutzpolizei der Länder behalten jedoch ihre Ansprüche auf Versorgung nach dem Reichsgesetz vom 17. Juli 1922 und den entsprechenden Landesgesetzen.

(Diese Fußnote befindet sich auch im amtl. Wortlaut im RABl.)

wiegend die Folge der Kriegsbeschädigung oder des Verlustes des Ernährers sind.

Zu §§ 24 bis 30

Die soziale Fürsorge muß in ihren Leistungen zum Teil erheblich über die der allgemeinen Fürsorge hinausgehen. Sie soll die Eingliederung der Kriegsbeschädigten und Kriegshinterbliebenen in das Wirtschaftsleben nachdrücklich fördern und den Waisen und den Kindern Schwerbeschädigter ihre besondere Sorge zuwenden. Während im Rahmen der allgemeinen Fürsorge die Erwerbsbefähigung nicht notwendig die Ausbildung zu einem bestimmten Beruf umfaßt, soll diese Ausbildung in der sozialen Fürsorge die Regel sein.

Zu den Aufgaben der sozialen Fürsorge gehört auch die Heilfürsorge für hilfsbedürftige nichtversicherte Hinterbliebene. Hilfsbedürftigkeit für die Gewährung der Heilfürsorge liegt ohne weiteres dann vor, wenn Zusatzrente nach dem Reichsversorgungsgesetz gewährt wird.

Zu § 31

Die Verpfändung von Versorgungsgebührnissen zur Erlangung von Darlehen ist in § 68 des Reichsversorgungsgesetzes unter bestimmten Voraussetzungen zugelassen. Durch Ausnutzung dieser Darlehensmöglichkeit ist vielfach den Belangen der Kriegsbeschädigten und Kriegshinterbliebenen ausreichend gedient worden, so daß auf sie ausdrücklich hingewiesen werden soll. Selbstverständlich bleibt es der Fürsorge unbenommen, den Kriegsopfern Darlehen auch gegen anderweitige Sicherheit oder ohne solche zu gewähren, wenn die Darlehensgewährung als angemessene Form der Hilfe anzusehen und nach den Bestimmungen des § 11 zulässig ist. Hiervon abgesehen entspricht es dem Wesen der sozialen Fürsorge, daß sie in der Regel die Rückzahlung vom Unterstützten nicht fordern darf. Deshalb ist abweichend von den allgemeinen Vorschriften bestimmt, daß der Ersatzanspruch aus § 25 RFV. nur gegeben ist, wenn die Hilfe von der Verpflichtung zur Rückzahlung der aufgewendeten Kosten ausdrücklich abhängig gemacht wird. Eine solche Ausbedingung der Rückzahlung darf aber nur erfolgen, wenn es mit Rücksicht auf Art und Zweck der Fürsorgeleistung und mit Rücksicht auf die gegenwärtigen oder zu erwartenden wirtschaftlichen Verhältnisse des Hilfesuchenden unbillig wäre, davon abzusehen. Auch der erweiterte Ersatzanspruch gegenüber Ehegatten und Eltern des Unterstützten aus § 25a RFV. ist für Maßnahmen der sozialen Fürsorge ausgeschlossen.

Zu § 32

Die günstigen Erfahrungen, die mit allgemeinen Einrichtungen gemacht worden sind, die den Kriegsbeschädigten und Kriegshinterbliebenen zugute kommen, lassen den besonderen Hinweis auch gegenüber der allgemeinen Bestimmung des § 4 gerechtfertigt erscheinen. In Betracht kommen besonders Einrichtungen auf dem Gebiete der Arbeits- und Wirtschaftsfürsorge sowie der Gesundheits- und Kindererholungsfürsorge.

Zu § 34

Ein Staatsvertrag, der Ausländern eine über die Bestimmungen des § 34 hinausgehende Fürsorge sichert, ist nur mit Österreich und nur für das

Gebiet der sozialen Fürsorge für Kriegsbeschädigte und Kriegshinterbliebene abgeschlossen. Der Vertrag zwischen dem Deutschen Reich und der Republik Österreich vom 17. August 1921 (vgl. Gesetz vom 8. März 1922 — Reichsgesetzbl. I S. 233 —) verpflichtet jeden der beiden vertragschließenden Teile, den in seinem Gebiet wohnenden Kriegsbeschädigten und Kriegshinterbliebenen des andern Teiles die gleichen Vergünstigungen einzuräumen, wie den eigenen Kriegsbeschädigten und Kriegshinterbliebenen.

Zu § 35

Die Reichsgrundsätze stellen Mindestvorschriften dar. Sie hindern die Länder und, soweit landesrechtliche Vorschriften nicht entgegenstehen, auch die Fürsorgeverbände nicht, den Hilfsbedürftigen darüber hinaus Hilfe zu gewähren.

5.

Abänderungsgesetze und -verordnungen.

a) Zur Reichsverordnung über die Fürsorgepflicht.

aa) Zweite Verordnung zur Durchführung des Münzgesetzes.

Vom 12. Dezember 1924.

(RGBl. I S. 775).

(Auszug).

. . . .

§ 2.

(Abs. 2).

In den in der Anlage 3 aufgeführten Gesetzen und Verordnungen des Reichs treten an die Stelle der Worte „Goldmark" und „Goldpfennig" die Worte „Reichsmark" und „Reichspfennig".

Anlage 3.

. . . .

7. Verordnung über Fürsorgepflicht vom 13. Februar 1924 (Reichsgesetzbl. I S. 100).

bb) Gesetz über Abänderung der Reichsverordnung über die Fürsorgepflicht.

Vom 8. Juni 1926.

(RGBl. I S. 255).

Der Reichstag hat das folgende Gesetz beschlossen, das mit Zustimmung des Reichsrats hiermit verkündet wird:

Artikel 1. Die Reichsverordnung über die Fürsorgepflicht vom 13. Februar 1924 (Reichsgesetzbl. I S. 100) wird wie folgt geändert:

1. a) Im § 3 werden zwischen Abs. 2 und Abs. 3 folgende neue Absätze eingefügt:

Gegen Ablehnung der Fürsorge sowie gegen Festsetzung ihrer Art und Höhe muß Beschwerde zugelassen werden.

Bei der Durchführung der Fürsorge muß wenigstens in einem Rechtszug sowie bei der Aufstellung von Richtlinien und Richtsätzen die Beteiligung von Fürsorgeberechtigten gesichert sein. An Stelle von Fürsorgeberechtigten können auch Vertreter derselben, insbesondere solche ihrer Vereinigungen oder von Vereinen, die Hilfsbedürftige betreuen, herangezogen werden.

b) Im § 3 Abs. 2 werden die Worte „in welcher Weise Personen" bis „ferner" gestrichen.

2. § 6 erhält folgende Absätze 3 und 4:

Die oberste Landesbehörde oder die von ihr bestimmten Stellen setzen den örtlichen Verhältnissen angepaßte Richtsätze für die Bemessung des notwendigen Lebensunterhalts der Hilfsbedürftigen fest. Für Sozial- und Kleinrentner und ihnen Gleichstehende müssen diese Sätze so bemessen sein, daß der Hilfsbedürftige gegenüber der allgemeinen Fürsorge eine angemessene Mehrleistung erhält. Diese Mehrleistung soll, soweit nicht nach § 84 des Aufwertungsgesetzes vom 16. Juli 1925 und § 26 des Gesetzes über die Ablösung öffentlicher Anleihen vom gleichen Tage (Reichsgesetzbl. I S. 117 und 137) eine weitergehende Erhöhung einzutreten hat, in der Regel wenigstens ein Viertel des allgemeinen Richtsatzes betragen.

Die oberste Landesbehörde oder die von ihr bestimmten Stellen setzen ferner den örtlichen Verhältnissen angepaßte Einkommenssätze fest, bei deren Nichterreichung eine Wöchnerin Wochenfürsorge stets dann erhält, wenn nicht Tatsachen die Annahme rechtfertigen, daß die Hilfe nicht benötigt wird.

3. § 32 Abs. 3 wird aufgehoben.

Artikel 2. Dieses Gesetz tritt am Tage nach der Verkündung[1]) in Kraft. Es tritt an die Stelle des vom Reichstag am 14. Juli 1925 beschlossenen Gesetzes zur Abänderung der Fürsorgepflichtverordnung.[2])

---

[1]) Das RGBl. I Nr. 33 S. 255 ist am 11. Juni 1926 in Berlin ausgegeben.

[2]) Das Reichsgesetzblatt enthält zu diesem Artikel folgende Anmerkung: „Dieses wegen verfassungsrechtlicher Bedenken (Nr. 1464, 1483, 1696, 1774, 2127 der Drucksachen des Reichstags, III. Wahlperiode) nicht verkündete Gesetz bestimmte:

Die Verordnung über die Fürsorgepflicht wird wie folgt geändert:

Einziger Artikel.

Der § 6 im Abschnitt B erhält folgenden Absatz 3:

Bei der Festsetzung von Unterstützungen öffentlich-rechtlicher Art bleiben von dem Einkommen der Hilfsbedürftigen aus den Bezügen auf

cc) Zweite Verordnung des Reichspräsidenten zur Sicherung von Wirtschaft und Finanzen.

Vom 5. Juni 1931.

(RGBl. I S. 279, 305).

(Auszug).

Fünfter Teil.

Sozialversicherung und öffentliche Fürsorge.

. . . .

Kapitel VIII.

Fürsorgepflichtverordnung.

Artikel 1. Die Verordnung über die Fürsorgepflicht vom 13. Februar 1924 (Reichsgesetzbl. I S. 100) in der Fassung des Gesetzes vom 8. Juni 1926 (Reichsgesetzbl. I S. 255) ist in folgender Fassung anzuwenden:

1. Im § 3 werden die Abs. 3 und 4 gestrichen. Abs. 5 wird Abs. 3.
2. Nach § 3 wird folgender § 3 a eingefügt:

§ 3 a. (1) Bei der Aufstellung von Richtlinien und Richtsätzen muß die Beteiligung von Personen aus den Kreisen der Hilfsbedürftigen gesichert sein.

(2) Gegen Ablehnung der Fürsorge sowie gegen Festsetzung ihrer Art und Höhe muß der Einspruch zugelassen werden. Im Einspruchsverfahren muß die Beteiligung von Personen aus den Kreisen der Hilfsbedürftigen gesichert sein.

(3) Neben oder an Stelle von Personen aus den Kreisen der Hilfsbedürftigen können auch Vertreter derselben, insbesondere solche ihrer Vereinigungen, herangezogen werden. Neben Personen aus den Kreisen der Hilfsbedürftigen oder Vertretern ihrer Vereinigungen ist die Heranziehung von Vertretern von Vereinen zulässig, die Hilfsbedürftige betreuen.

(4) In dem Einspruchsverfahren ergehende Bescheide sind schriftlich zu erteilen und mit Gründen zu versehen. Gegen die Entscheidung auf den Einspruch muß die Beschwerde zugelassen werden.

3. § 6 wird wie folgt geändert:

a) An Stelle von Abs. 1 und Abs. 2 tritt folgender Abs. 1:

Die Reichsregierung erläßt mit Zustimmung des Reichsrats Vorschriften über Voraussetzung, Art und Maß der zu ge-

---

Grund der sozialen Versicherungsgesetze und der Fürsorgegesetze mindestens drei Viertel des Betrags, bis zu 270 Reichsmark, außer Ansatz."

(Vgl. über dieses Gesetz Nachrichtendienst des Deutschen Vereins für öffentliche und private Fürsorge 1925 S. 537 ff.)

währenden Fürsorge. Im Rahmen dieser Vorschriften können die Länder weitere Bestimmungen treffen.

b) Die Abs. 3 und 4 werden Abs. 2 und 3.

c) Satz 3 von Abs. 2 erhält folgende Fassung:
Diese Mehrleistung soll in der Regel wenigstens ein Viertel des allgemeinen Richtsatzes betragen; die Vorschriften des § 84 des Aufwertungsgesetzes vom 16. Juli 1925 und des § 26 des Gesetzes über die Ablösung öffentlicher Anleihen vom gleichen Tage (Reichsgesetzbl. I S. 117 und 137) finden auf diese Mehrleistung keine Anwendung.

4. Die Abs. 3 und 4 des § 7 werden gestrichen.

5. Im § 9 Abs. 3 wird nach dem Worte „Kindern" eingefügt:
„bis zu 16 Jahren".

6. § 12 wird wie folgt geändert:

a) Abs. 2 erhält folgende Fassung:
Ist ein solcher Aufenthalt nicht zu ermitteln oder hat die Abwesenheit aus dem Reichsgebiete länger als ein Jahr gedauert, so obliegt die endgültige Fürsorgepflicht für Deutsche oder staatlose ehemalige Deutsche dem Lande, dessen Staatsangehörigkeit der Hilfsbedürftige besitzt oder zuletzt besessen hat. In den übrigen Fällen erklärt die Reichsregierung oder die von ihr bestimmte Stelle ein Land für endgültig verpflichtet; dies gilt auch für Deutsche oder staatlose ehemalige Deutsche, welche die Staatsangehörigkeit mehrerer deutscher Länder besitzen oder zuletzt besessen haben.

b) Abs. 4 Satz 2 erhält folgende Fassung:
Soweit die Reichsregierung oder die von ihr bestimmte Stelle ein Land für endgültig verpflichtet erklärt, erstattet das Reich diesem Lande die Kosten der Fürsorge; dies gilt nicht für Deutsche oder staatlose ehemalige Deutsche, welche die Staatsangehörigkeit mehrerer deutscher Länder besitzen oder zuletzt besessen haben.

7. § 14 wird wie folgt geändert:

a) Abs. 2 wird gestrichen.

b) Die Abs. 3 und 4 werden Abs. 2 und 3.

8. Nach § 18 wird folgender § 18 a eingefügt:

§ 18 a. Erstattungsansprüche, die ein Fürsorgeverband auf Grund dieser Verordnung gegenüber einem anderen Fürsorgeverband hat, verjähren in zwei Jahren vom Ablauf des Jahres ab, in dem der Anspruch entstanden ist.

9. Abs. 2 des § 21 wird gestrichen.

10. Nach § 21 wird folgender § 21 a eingefügt:

§ 21 a. (1) Der Fürsorgeverband, der auf Grund dieser Verordnung einen Hilfsbedürftigen unterstützt hat, kann, wenn der Hilfsbedürftige für die Zeit der Unterstützung Rechtsansprüche gegen einen Dritten auf Leistungen zur Deckung des Lebensbedarfs hat, durch schriftliche Anzeige an den Dritten bewirken, daß diese Rechtsansprüche zum Ersatz auf ihn übergehen. Dies gilt auch dann, wenn der Anspruch nicht von der Bedürftigkeit des Unterstützten abhängt. Der Fürsorgeverband soll den Übergang von Rechtsansprüchen nur insoweit bewirken, als es zum Ersatz seiner Aufwendungen erforderlich ist. Der Übergang wird nicht dadurch ausgeschlossen, daß der Anspruch der Pfändung nicht unterworfen ist.

(2) Der Fürsorgeverband kann einen nach bürgerlichem Recht Unterhaltspflichtigen für die Vergangenheit außer unter den Voraussetzungen des § 1613 des Bürgerlichen Gesetzbuchs auch in Anspruch nehmen, wenn er dem Unterhaltspflichtigen von der Gewährung der Fürsorge unverzüglich schriftliche Mitteilung gemacht hat.

(3) Abs. 1 und 2 gelten auch dann, wenn der Fürsorgeverband einen Erstattungsanspruch gegenüber einem anderen Fürsorgeverband hat.

11. § 22 erhält folgende Fassung:

Hat ein Unterstützter Vermögen, dessen vorherige Verwertung infolge gesetzlicher Vorschrift nicht verlangt worden ist, oder Einkommen, das infolge gesetzlicher Vorschrift bei der Festsetzung der Unterstützung außer Ansatz geblieben ist, so kann hieraus ein nach bürgerlichem Recht Unterhaltspflichtiger dem Fürsorgeverband die Einwendung, daß der Unterstützte nicht außerstande war, sich selbst zu unterhalten (§ 1602 des Bürgerlichen Gesetzbuchs), nicht entgegensetzen, wenn das Verlangen, Unterhalt zu gewähren, bei Berücksichtigung der sonstigen Verpflichtungen des Unterhaltspflichtigen keine unbillige Härte darstellt.

12. § 23 erhält folgende Fassung:

§ 23. (1) Der nach bürgerlichem Recht Unterhaltspflichtige kann auf Antrag des vorläufig oder endgültig verpflichteten Fürsorgeverbandes im Verwaltungsweg zum Kostenersatz und zur Erfüllung der Unterhaltspflicht angehalten werden. Als unterhaltspflichtig im Sinne dieser Vorschrift gilt der Vater des unehelichen Kindes nur, wenn er seine Vaterschaft nach § 1718 des Bürgerlichen Gesetzbuchs anerkannt hat, oder wenn seine Unterhaltspflicht in einem vollstreckbaren Titel festgestellt ist.

(2) Bestreitet der Unterhaltspflichtige seine Unterhaltspflicht, so kann die Verwaltungsbehörde vorbehaltlich des ordentlichen

Rechtswegs die Unterhaltspflicht im Verwaltungsweg feststellen. Die örtliche Zuständigkeit richtet sich nach dem Sitze des Fürsorgeverbandes. Die Entscheidung ist vorläufig vollstreckbar. Wird eine Entscheidung im ordentlichen Rechtsweg aufgehoben oder abgeändert, so ist der Fürsorgeverband zum Ersatz des Schadens verpflichtet, der dem in Anspruch Genommenen durch die Vollstreckung der Entscheidung oder durch eine zur Abwendung der Vollstreckung gemachte Leistung entstanden ist. Zur Durchführung des Verwaltungsverfahrens haben sich Verwaltungsbehörden und Gerichte Amtshilfe zu leisten. Im übrigen bestimmt das Verfahren das Land.

(3) In den Entscheidungen können Teilzahlungen festgesetzt werden; bei wesentlicher Änderung der Verhältnisse können die Zahlungen anderweit festgesetzt oder erlassen werden.

13. § 25 erhält folgende Fassung:

§ 25. (1) Der Unterstützte ist verpflichtet, dem Fürsorgeverband die aufgewendeten Kosten zu ersetzen.

(2) Der Unterstützte ist berechtigt, den Ersatz zu verweigern, soweit und solange er kein hinreichendes Vermögen oder Einkommen hat.

(3) Der Erbe kann gegen den Ersatzanspruch nicht die Einrede erheben, daß der Unterstützte zur Zeit des Todes den Ersatz verweigern konnte. Seine Haftung beschränkt sich auf den Nachlaß. Erben, die mit dem Unterstützten bis zu seinem Tode nicht nur vorübergehend in häuslicher Gemeinschaft gelebt oder ihn ohne rechtliche Verpflichtung oder ohne entsprechende Gegenleistung, wenn auch in Erwartung einer Zuwendung von Todes wegen, unterstützt oder gepflegt haben, können den Ersatz verweigern, soweit und solange die Geltendmachung ihnen gegenüber eine besondere Härte wäre. Darüber hinaus sind unterhaltsberechtigte Angehörige als Erben berechtigt, den Ersatz zu verweigern, solange sie selbst nicht nur vorübergehend in öffentlicher Fürsorge stehen. Das Recht der Erben, den Ersatz zu verweigern, hindert den Fürsorgeverband nicht, seine Befriedigung aus dem zur Sicherung verpfändeten oder übereigneten Gegenstand zu suchen.

(4) Von dem Unterstützten sind nicht zu ersetzen:

a) die Kosten der Wochenfürsorge,
b) die Kosten der Erwerbsbefähigung Blinder, Taubstummer und von Krüppeln,
c) Fürsorgeleistungen, die ihm vor Vollendung seines 18. Lebensjahrs gewährt worden sind.

(5) Der Unterstützte kann den Ersatz von Kosten der Behandlung wegen einer ansteckenden Geschlechtskrankheit im Sinne des Gesetzes zur Bekämpfung der Geschlechtskrankheiten vom 18. Fe-

bruar 1927 (Reichsgesetzbl. I S. 61) und der Behandlung wegen tuberkulöser Erkrankung verweigern, soweit und solange es unbillig ist, Ersatz zu verlangen.

(6) Auf eine Hilfe, die entgegen den auf Grund des § 6 Abs. 1 erlassenen Vorschriften in Form eines Darlehns gegeben ist, finden die Abs. 1 bis 5 Anwendung.

14. Nach § 25 werden folgende §§ 25 a, 25 b und 25 c eingefügt:

§ 25 a. (1) Unbeschadet seiner Ersatzansprüche nach § 21 a hat der Fürsorgeverband Anspruch auf Ersatz gemäß § 25 Abs. 1 bis 3 gegen den Ehegatten des Unterstützten. Das gleiche gilt gegenüber Eltern hinsichtlich der Leistungen, die ihren Kindern vor Vollendung des 18. Lebensjahrs gewährt worden sind.

(2) Dieser Anspruch besteht nicht für Unterstützungen gemäß § 25 Abs. 4 a und b und Abs. 5 sowie für Kosten der Erziehung und Erwerbsbefähigung Minderjähriger bis zu 18 Jahren.

§ 25 b. Der Ersatzanspruch nach den §§ 25 und 25 a verjährt in vier Jahren vom Ablauf des Jahres ab, in dem der Anspruch entstanden ist. Durch das Recht, den Ersatz zu verweigern (§ 25 Abs. 2, Abs. 3 und Abs. 5), wird der Lauf der Verjährung nicht gehemmt.

§ 25 c. (1) Für den Ersatzanspruch nach den §§ 25 und 25 a ist der ordentliche Rechtsweg oder nach näherer Bestimmung der Länder der Verwaltungsrechtsweg zulässig.

(2) Die Länder können auch bestimmen, daß die Fürsorgeverbände den Anspruch vorbehaltlich der Entscheidung im ordentlichen Rechtsweg oder Verwaltungsrechtsweg im Verwaltungsweg geltend machen können oder müssen. Die örtliche Zuständigkeit richtet sich nach dem Sitze des Fürsorgeverbandes. Die Entscheidung ist vorläufig vollstreckbar. Wird eine Entscheidung im ordentlichen Rechtsweg oder Verwaltungsrechtsweg aufgehoben oder abgeändert, so ist der Fürsorgeverband zum Ersatz des Schadens verpflichtet, der dem in Anspruch Genommenen durch die Vollstrekkung der Entscheidung oder durch eine zur Abwendung der Vollstreckung gemachte Leistung entstanden ist. Zur Durchführung des Verwaltungsverfahrens haben sich Verwaltungsbehörden und Gerichte Amtshilfe zu leisten.

(3) In den Entscheidungen können Teilzahlungen festgesetzt werden; bei wesentlicher Änderung der Verhältnisse können die Zahlungen anderweit festgesetzt oder erlassen werden.

15. § 26 wird gestrichen.

16. § 27 wird wie folgt geändert:

a) Abs. 1 erhält folgende Fassung:

(1) Die Verwaltungsbehörden sind verpflichtet, den im Vollzuge dieser Verordnung an sie ergehenden Ersuchen der Für-

sorgestellen (§ 3) zu entsprechen. Diese Amtshilfe haben auch die Fürsorgestellen einander sowie die Organe der Versicherungsträger zu leisten. Die Organe der Versicherungsträger sind insbesondere zur Auskunftserteilung über alle das Beschäftigungsverhältnis des Hilfsbedürftigen und des Unterhalts- oder Ersatzpflichtigen betreffenden Tatsachen verpflichtet; insoweit finden die Vorschriften des § 142 der Reichsversicherungsordnung, des § 346 des Angestelltenversicherungsgesetzes und des § 233 des Reichsknappschaftsgesetzes keine Anwendung. Die Finanzbehörden haben den Fürsorgestellen Auskunft zu geben über die ihnen bekannten Einkommens- und Vermögensverhältnisse des Hilfsbedürftigen und des Unterhalts- oder Ersatzpflichtigen, die Arbeitgeber über Art und Dauer der Beschäftigung, über die Arbeitsstätte und über den Arbeitsverdienst.

b) Es wird folgender Abs. 3 angefügt:

(3) Gegen Arbeitgeber, die eine Auskunft, zu der sie nach Abs. 1 verpflichtet sind, verweigern, kann eine von der obersten Landesbehörde bestimmte Stelle eine Ordnungsstrafe bis zu 150 Reichsmark verhängen. Das Nähere bestimmt die oberste Landesbehörde.

17. § 28 erhält folgende Fassung:

§ 28. (1) Gebühren- und stempelfrei sind alle gerichtlichen und außergerichtlichen Verhandlungen und Urkunden, insbesondere Vollmachten, amtliche Bescheinigungen sowie Eintragungen in das Grundbuch, die aus Anlaß der Beantragung, Feststellung, Auszahlung oder des Ersatzes einer vom Fürsorgeverband nach dieser Verordnung zu gewährenden Leistung nötig werden. Die Befreiung erstreckt sich auch auf die in Angelegenheiten der streitigen Gerichtsbarkeit fällig werdenden Gerichtsgebühren und Stempel, soweit diese gesetzlich den Fürsorgeverbänden zur Last fallen.

(2) Die in Abs. 1 Satz 1 vorgesehene Befreiung gilt auch dann, wenn die Leistung von einer anderen, von der obersten Landesbehörde bezeichneten Stelle an Hilfsbedürftige gewährt wird.

18. § 31 wird gestrichen.

19. § 38 erhält folgende Fassung:

§ 38. Die Reichsregierung kann Grundsätze für die Auslegung dieser Verordnung aufstellen und bestimmen, daß und inwieweit der gewöhnliche Aufenthalt an einem Ort erst nach Ablauf einer Frist als begründet gilt, und welcher Fürsorgeverband in diesem Falle zur Fürsorge endgültig verpflichtet ist, ferner, daß mit der Verlegung des gewöhnlichen Aufenthalts sich die endgültige Fürsorgepflicht trotz Fortdauer der Hilfsbedürftigkeit allgemein oder für bestimmte Gruppen von Hilfsbedürftigen ändert.

Artikel 2. Die Reichsgrundsätze über Voraussetzung, Art und Maß der öffentlichen Fürsorge vom 4. Dezember 1924 (Reichsgesetzbl. I S. 765) in der Fassung der Verordnung vom 29. März 1928 (Reichsgesetzbl. I S. 138) gelten als Vorschriften im Sinne des § 6 Abs. 1 Satz 1 der Fürsorgepflichtverordnung.

Artikel 3. § 5 Abs. 2 des Gesetzes über die Freizügigkeit vom 1. November 1867 (Bundesgesetzbl. S. 55) in der Fassung des § 30 der Verordnung über die Fürsorgepflicht vom 13. Februar 1924 (Reichsgesetzbl. I S. 100) ist in folgender Fassung anzuwenden:

Dies gilt auch für hilfsbedürftige Minderjährige, denen Fürsorge gewährt wird, sofern es sich nicht um uneheliche, vollverwaiste oder getrennt von beiden Eltern untergebrachte Minderjährige unter 16 Jahren handelt.

Artikel 4. Soweit zur Durchführung des Artikel 1 nach Landesrecht eine gesetzliche Regelung erforderlich ist, werden die Landesregierungen ermächtigt, entsprechende Ausführungsvorschriften bis zum 15. August 1931 im Verordnungswege zu erlassen.

dd) Verordnung zur Vierten Änderung der Fürsorgepflichtverordnung.

Vom 3. Oktober 1931.[1]

(RGBl. 1931 I S. 583).

Auf Grund des § 38 der Fürsorgepflichtverordnung in der Fassung der Zweiten Verordnung des Reichspräsidenten zur Sicherung von Wirtschaft und Finanzen vom 5. Juni 1931 (Reichsgesetzbl. I S. 279), Fünfter Teil, Kapitel VIII, wird hiermit verordnet:

§ 1. Verlegt ein Arbeitsloser, der Anspruch auf versicherungsmäßige Arbeitslosenunterstützung oder auf Krisenfürsorge hat, seinen gewöhnlichen Aufenthalt in den Bezirk des nach § 168[2]) des Gesetzes über Arbeitsvermittlung und Arbeitslosenversicherung in der Fassung der Verordnung vom 5. Juni 1931, Dritter Teil, Kapitel I, zuständigen Arbeitsamts, so endigt mit dem Verluste des bisherigen gewöhnlichen Aufenthalts eine durch diesen gewöhnlichen Aufenthalt nach § 7 Abs. 2 Halbsatz 1 der Fürsorgepflichtverordnung begründete endgültige Fürsorgepflicht. Muß der Arbeitslose nach dem Verluste seines bisherigen gewöhnlichen Aufenthalts von der öffentlichen Fürsorge unterstützt werden, so ist es bei der Ermittlung des für diese Unterstützung endgültig verpflichteten Verbandes in jedem Falle so anzusehen, als sei die Hilfsbedürftigkeit erneut eingetreten.

Das gleiche gilt für den Ehegatten und die Kinder bis zu 16 Jahren, die mit dem Arbeitslosen zusammenleben.

---

[1]) s. dazu Ruppert, RABl. 1931 II S. 663 und FürsBl. 1932 Sp. 1; vgl. Einleitung S. 14.

[2]) abgedruckt S. 83.

§ 2. Eine Entscheidung über die Zuständigkeit des Arbeitsamts, die von den nach dem Gesetz über Arbeitsvermittlung und Arbeitslosenversicherung zuständigen Behörden getroffen wurde, ist für die Spruchbehörden im Fürsorgestreitverfahren und für die Fürsorgestellen bindend.

§ 3. Ein Arbeitsdienstwilliger kann an dem Orte, wo er während des freiwilligen Arbeitsdienstes wohnt, in der Zeit seit der Aufnahme des freiwilligen Arbeitsdienstes bis zum Ablauf von drei Monaten seit seiner Beendigung einen gewöhnlichen Aufenthalt (§ 7 Abs. 2 Halbsatz 1 der Fürsorgepflichtverordnung) nicht begründen. Soweit ohne diese Vorschrift dem Bezirksfürsorgeverbande des Ortes wegen des dort während der Frist vorhandenen gewöhnlichen Aufenthalts des Arbeitsdienstwilligen eine endgültige Fürsorgepflicht obgelegen hätte, ist der Fürsorgeverband endgültig fürsorgepflichtig, der es für den Arbeitsdienstwilligen bei Eintritt von Hilfsbedürftigkeit unmittelbar vor der Aufnahme des Arbeitsdienstes gewesen wäre; hat der Arbeitsdienstwillige zum Zwecke der Aufnahme des Arbeitsdienstes einen Ortswechsel vorgenommen, so ist der Fürsorgeverband endgültig verpflichtet, der es für den Arbeitsdienstwilligen bei Eintritt von Hilfsbedürftigkeit unmittelbar vor diesem Ortswechsel gewesen wäre.

Das entsprechende gilt für die Ehefrau und die Kinder bis zu 16 Jahren, die mit dem Arbeitsdienstwilligen zusammenleben.

§ 4. Diese Verordnung tritt mit Wirkung vom 29. Juni 1931 in Kraft.

ee) Vierte Verordnung des Reichspräsidenten zur Sicherung von Wirtschaft und Finanzen und zum Schutze des inneren Friedens.

Vom 8. Dezember 1931.

(RGBl. I S. 699, 724).

(Auszug).

Fünfter Teil:

Sozialversicherung und Fürsorge

Kapitel V.

Fürsorge.

§ 1. In der Verordnung über die Fürsorgepflicht ist § 6 Abs. 2 in folgender Fassung anzuwenden:

Die oberste Landesbehörde oder die von ihr bestimmten Stellen setzen den örtlichen Verhältnissen angepaßte Richtsätze für die Bemessung des notwendigen Lebensunterhalts der Hilfsbedürftigen fest. Für Sozial- und Kleinrentner und ihnen Gleichstehende sollen diese Sätze so bemessen sein, daß der Hilfsbedürftige gegenüber der allgemeinen Fürsorge eine angemessene Mehrleistung erhält.

§ 2. Die Fürsorgeverbände können bei der Festsetzung einer Unterstützung von den Vorschriften des § 84 des Aufwertungsgesetzes und des § 26 des Gesetzes über die Ablösung öffentlicher Anleihen abweichen.

§ 3. Im Gesetz über die Beschäftigung Schwerbeschädigter ist § 15 Abs. 2 in folgender Fassung anzuwenden:

Diese Bestimmungen finden auch Anwendung auf Unternehmungen, deren Gesellschaftskapital sich mit mehr als der Hälfte im Eigentume des Reichs und der Länder sowie anderer Körperschaften, Stiftungen und Anstalten des öffentlichen Rechtes befindet.

ff) Verordnung zur vorstädtischen Kleinsiedlung und Bereitstellung von Kleingärten für Erwerbslose.

Vom 23. Dezember 1931.

(RGBl. I S. 790).

Auf Grund der Dritten Verordnung des Reichspräsidenten zur Sicherung von Wirtschaft und Finanzen und zur Bekämpfung politischer Ausschreitungen vom 6. Oktober 1931 (Reichsgesetzbl. I S. 537) Vierter Teil, Kapitel II, § 21 wird mit Zustimmung des Reichsrats hiermit verordnet:

Artikel 1

Für Vorhaben, die der Reichskommissar für die vorstädtische Kleinsiedlung oder die von ihm bestimmte Stelle als vorstädtische Kleinsiedlung oder Bereitstellung von Kleingärten für Erwerbslose anerkannt hat, gelten die nachstehenden Vorschriften.

Artikel 2

Arbeitsrecht und soziale Versicherung.

§ 1. (1) Die unentgeltliche Mitarbeit bei der Errichtung vorstädtischer Kleinsiedlerstellen (Aufschließung und Kultivierung des Geländes, Herstellung der Gebäude und Gemeinschaftsanlagen) und bei der Einrichtung von Kleingärten (Aufschließung und Kultivierung des Geländes, Herstellung der Gemeinschaftsanlagen) begründet kein Arbeitsverhältnis im Sinne des Arbeitsrechts und kein Dienst- oder Arbeitsverhältnis im Sinne der Verordnung über die Fürsorgepflicht (§ 11).[1])

[1]) Im RGBl. 1931 I S. 790 fehlt die Einklammerung des § 11.

(2) Die Unentgeltlichkeit der Mitarbeit wird nicht dadurch ausgeschlossen, daß ihr Wert bei der Bewertung der Kleinsiedlerstellen zugunsten des Siedlers angerechnet wird.

§ 2. (1) Der Gewährung von Arbeitslosen- oder Kurzarbeiterunterstützung steht die unentgeltliche Mitarbeit gemäß § 1 nicht entgegen.

(2) Die Gewährung der Krisenunterstützung ist bei Kleinsiedlern, deren Berufsgruppe in der Gemeinde des Aussiedlungsortes zur Krisenfürsorge zugelassen ist, nicht davon abhängig, daß diese Berufsgruppe auch in der Gemeinde des Ansiedlungsortes zugelassen ist. Dies gilt nur für die erste Krisenunterstützungsperiode, die ganz oder teilweise in die Zeit nach dem Bezug der Stelle fällt, höchstens aber bis zum Ablauf von drei Jahren nach diesem Zeitpunkt.

(3) Arbeitslose und Kurzarbeiter sind, solange sie gemäß § 1 beschäftigt werden, nicht verpflichtet, sich beim Arbeitsamt zu melden.

(4) Für Arbeitslose, die gemäß § 1 beschäftigt werden, ist die Arbeitslosenunterstützung unbeschadet des Gesetzes über Arbeitsvermittlung und Arbeitslosenversicherung (§ 175 Abs. 3)[1]) auf Antrag des Trägers des Verfahrens an diesen zu zahlen, der sie unverzüglich an den Arbeitslosen weiterzuleiten hat. Der Träger hat dem Arbeitsamt auf sein Verlangen vor jeder Zahlung zu bescheinigen, ob und wie lange der Arbeitslose während des Auszahlungszeitraums unentgeltlich mitgearbeitet hat.

§ 3. (1) Arbeitslose und Kurzarbeiter, die gemäß § 1 beschäftigt werden, gelten für die reichsgesetzliche Unfallversicherung als Arbeiter (§ 544 Abs. 1 Nr. 1 der Reichsversicherungsordnung). § 571 b der Reichsversicherungsordnung findet entsprechende Anwendung.

(2) Träger der Unfallversicherung ist

a) bei Vorhaben, die von einer Gemeinde oder einem Gemeindeverband oder einem in deren Auftrag handelnden gemeinnützigen Unternehmen auf eigene Rechnung oder durch Dritte durchgeführt werden, der Versicherungsträger, bei dem Eigenbauarbeiten der Gemeinde oder des Gemeindeverbands versichert sind; ist hiernach Versicherungsträger ein Gemeindeunfallversicherungsverband, so können nur die Verbandsmitglieder zu Beiträgen herangezogen werden;

b) bei Vorhaben, die von einem Land oder einem in seinem Auftrag handelnden gemeinnützigen Unternehmen auf eigene Rechnung oder durch Dritte durchgeführt werden, das Land.

Artikel 3
Öffentliche Lasten.

§ 1. (1) Ein Kleinsiedler kann am Orte der Ansiedlung in den ersten drei Jahren nach dem Bezug der Stelle einen gewöhnlichen Auf-

[1]) Im RGBl. 1931 I S. 790 fehlt die Einklammerung des § 175 Abs. 3.

enthalt (Verordnung über die Fürsorgepflicht § 7 Abs. 2 Halbsatz 1) nicht begründen. Soweit ohne diese Vorschrift dem Bezirksfürsorgeverband des Ansiedlungsorts wegen des dort während der Frist vorhandenen gewöhnlichen Aufenthalts des Kleinsiedlers eine endgültige Fürsorgepflicht obgelegen hätte, ist der Fürsorgeverband endgültig fürsorgepflichtig, der es für den Kleinsiedler bei Eintritt von Hilfsbedürftigkeit unmittelbar vor dem Bezug der Stelle gewesen wäre; hat der Kleinsiedler zum Zwecke der Übernahme der Stelle einen Ortswechsel vorgenommen, so ist der Fürsorgeverband endgültig verpflichtet, der es für den Kleinsiedler bei Eintritt von Hilfsbedürftigkeit unmittelbar vor diesem Ortswechsel gewesen wäre.

(2) Das gleiche gilt für die Haushaltsangehörigen des Kleinsiedlers, auch wenn sie erst nach dem Bezug der Stelle in den Haushalt aufgenommen werden.

(3) Eine offensichtliche Härte im Sinne der Verordnung über die Fürsorgepflicht § 14 Abs. 3 Buchstabe c liegt insbesondere vor, solange vom Verbleib des Kleinsiedlers auf seiner Stelle eine Beseitigung oder Minderung seiner Hilfsbedürftigkeit noch zu erwarten ist.

§ 2. Gemeinden, in deren Bezirk Kleinsiedler angesiedelt werden, sind abweichend von § 4 des Gesetzes über die Freizügigkeit den Siedlungsanwärtern und ihren Haushaltsangehörigen gegenüber zur Abweisung nicht befugt.

§ 3. (1) Bezirksfürsorgeverbände, aus deren Bezirk Kleinsiedler ausgesiedelt werden, haben den aufnehmenden Bezirksfürsorgeverbänden, soweit diese nicht selbst endgültig fürsorgepflichtig sind, die ihnen bis zum Ablauf von drei Jahren nach dem Bezug der Stellen entstehenden Kosten der öffentlichen Fürsorge für die Kleinsiedler und ihre Haushaltsangehörigen (§ 1 Abs. 2) zu erstatten. Auf Verlangen sind angemessene Vorschüsse zu leisten. Soweit der Bezirksfürsorgeverband des Aussiedlungsorts nicht endgültig fürsorgepflichtig ist, gilt die Erstattungsleistung gegenüber dem endgültig fürsorgepflichtigen Verband und gegenüber Dritten als Gewährung vorläufiger Fürsorge. Ist der Bezirksfürsorgeverband des Aussiedlungsorts endgültig fürsorgepflichtig, so gilt die Erstattungsleistung gegenüber Dritten als Erfüllung der endgültigen Fürsorgepflicht.

(2) Die Höhe der erstattungsfähigen Kosten richtet sich nach der Verordnung über die Fürsorgepflicht und den Reichsgrundsätzen über Voraussetzung, Art und Maß der öffentlichen Fürsorge.

(3) Der erstattungsberechtigte Bezirksfürsorgeverband hat die zu erstattenden Kosten beim erstattungspflichtigen Bezirksfürsorgeverband vierteljährlich anzufordern.

(4) Streitigkeiten über die Erstattung von Kosten oder die Leistung von Vorschüssen entscheidet unbeschadet der Entscheidung im Fürsorgestreitverfahren die für den Aussiedlungsort zuständige oberste Landesbehörde oder die von ihr bestimmte Stelle.

(5) Die oberste Landesbehörde regelt die Erstattungspflicht zwischen den Gemeinden des Aussiedlungs- und des Ansiedlungsorts, soweit sie demselben Bezirksfürsorgeverband angehören. Sie kann ferner bestimmen, daß die Bezirksfürsorgeverbände an den nach Abs. 1 von ihnen zu erstattenden oder ihnen erstatteten Kosten ihnen angehörige Gemeinden oder Gemeindeverbände beteiligen.

§ 4. Gemeinden, aus deren Bezirk Kleinsiedler ausgesiedelt werden, haben den aufnehmenden Gemeinden die ihnen bis zum Ablauf von 3 Jahren nach dem Bezug der Stellen entstehenden Kosten der Krisenfürsorge für die Kleinsiedler und ihre Haushaltsangehörigen (§ 1 Abs. 2) zu erstatten. Auf Verlangen sind angemessene Vorschüsse zu leisten. Für die Entscheidung von Streitigkeiten über die Erstattung von Kosten oder die Leistung von Vorschüssen gilt § 3 Abs. 4 entsprechend.

§ 5. Die Vorschriften der §§ 1 bis 4 finden nur insoweit Anwendung, als die Ansiedlung mit Zustimmung der Gemeinde erfolgt, aus deren Bezirk die Kleinsiedler ausgesiedelt werden sollen. Die Zustimmung kann durch die oberste Landesbehörde oder die von ihr bestimmte Stelle ersetzt werden.

§ 6. (1) Wird infolge der Aussiedlung von Kleinsiedlern am Ort der Ansiedlung eine Änderung oder Neuordnung der Gemeinde-, Schul- oder Kirchenverhältnisse notwendig, so stellt die für den Ansiedlungsort zuständige oberste Landesbehörde oder die von ihr bestimmte Stelle fest, welche einmaligen Leistungen der Träger des Verfahrens im öffentlichen Interesse zu bewirken, insbesondere, welche Anlagen er herzustellen hat.

(2) Die in Abs. 1 bezeichneten Stellen können die Bestellung von Sicherheiten für die Erfüllung der Leistungen anordnen.

§ 7. Der Träger des Verfahrens hat den Gemeinden, Gemeindeverbänden, Schulunterhaltungsträgern, Kirchengemeinden und anderen Trägern öffentlich-rechtlicher Pflichten, in deren Bezirk er Kleinsiedler aussiedelt, die laufenden Aufwendungen zu erstatten, die bis zum Ablauf von 3 Jahren nach dem Bezug der Stellen infolge der Aussiedlung notwendig werden. Auf Verlangen sind angemessene Vorschüsse zu leisten. Streitigkeiten über die Erstattung von Kosten oder die Leistung von Vorschüssen entscheidet die für den Ansiedlungsort zuständige oberste Landesbehörde oder die von ihr bestimmte Stelle.

§ 8. Gehören der Berechtigte und der Verpflichtete verschiedenen Ländern an, so kann die von der obersten Landesbehörde oder der von ihr bestimmten Stelle getroffene Entscheidung binnen 2 Wochen durch Beschwerde an den Reichskommissar für die vorstädtische Kleinsiedlung angefochten werden. Die Beschwerde steht zu:

a) im Falle des § 3 Abs. 4 dem erstattungsberechtigten Bezirksfürsorgeverband,

b) im Falle des § 4 der erstattungsberechtigten Gemeinde,

c) in den Fällen des § 6 Abs. 1 und 2 und des § 7 dem Träger des Verfahrens.

§ 9. (1) Zur Sicherung der Erstattung von Kosten und der Leistung von Vorschüssen können die obersten Landesbehörden oder die von ihnen bestimmten Stellen die erforderlichen Beträge von den Anteilen an der Reichseinkommen-, Körperschaft- und Umsatzsteuer oder von anderen Überweisungen von Reich oder Land einbehalten, welche die erstattungs- und vorschußpflichtigen Gemeinden und Gemeindeverbände auf Grund des Finanzausgleichs erhalten. Das gleiche gilt für die Bestellung von Sicherheiten nach § 6 Abs. 2.

(2) Werden Kleinsiedler in das Gebiet eines anderen Landes ausgesiedelt, so kann der Reichsminister der Finanzen gegenüber den Ländern, zu denen die beteiligten Gemeinden gehören, entsprechend verfahren.

§ 10. (1) Bis zum 31. März 1942 können in Gemeinden, in denen durch die Ansiedlung von Kleinsiedlern die Zahl der Gemeindewahlberechtigten um mehr als 50 v. H. gestiegen ist, Gemeindebeschlüsse über den Anschluß der Stellen an Wasserleitungen, Entwässerungsanlagen, Gas- und Stromleitungen sowie über die Herstellung befestigter Zufahrtswege zu den Siedlungsgrundstücken nur mit einer Mehrheit von mindestens zwei Dritteln der gesetzlichen Mitgliederzahl der Vertretungskörperschaften gefaßt werden. Die Beschlüsse bedürfen der Bestätigung durch die Kommunalaufsichtsbehörden.

(2) Weitergehende landesrechtliche Vorschriften bleiben unberührt.

§ 11. Die Vorschriften der §§ 6 bis 9 finden nur insoweit Anwendung, als nicht der Berechtigte und der Verpflichtete eine abweichende Vereinbarung mit Zustimmung des Reichskommissars für die vorstädtische Kleinsiedlung oder der von ihm bestimmten Stelle getroffen haben.

Artikel 4

§ 29 des Reichssiedlungsgesetzes findet auf die Bereitstellung von Kleingärten für Erwerbslose entsprechende Anwendung.

b) Zum Unterstützungswohnsitzgesetz.

Gesetz über das Verfahren vor dem Bundesamt für das Heimatwesen.

Vom 7. Dezember 1928.

(RGBl. I S. 401).

Der Reichstag hat das folgende Gesetz beschlossen, das mit Zustimmung des Reichsrats hiermit verkündet wird:

Artikel I. Die nach § 29 Satz 2 der Verordnung über die Fürsorgepflicht vom 13. Februar 1924 (Reichsgesetzbl. I S. 100) für das

Fürsorgestreitverfahren maßgebenden Vorschriften des Gesetzes über den Unterstützungswohnsitz vom 30. Mai 1908 (Reichsgesetzbl. S. 381) werden wie folgt geändert:

1. § 49 erhält folgende Fassung:

„Aufklärungen, die das Bundesamt vor der Entscheidung für nötig hält, hat auf sein Ersuchen die Behörde zu vermitteln, deren Entscheidung angefochten ist. Das Bundesamt kann sie auch selbst vornehmen."

2. § 50 Abs. 1 erhält folgende Fassung:

„Das Bundesamt entscheidet gebührenfrei. Es kann eine mündliche Verhandlung anordnen; auf Antrag eines Beteiligten muß dies geschehen. Die mündliche Verhandlung ist öffentlich."

Artikel II. Das Gesetz findet auch auf die bei seinem Inkrafttreten anhängigen Streitsachen Anwendung.

c) Zu den Reichsfürsorgegrundsätzen.

aa) Verordnung zur Änderung der Reichsgrundsätze über Voraussetzung, Art und Maß der öffentlichen Fürsorge.

Vom 7. September 1925.[1]

(RGBl. I S. 332).

Auf Grund des § 6 Abs. 2 der Verordnung über die Fürsorgepflicht vom 13. Februar 1924 (Reichsgesetzbl. I S. 100) werden mit Zustimmung des Reichsrats die Grundsätze über Voraussetzung, Art und Maß der öffentlichen Fürsorge vom 4. Dezember 1924 (Reichsgesetzbl. I S. 765) wie folgt ergänzt:

Hinter § 33 wird eingefügt:

§ 33 a. (1) Die oberste Landesbehörde oder die von ihr bestimmten Stellen setzen den örtlichen Verhältnissen angepaßte Richtsätze für die Bemessung des notwendigen Lebensunterhalts der Hilfsbedürftigen fest. Für Sozial- und Kleinrentner und ihnen Gleichstehende (§§ 14 bis 17) müssen diese Sätze so bemessen sein, daß der Hilfsbedürftige entsprechend den Bestimmungen der §§ 14 und 16 gegenüber der allgemeinen Fürsorge eine angemessene Mehrleistung erhält. Diese Mehrleistung soll, soweit nicht nach § 84 des Aufwertungsgesetzes vom 16. Juli 1925 und § 26 des Gesetzes über die Ablösung öffentlicher Anleihen vom gleichen Tage (Reichsgesetzbl. I S. 117 und 137) eine weitergehende Erhöhung einzutreten hat, in der Regel wenigstens ein Viertel des allgemeinen Richtsatzes betragen.

(2) Die oberste Landesbehörde oder die von ihr bestimmten Stellen

---

[1]) aufgehoben durch V. v. 8. Juni 1926, abgedr. S. 77.

setzen ferner den örtlichen Verhältnissen angepaßte Einkommenssätze fest, bei deren Nichterreichung eine Wöchnerin Wochenfürsorge (§ 12) stets dann erhält, wenn nicht Tatsachen die Annahme rechtfertigen, daß die Hilfe nicht benötigt wird.

bb) Verordnung zur Aufhebung der Verordnung zur Änderung der Reichsgrundsätze über Voraussetzung, Art und Maß der öffentlichen Fürsorge.

Vom 8. Juni 1926.

(RGBl. I S. 256).

Auf Grund des § 6 Abs. 2 der Verordnung über die Fürsorgepflicht vom 13. Februar 1924 (Reichsgesetzbl. I S. 100) wird mit dem Zeitpunkt, zu dem das Gesetz über Abänderung der Reichsverordnung über die Fürsorgepflicht vom 8. Juni 1926 (Reichsgesetzbl. I S. 255) in Kraft tritt, die Verordnung zur Änderung der Reichsgrundsätze über Voraussetzung, Art und Maß der öffentlichen Fürsorge vom 7. September 1925 (Reichsgesetzbl. I S. 332) mit Zustimmung des Reichsrats aufgehoben.

cc) Verordnung zur Änderung der Reichsgrundsätze über Voraussetzung, Art und Maß der öffentlichen Fürsorge.

Vom 29. März 1928.

(RGBl. I S. 138).

Auf Grund des § 6 Abs. 2 der Verordnung über die Fürsorgepflicht vom 13. Februar 1924 (Reichsgesetzbl. I S. 100) in der Fassung des Gesetzes vom 8. Juni 1926 (Reichsgesetzbl. I S. 255) und des § 1 der Verordnung über die soziale Kriegsbeschädigten- und Kriegshinterbliebenenfürsorge vom 8. Februar 1919 (Reichsgesetzbl. S. 187) in der Fassung des § 34 der Verordnung über die Fürsorgepflicht und in Verbindung mit den §§ 21 bis 23 des Reichsversorgungsgesetzes in der Fassung vom 22. Dezember 1927 (Reichsgesetzbl. I S. 515) werden mit Zustimmung des Reichsrats die Grundsätze über Voraussetzung, Art und Maß der öffentlichen Fürsorge vom 4. Dezember 1924 (Reichsgesetzbl. I S. 765) wie folgt geändert:

Artikel I. 1. Im § 15 Abs. 1 wird das Wort „soll" durch „darf" ersetzt; das Wort „insbesondere" wird gestrichen.

2. Im § 15 Abs. 1 erhält der Buchstabe a folgende Fassung:

a) eines kleineren Vermögens; als solches gilt ein Kapitalvermögen jedenfalls dann, wenn sein jährlicher Ertrag hinter dem doppelten Monatsbetrage des erhöhten Richtsatzes zurückbleibt.

3. § 15 Abs. 2 erhält folgende Fassung:

Die Sicherstellung des Ersatzes sowie der Verbrauch oder die Verwertung sonstigen Vermögens darf nur verlangt werden, wenn dies keine besondere Härte für den Hilfsbedürftigen oder seine unterhaltsberechtigten Angehörigen bedeutet.

Artikel II. Hinter § 15 wird folgender § 15 a eingefügt:

§ 15 a. Die Fürsorge muß Kleinrentnern über 65 Jahre zur Deckung des notwendigen Lebensunterhalts mindestens den erhöhten Richtsatz (§ 6 Abs. 3 Satz 2 der Verordnung über die Fürsorgepflicht) sicherstellen. Freiwillige Zuwendungen Dritter und Arbeitsverdienst (§ 8 Abs. 4 und 5) dürfen hierauf nur mit Zustimmung der von der obersten Landesbehörde bestimmten Stelle in Anrechnung gebracht werden; auch die Sicherstellung des Ersatzes (§ 15 Abs. 2) bedarf dieser Zustimmung.

Artikel III. Im § 16 Satz 1 wird hinter den Worten „die Kleinrentner" eingefügt „(§§ 14 bis 15 a)".

Artikel IV. Im § 18 Abs. 1 tritt an die Stelle von „(§§ 14 und 15)" „(§§ 14 bis 15 a)".

Artikel V. Im § 30 wird folgender zweiter Satz angefügt: Als hilfsbedürftig gelten insbesondere die Hinterbliebenen, denen Zusatzrente nach dem Reichsversorgungsgesetze gewährt wird.

Artikel VI. Die Vorschriften des Artikel II treten am 1. Juli 1928, die übrigen Vorschriften am Tage nach der Verkündung[1]) in Kraft.

dd) Verordnung zur Änderung der Reichsgrundsätze über Voraussetzung, Art und Maß der öffentlichen Fürsorge und zur Ausführung des § 85 des Aufwertungsgesetzes.

Vom 1. August 1931.

(RGBl. I S. 439).

Auf Grund des § 6 Abs. 1 Satz 1 der Verordnung über die Fürsorgepflicht vom 13. Februar 1924 (Reichsgesetzbl. I S. 100) in der Fassung der Zweiten Verordnung des Reichspräsidenten zur Sicherung von Wirtschaft und Finanzen vom 5. Juni 1931 (Reichsgesetzbl. I S. 279), auf Grund des § 1 Satz 1 der Verordnung über die soziale Kriegsbeschädigten- und Kriegshinterbliebenenfürsorge vom 8. Februar 1919 (Reichsgesetzbl. S. 187) in der Fassung des § 34 der Verordnung über die Fürsorgepflicht und auf Grund des § 85 des Aufwertungsgesetzes vom 16. Juli 1925 (Reichsgesetzbl. I S. 117) wird hiermit nach Zustimmung des Reichsrats verordnet:

---

[1]) verkündet im RGBl. 1928 Teil I Nr. 16, ausgegeben zu Berlin, den 5. April 1928.

Artikel 1. Die Reichsgrundsätze über Voraussetzung, Art und Maß der öffentlichen Fürsorge vom 4. Dezember 1924 (Reichsgesetzbl. I S. 765) in der Fassung der Verordnung vom 29. März 1928 (Reichsgesetzbl. I S. 138) werden wie folgt geändert:

1. § 7 erhält folgenden Abs. 4:

(4) Bei Hilfsbedürftigen, denen die Arbeitslosenunterstützung auf Grund der §§ 90, 92, 93 oder 93c des Gesetzes über Arbeitsvermittlung und Arbeitslosenversicherung vom 16. Juli 1927 in der Fassung vom 26. Juli 1930 (Reichsgesetzbl. I S. 319) und vom 5. Juni 1931 (Reichsgesetzbl. I S. 279) entzogen oder versagt ist, soll die Unterstützung für die Dauer der Sperrfrist von der Leistung angemessener Arbeit gemeinnütziger Art (§ 19 der Fürsorgepflichtverordnung) abhängig gemacht werden.

2. § 9 erhält folgenden Wortlaut:

(1) Von einer ausdrücklichen Verpflichtung, die aufzuwendenden Kosten zu ersetzen, darf die Fürsorge nicht abhängig gemacht werden.

(2) Muß die Fürsorge eintreten, weil Vermögen des Hilfesuchenden vorerst nicht verwertet werden kann oder soll, so kann sie ihre Hilfe davon abhängig machen, daß der Ersatz der aufzuwendenden Kosten sichergestellt wird, insbesondere durch Abschluß von Rentenverträgen, Bestellung von Hypotheken oder sonstige Verpfändung von Vermögenswerten.

(3) Die Fürsorge soll die Hilfe von einer Sicherstellung in der Regel nur abhängig machen, wenn die Rückzahlung voraussichtlich ohne besondere Härte möglich ist.

(4) Eine besondere Härte ist in der Regel anzunehmen, wenn die Rückzahlung nicht vor dem Ableben des Hilfsbedürftigen wird erfolgen können und wenn

a) unterhaltsberechtigte Angehörige vorhanden sind, die beim Tode des Hilfsbedürftigen voraussichtlich selbst in der öffentlichen Fürsorge verbleiben oder ihr anheimfallen werden oder

b) Personen vorhanden sind, mit denen der Hilfsbedürftige in häuslicher Gemeinschaft lebt und die ihn ohne rechtliche Verpflichtung oder ohne entsprechende Gegenleistung, wenn auch in Erwartung einer Zuwendung von Todes wegen, unterstützen oder pflegen.

3. § 11 erhält folgende Abs. 2 und 3:

(2) Die Hilfe darf in Form des Darlehns nur gewährt werden,

1. wenn durch eine einmalige größere Aufwendung die wirtschaftliche Selbständigkeit des Hilfsbedürftigen alsbald hergestellt oder gesichert werden kann;
2. in Fällen vorübergehender Not, soweit die Zurückzahlung innerhalb angemessener Frist voraussichtlich die Bestreitung des nach billigem Ermessen erforderlichen Lebensbedarfs nicht gefährdet

und der Kostenersatz nicht nach § 25 Abs. 4 der Verordnung über die Fürsorgepflicht ausgeschlossen ist;

3. in Fällen vorbeugender Fürsorge.

(3) Die Fürsorgeverbände sind nicht gehindert, eine über die Reichsgrundsätze hinausgehende Hilfe in Form des Darlehns zu gewähren.

4. § 13 Abs. 1 erhält folgenden Wortlaut:

(1) Bei Arbeitsscheu oder offenbar unwirtschaftlichem Verhalten sind die Voraussetzungen der Hilfsbedürftigkeit aufs strengste zu prüfen sowie Art und Maß der Fürsorge auf das zur Fristung des Lebens Unerläßliche zu beschränken. Für Hilfsbedürftige, denen die Arbeitslosenunterstützung auf Grund der §§ 90, 92, 93 oder 93 c des Gesetzes über Arbeitsvermittlung und Arbeitslosenversicherung vom 16. Juli 1927 in der Fassung vom 26. Juli 1930 (Reichsgesetzbl. I S. 319) und vom 5. Juni 1931 (Reichsgesetzbl. I S. 279) entzogen oder versagt ist, gilt das gleiche während der Sperrfrist. Bei Hilfsbedürftigen, die den berechtigten Anordnungen der zuständigen Stellen beharrlich zuwiderhandeln, kann entsprechend verfahren werden.

5. § 15 erhält folgenden Wortlaut:

(1) Die Fürsorge darf bei Kleinrentnern nicht abhängig gemacht werden vom Verbrauch oder der Verwertung

a) eines kleineren Vermögens,

b) eines angemessenen Hausrats, wobei die bisherigen Lebensverhältnisse des Hilfsbedürftigen zu berücksichtigen sind,

c) von Familien- und Erbstücken, deren Entäußerung den Hilfsbedürftigen hart treffen würde, oder deren Verkehrswert außer Verhältnis zu dem Werte steht, den sie für den Hilfsbedürftigen oder seine Familie haben,

d) von Gegenständen, die zur Befriedigung geistiger, besonders wissenschaftlicher oder künstlerischer Bedürfnisse dienen und deren Besitz nicht Luxus ist,

e) eines kleinen Hausgrundstücks, das der Hilfsbedürftige allein oder zusammen mit bedürftigen Angehörigen, denen es nach seinem Tode weiter als Wohnung dienen soll, ganz oder zum größten Teil bewohnt.

(2) Der Verbrauch oder die Verwertung sonstigen Vermögens darf nur verlangt werden, wenn dies keine besondere Härte für den Hilfsbedürftigen oder seine unterhaltsberechtigten Angehörigen bedeutet.

6. § 15 a erhält folgenden Wortlaut:

(1) Bei Kleinrentnern müssen von der Sicherstellung Hausrat im Umfang des § 15 Abs. 1 b und Gegenstände der im § 15 Abs. 1 c genannten Art verschont bleiben.

(2) Ein kleines Hausgrundstück, das der Unterstützte ganz oder zum größten Teil zusammen mit bedürftigen Angehörigen bewohnt, denen es nach seinem Tode weiter als Wohnung dienen soll, darf zur Siche-

rung des Ersatzes der aufzuwendenden Kosten nur mit der Beschränkung belastet werden, daß Befriedigung nach dem Ableben des Hilfsbedürftigen nicht verlangt werden kann, solange es einer dieser Angehörigen bewohnt.

7. § 31 erhält folgenden Wortlaut:

(1) Um die wirtschaftliche Selbständigkeit Beschädigter und Hinterbliebener zu sichern, soll von der Möglichkeit, ihnen Darlehen gegen Verpfändung von Versorgungsgebührnissen zu gewähren, tunlichst Gebrauch gemacht werden.

(2) Der Ersatzanspruch aus § 25 der Verordnung über die Fürsorgepflicht ist nur gegeben, wenn die soziale Fürsorge bei ihrer Hilfe die Rückzahlung der aufzuwendenden Kosten ausdrücklich ausbedingt. Dies darf nur geschehen, wenn es mit Rücksicht auf Art und Zweck der Fürsorgeleistungen und die gegenwärtigen oder zu erwartenden wirtschaftlichen Verhältnisse des Hilfesuchenden unbillig wäre, hiervon abzusehen; bei der beruflichen Ausbildung, auf die ein Beschädigter nach dem Reichsversorgungsgesetz Anspruch hat (§ 26), darf Rückzahlung nicht ausbedungen werden. Der Ersatzanspruch aus § 25 a der Verordnung über die Fürsorgepflicht ist ausgeschlossen.

8. § 33 wird aufgehoben.

9. Der Abs. 2 des § 35 wird aufgehoben.

Artikel 2. Der Wortlaut der Reichsgrundsätze über Voraussetzung, Art und Maß der öffentlichen Fürsorge ist in der nunmehr geltenden Fassung im Reichsgesetzblatt bekanntzumachen[1]).

Artikel 3. (1) Die Heranziehung von Ansprüchen, die nach dem Aufwertungsgesetze vom 16. Juli 1925 aufgewertet worden sind oder aufgewertet werden, zur Sicherstellung des Ersatzes aufzuwendender Fürsorgekosten unterliegt nur folgenden Beschränkungen:

(2) Ansprüche, die ein Hilfsbedürftiger nachweislich vor dem 15. Juli 1925 erworben hat und die ihm seitdem ununterbrochen gehört haben, dürfen zur Sicherstellung nur herangezogen werden, soweit sie zusammen mit dem sonstigen Vermögen des Hilfsbedürftigen den Umfang eines kleineren Vermögens (§ 15 unter a der Reichsgrundsätze) übersteigen; hierbei bleiben die im § 15 unter b bis d der Reichsgrundsätze genannten Gegenstände außer Betracht.

(3) An Stelle eines vor dem 15. Juli 1925 liegenden Erwerbes durch den Hilfsbedürftigen gilt der vor diesem Tage liegende Erwerb folgender Rechtsvorgänger, wofern diesen der Anspruch seitdem ununterbrochen bis zum Rechtsübergang auf den Hilfsbedürftigen gehört hat:

1. bei Erwerb von Todes wegen der Erwerb durch den Erblasser;
2. bei Erwerb durch Gütergemeinschaft der Erwerb durch den Ehegatten, der das Recht in die Gütergemeinschaft eingebracht hat;

---

[1]) S. jetzt RGBl. 1931 Teil I S. 441.

3. bei Erwerb durch Auseinandersetzung einer Erbengemeinschaft oder einer Gütergemeinschaft der Erwerb durch die Gemeinschaft;
4. bei Erwerb als Ausstattung der Erwerb durch Vater oder Mutter;
5. bei Erwerb mit Rücksicht auf ein künftiges gesetzliches Erbrecht der Erwerb durch den Veräußerer;
6. bei Erwerb auf Grund eines Treuhandverhältnisses der Erwerb durch den Geschäftsherrn oder, wenn zuerst der Treuhänder das Recht erworben hat, der Erwerb durch den Treuhänder;
7. bei Erwerb durch Übernahme eines Vermögens als Ganzen der Erwerb durch den Veräußerer;
8. bei Erwerb durch Schenkung der Erwerb durch den Schenker.

(4) Gehen mehrere Erwerbe dieser Art ununterbrochen dem Erwerbe durch den Hilfsbedürftigen voraus, so genügt es, wenn einer von ihnen vor dem 15. Juli 1925 erfolgt ist.

6.

Nebengesetze.

a) §§ 26 und 27 des Gesetzes über die Ablösung öffentlicher Anleihen.

Vom 16. Juli 1925.

(RGBl. I S. 137).

§ 26. Bei der Festsetzung einer Unterstützung öffentlich-rechtlicher Art für den Gläubiger bleibt die Vorzugsrente[1]) als Einkommen außer Ansatz, soweit sie den Betrag von 270 Reichsmark für das Jahr nicht übersteigt. Hat der Gläubiger neben der Vorzugsrente Einnahmen aus Ansprüchen, die der Aufwertung nach dem Aufwertungsgesetze vom 16. Juli 1925 unterliegen, so bleiben diese Einnahmen und die Vorzugsrente bis zum Gesamtbetrage von 270 Reichsmark für das Jahr außer Ansatz.

§ 27. (1) Anstalten und Einrichtungen der freien und kirchlichen (Artikel 137 der Reichsverfassung) Wohlfahrtspflege, die Aufgaben der öffentlichen Wohlfahrtspflege erfüllen, sowie Anstalten und Einrichtungen zur Förderung wissenschaftlicher Ausbildung und Forschung ist, sofern ihnen Auslosungsrechte zustehen, die sie als Anleihealtbesitzer erlangt haben, auf Antrag 15 Jahre hindurch eine Wohlfahrtsrente zu gewähren. § 23 findet entsprechende Anwendung. Die Mittel für

---

1) §§ 19 ff. des Anleiheablösungsgesetzes; s. Geiger-Heß, Das Vorzugsrentenverfahren nach dem Anleiheablösungsgesetz, J. Schweitzer Verlag, München 1926.

die Wohlfahrtsrente sind nach näherer gesetzlicher Bestimmung den Einnahmen aus Zöllen auf landwirtschaftliche Erzeugnisse zu entnehmen. Sie dürfen den jährlichen Betrag von 10 Millionen Reichsmark nicht übersteigen. Drei Viertel der zur Ausgabe gelangenden Mittel sind den Anstalten und Einrichtungen der Wohlfahrtspflege zuzuwenden.

(²) Die Reichsregierung erläßt mit Zustimmung des Reichsrats die näheren Vorschriften über die Wohlfahrtsrente, insbesondere über die Höhe und den Kreis der Gläubiger.

b) §§ 84 und 85 des Gesetzes über die Aufwertung von Hypotheken und anderen Ansprüchen (Aufwertungsgesetz). Vom 16. Juli 1925.

(RGBl. I S. 117).

IV. Aufwertungsansprüche Hilfsbedürftiger.

§ 84. Bei der Festsetzung einer Unterstützung öffentlich-rechtlicher Art bleibt das Einkommen des Hilfsbedürftigen aus Ansprüchen, die der Aufwertung nach diesem Gesetz unterliegen, außer Ansatz, soweit es den Betrag von 270 Reichsmark für das Jahr nicht übersteigt. Erhält der Hilfsbedürftige zugleich eine Vorzugsrente nach Maßgabe §§ 18 bis 26, 37 des Gesetzes über die Ablösung öffentlicher Anleihen, so bleiben die im Satz 1 bezeichneten Einnahmen und die Vorzugsrente bis zum Gesamtbetrage von 270 Reichsmark für das Jahr außer Ansatz.

§ 85. Soweit die öffentliche Fürsorge ihre Hilfe davon abhängig machen darf, daß die Rückzahlung der für den Hilfsbedürftigen aufgewendeten Kosten sichergestellt wird (§ 9 [1]) der Reichsgrundsätze über Voraussetzung, Art und Maß der öffentlichen Fürsorge vom 4. Dezember 1924, Reichsgesetzbl. I S. 765), dürfen Ansprüche des Hilfsbedürftigen, die der Aufwertung nach diesem Gesetz unterliegen, nur nach Maßgabe von Vorschriften herangezogen werden, die die Reichsregierung mit Zustimmung des Reichsrats hierüber erläßt.

c) § 168 [2]) des Gesetzes über Arbeitsvermittlung und Arbeitslosenversicherung i. d. F. des Dritten Teiles Kapitel I Art. 1 der Zweiten Verordnung des Reichspräsidenten zur Sicherung von Wirtschaft und Finanzen. Vom 5. Juni 1931.

(RGBl. I S. 279 u. 296).

§ 168. (¹) Den Antrag auf Arbeitslosenunterstützung hat der Arbeitslose persönlich bei dem Arbeitsamt zu stellen, in dessen Bezirk er

[1]) § 9 jetzt i. d. F. vom 1. Aug. 1931 (RGBl. I S. 441).

[2]) V. v. 3. Okt. 1931 zur Vierten Änderung der RFV., abgedruckt S. 69.

beim Eintritt der Arbeitslosigkeit seinen Wohnort hat. Hat der Arbeitslose keinen Wohnort oder konnte er sich infolge seiner Berufstätigkeit an seinem Wohnort in der Regel nicht aufhalten, so ist das Arbeitsamt zuständig, in dessen Bezirk er sich beim Eintritt der Arbeitslosigkeit aufhält, im zweiten Falle jedoch nur so lange, als er sich an seinem Wohnort nicht aufhält.

(2) Wer sich in einem Orte aufhält, um eine Beschäftigung auszuüben, die ihrer Natur nach auf einen Teil des Jahres beschränkt ist, begründet dadurch allein noch keinen Wohnort.

(3) Hat der Arbeitslose bei Eintritt der Arbeitslosigkeit seinen Wohnort in einer Gemeinde, die nach dem Ortsklassenverzeichnis, das für die Besoldung der Reichsbeamten maßgebend ist, in die Sonderklasse oder in die Klasse A oder B eingereiht ist, und ist er in diese Gemeinde innerhalb des letzten Jahres zugezogen, so wird die Arbeitslosenunterstützung bei dem für diese Gemeinde zuständigen Arbeitsamt nur für vier Wochen gewährt. Nach Ablauf der vierten Unterstützungswoche wird für die Weitergewährung der Unterstützung das Arbeitsamt derjenigen inländischen Gemeinde zuständig, in der der Arbeitslose zuletzt während wenigstens sechs Monaten seinen Wohnort gehabt hat. Kann ein solcher Ort für die Zeit von zwei Jahren vor der Arbeitslosmeldung nicht festgestellt werden oder gehört dieser Ort gleichfalls der Sonderklasse oder der Klasse A oder B an, so bewendet es endgültig bei der Zuständigkeit des Zuzugsorts.

(4) Auf Antrag des Arbeitslosen kann der Vorsitzende des Arbeitsamts ein anderes Arbeitsamt für zuständig erklären oder von der Befristung der Unterstützung gemäß Abs. 3 absehen, falls die Gewährung oder die Befristung der Unterstützung bei dem nach Abs. 1 bis 3 zuständigen Arbeitsamt für den Arbeitslosen eine unbillige Härte bedeuten würde. Der Vorstand der Reichsanstalt oder mit seiner Zustimmung der Verwaltungsausschuß des Landesarbeitsamts kann Richtlinien darüber aufstellen, unter welchen Voraussetzungen eine solche unbillige Härte anzunehmen ist. Gegen einen ablehnenden Beschluß des Vorsitzenden des Arbeitsamts kann der Arbeitslose binnen zwei Wochen den Spruchausschuß anrufen. Der Spruchausschuß entscheidet endgültig.

(5) Bei Streit darüber, welches Arbeitsamt nach Abs. 1 bis 3 zuständig ist, entscheidet endgültig, wenn die Arbeitsämter dem Bezirke des gleichen Landesarbeitsamts angehören, dessen Vorsitzender, andernfalls der Präsident der Reichsanstalt.

II. Bayer. Landesrecht.

1.

Fürsorgegesetz (FürsG.)

— Bayerisches Ausführungsgesetz zur Reichsverordnung über die Fürsorgepflicht (RFV.) —

Vom 14. März 1930.

(GVBl. S. 38).

Der Landtag des Freistaates Bayern hat das folgende Gesetz beschlossen:

I. Fürsorgeverbände.

Bezirksfürsorgeverband[1]).

Art. 1. I Bezirksfürsorgeverbände sind die kreisunmittelbaren Gemeinden, die Bezirke und im Umfange des Abs. II die mittelbaren Gemeinden.

II Die mittelbaren Gemeinden sind Bezirksfürsorgeverbände (Ortsfürsorgeverbände) für die allgemeine Fürsorge (Armenfürsorge) und die Fürsorge für hilfsbedürftige Minderjährige, soweit für diese nicht eine anderweitige Fürsorge nach § 1 Abs. 1 RFV. Platz greift. Für die in Wohnung und Haushalt zusammenlebenden Familienmitglieder ist der Bezirk Bezirksfürsorgeverband, wenn in der Person eines Ehegatten oder Elternteiles die Voraussetzungen des § 1 Abs. 1 Buchst. a bis c RFV. erfüllt sind; Familienmitglieder im Sinne dieser Vorschrift sind Ehegatten und Verwandte auf- und absteigender Linie.

Bezirkszugehörige kreisunmittelbare Gemeinden.

Art. 2. I Eine kreisunmittelbare Gemeinde, die einem Bezirk angehört[2]), ist selbständiger Bezirksfürsorgeverband. Zu dem durch Umlagen zu deckenden Aufwande dieses Bezirksfürsorgeverbandes sind die Umlagenpflichtigen dieser Gemeinde, zu dem des Bezirksfürsorgeverbandes des Bezirkes die Umlagenpflichtigen der übrigen Gemeinden heranzuziehen. In den Bezirksfürsorgeausschuß (Art. 17) können Mitglieder des Bezirkstages, die in der kreisunmittelbaren Gemeinde ihren Wohnsitz haben, nicht berufen werden; diese Mitglieder nehmen auch an der Beschlußfassung des Bezirkstages und Bezirksausschusses in Angelegenheiten des Bezirksfürsorgeverbandes des Bezirkes nicht teil; die übrigen

---

[1]) Die Stichworte befinden sich nicht im Gesetzestext im GVBl.

[2]) z. Zt. für Bayern rechts des Rheins nur Bad Reichenhall (JnME. v. 16. März 1929 Nr. 1003 b 5).

Mitglieder des Bezirkstages und Bezirksausschusses bilden für diese Angelegenheiten den Bezirkstag und Bezirksausschuß.

II Wird einer Gemeinde die Kreisunmittelbarkeit verliehen, ohne daß sie aus dem Bezirk ausscheidet, oder wird eine kreisunmittelbare Gemeinde in den Bezirk aufgenommen (Art. 39 der Bezirksordnung), so kann bestimmt werden, daß sie Bezirksfürsorgeverband nur für die Aufgaben des Art. 1 Abs. II Satz 1 ist.

Gesamtbezirksfürsorgeverbände.

Art. 3. I Nach Art. 133 bis 138 der Gemeindeordnung und Art. 45 Ziff. 2 der Bezirksordnung können Gesamtbezirksfürsorgeverbände gebildet werden.

II Das Staatsministerium des Innern oder die von ihm ermächtigte Kreisregierung kann die Bildung eines Gesamtbezirksfürsorgeverbandes anordnen, wenn die Kreisregierung ein dringendes öffentliches Bedürfnis hierfür festgestellt hat. Kommen mehrere Kreisregierungen in Betracht, so bestimmt das Staatsministerium des Innern die zuständige Kreisregierung. Gegen die Entscheidung der Kreisregierung können die beteiligten Gemeinden und Bezirke binnen vierzehn Tagen Beschwerde zum Verwaltungsgerichtshof erheben. Dieser entscheidet im verwaltungsgerichtlichen Verfahren endgültig als Schiedsgericht nach billigem Ermessen. Das Staatsministerium des Innern oder die von ihm ermächtigte Kreisregierung regelt die Verfassung des Gesamtbezirksfürsorgeverbandes durch eine Satzung.

Landesfürsorgeverbände.

Art. 4. Landesfürsorgeverbände sind die Kreise, für die in Art. 12 Abs. I bezeichneten Aufgaben der Staat.

II. Aufgaben der Fürsorgeverbände, Entlastung der Fürsorgeverbände, Leistungen des Staates.

Deutsche Rückwanderer. — Ausländer[1]).

Art. 5. I Die nach § 12 Abs. 2 und 3 und § 13 RFV. (Fürsorge für deutsche Rückwanderer und für Ausländer im Inlande) dem Land obliegenden Verbindlichkeiten sind von den Landesfürsorgeverbänden zu erfüllen.

II Zur endgültigen Fürsorge für bayerische Staatsangehörige oder staatlose ehemalige bayerische Staatsangehörige nach § 12 Abs. 2 und 3 RFV. ist der Landesfürsorgeverband verpflichtet, in dessen Gebiete der Hilfsbedürftige geboren ist. Ist der Hilfsbedürftige außerhalb Bayerns geboren, so richtet sich die Zuständigkeit des Landesfürsorgeverbandes bei Personen ehelicher und dieser gleichgestellter Abstammung nach dem bayerischen Geburtsorte des Vaters, bei Personen unehelicher Abstammung nach dem bayerischen Geburtsorte der Mutter. Bei weiblichen

---

1) Übergangsbestimmung s. Art. 54.

Hilfsbedürftigen, deren bayerische Staatsangehörigkeit durch Eheschließung erworben ist, richtet sich die Zuständigkeit des endgültig verpflichteten Landesfürsorgeverbandes nach den für den letzten Ehemann bayerischer Staatsangehörigkeit maßgebenden Verhältnissen, auch wenn die Ehe nicht mehr besteht. Ist ein solcher Landesfürsorgeverband nicht vorhanden oder nicht zu ermitteln, so ist der Landesfürsorgeverband endgültig verpflichtet, in dessen Gebiete nach Eintritt in das Land die Hilfsbedürftigkeit zuerst hervorgetreten ist.

III Für die zusammen aus dem Ausland in das Reichsgebiet übertretenden Familienmitglieder ist endgültig zur Fürsorge der Landesfürsorgeverband verpflichtet, der für das älteste bayerische oder staatlose ehemals bayerische Familienmitglied zur Fürsorge verpflichtet ist. Familienmitglieder im Sinne dieser Bestimmung sind Ehegatten, Verwandte und Verschwägerte auf- und absteigender Linie, Geschwister und Halbgeschwister.

IV Ist ein hiernach endgültig verpflichteter Landesfürsorgeverband nicht vorhanden oder nicht zu ermitteln, so bestimmt ihn das Staatsministerium des Innern. Soweit das Land Bayern von der Reichsregierung oder der von ihr bestimmten Stelle gemäß § 12 Abs. 2 RFV. als endgültig zur Fürsorge verpflichtet erklärt worden ist, bestimmt das Staatsministerium des Innern den endgültig verpflichteten Landesfürsorgeverband.

V Die Ersatzpflicht nach § 13 RFV. obliegt dem Landesfürsorgeverbande, zu dem der vorläufig verpflichtete Bezirksfürsorgeverband gehört.

VI Der Staat ersetzt den Landesfürsorgeverbänden zwei Drittel ihres Aufwandes nach Abs. I. Soweit das Reich dem Lande die vollen Kosten erstattet, ersetzt der Staat den Landesfürsorgeverbänden den vollen Aufwand.

Anstaltsversorgung u. dgl.

Art. 6. I Aufgabe der Landesfürsorgeverbände ist die Fürsorge

1. für hilfsbedürftige Geisteskranke, Geistesschwache, Blöde, Epileptische, Blinde, Taubstumme, Krüppelhafte und unheilbare abschreckend oder ansteckend kranke Sieche, soweit sie wegen besonderer in ihrer Person begründeter Verhältnisse der Anstaltsversorgung bedürfen,
2. für die Erziehung und Ausbildung hilfsbedürftiger schwachsinniger, blinder, taubstummer, hörstummer und krüppelhafter Minderjähriger, soweit sie bildungsfähig sind und der Unterbringung in Anstalten bedürfen.

II Die Verpflichtung des Landesfürsorgeverbandes beginnt in den Fällen des Abs. I mit dem Zeitpunkt, in dem beim Landesfürsorgeverbande der mit den erforderlichen Nachweisen belegte Antrag des Bezirksfürsorgeverbandes auf Übernahme des Hilfsbedürftigen eingeht.

Ist die sofortige Verbringung des Hilfsbedürftigen in die Anstalt erforderlich, so genügt es, wenn die Nachweise innerhalb eines Monats, vom Eingange des Übernahmeantrages an gerechnet, nachgebracht werden. Als Anstaltsversorgung im Sinne des Abs. I Ziff. 1 gilt auch der Anstaltsaufenthalt zur Beobachtung und Untersuchung, wenn als Ergebnis die Voraussetzungen des Abs. I Ziff. 1 festgestellt werden.

III Verpflichtet ist zunächst der Landesfürsorgeverband, zu dessen Bezirke der vorläufig verpflichtete Bezirksfürsorgeverband gehört. Er kann Übernahme des Hilfsbedürftigen und Ersatz der aufgewendeten Kosten von dem Landesfürsorgeverbande beanspruchen, zu dessen Bezirke der endgültig verpflichtete Bezirksfürsorgeverband gehört.

IV Die Landesfürsorgeverbände können mit Genehmigung des Staatsministerium des Innern noch weitere Fürsorgeaufgaben übernehmen.

V Der endgültig verpflichtete Bezirksfürsorgeverband hat in den Fällen des Abs. I ein Fünftel und in den Fällen des Abs. IV, soweit es sich um Pflichtaufgaben der Bezirksfürsorgeverbände handelt, mindestens ein Viertel des reinen Fürsorgeaufwandes dem Landesfürsorgeverbande zu erstatten.

Landeshilfsbedürftige.

Art. 7. I Die Landesfürsorgeverbände können Personen, die ihrer Fürsorge anheimfallen, gegen vollen Ersatz des gesetzlich notwendigen Aufwandes den Bezirksfürsorgeverbänden des Kreises überweisen, die für sie vorläufig fürsorgepflichtig sind. Personen, die der Anstaltspflege bedürfen, können nur überwiesen werden, soweit Zweck und Raumverhältnisse der den Bezirksfürsorgeverbänden zur Verfügung stehenden Anstalten dies zulassen.

II Die Landesfürsorgeverbände haben auf Antrag eines Bezirksfürsorgeverbandes des Kreises Personen, die der Fürsorge des Bezirksfürsorgeverbandes anheimfallen, gegen vollen Ersatz des gesetzlich notwendigen Aufwandes in den zu ihrer Verfügung stehenden Anstalten aufzunehmen, soweit es deren Zweck und Raumverhältnisse zulassen.

Zuschüsse an Bezirksfürsorgeverbände.

Art. 8. I Die Landesfürsorgeverbände gewähren auf Antrag an unverhältnismäßig belastete leistungsschwache Bezirksfürsorgeverbände Zuschüsse.

II Das Staatsministerium des Innern stellt nach Anhörung der Kreise, Bezirke und Gemeinden oder ihrer Vereinigungen Grundsätze über die Zuschußleistung auf.

Staatszuschüsse.

Art. 9. Die Landesfürsorgeverbände erhalten Staatszuschüsse nach Bestimmung des Staatshaushaltes. Die Grundsätze zur Verteilung der Mittel werden vom Staatsministerium des Innern nach Anhörung der Kreise und der Landesfürsorgeverbände oder ihrer Vereinigungen aufgestellt.

Einrichtungen.

Art. 10. Soweit zur ordnungsmäßigen Durchführung der den Gemeinden als Bezirksfürsorgeverbänden obliegenden öffentlichen Fürsorge Einrichtungen notwendig sind und diese nicht anderweitig, insbesondere seitens der freien Wohlfahrtspflege, zur Verfügung stehen oder beschafft werden können, sind die Gemeinden verpflichtet sie zu schaffen und zu unterhalten.

Zweckverbände.

Art. 11. Die Bezirksfürsorgeverbände und die Landesfürsorgeverbände können zur Erfüllung einzelner ihnen zukommender Aufgaben Zweckverbände nach Art. 133 bis 139 der Gemeindeordnung, Art. 45 Ziff. 2 der Bezirksordnung und Art. 42 Ziff. 2 der Kreisordnung bilden.

Staat.

Art. 12. I Aufgabe des Staates als Landesfürsorgeverbandes ist die Beteiligung an der Kriegsbeschädigten- und Kriegshinterbliebenenfürsorge, insbesondere der Erziehungs-, Berufs- und Gesundheitsfürsorge für Kriegerwaisen und Kinder Schwerkriegsbeschädigter, der Siechenfürsorge und der Fürsorge für sonstige Schwerstbeschädigte, die Beteiligung an der Arbeitsfürsorge für Schwerbeschädigte und Schwererwerbsbeschränkte nach § 1 Abs. 1 Buchst. d RFV.

II Der Staat beteiligt sich ferner nach Bestimmung des Staatshaushaltes an der Förderung allgemeiner Einrichtungen der Fürsorge.

III. Verwaltung der Fürsorgeverbände.

a) Bezirksfürsorgeverbände der kreisunmittelbaren Gemeinden.

Wohlfahrtsausschuß. Gutachterausschuß.

Art. 13. I Der Bezirksfürsorgeverband der kreisunmittelbaren Gemeinde wird von einem beschließenden Ausschusse nach Art. 22 Abs. II der Gemeindeordnung (Wohlfahrtsausschuß) verwaltet, dem neben dem ersten Bürgermeister und den Stadtratsmitgliedern als stimmberechtigte Mitglieder angehören:

1. der Bezirksarzt;
2. je ein Pfarrer der Katholischen Kirche, der Evangelisch-lutherischen Kirche in Bayern rechts des Rheins, der reformierten Kirche in Bayern rechts des Rheins, der Vereinigten protestantisch-evangelisch-christlichen Kirche der Pfalz (Pfälzischen Landeskirche), soweit Pfarreien dieser Bekenntnisse in der Gemeinde ihren Sitz haben;
3. der Rabbiner, wenn ein solcher in der Gemeinde seinen Sitz hat, andernfalls ein abgeordnetes Mitglied der israelitischen

Kultusverwaltung (in der Pfalz des Synagogen-Ausschusses), wenn eine solche in der Gemeinde ihren Sitz hat;

4. Vertreter der in der Gemeinde tätigen Vereinigungen der freien Wohlfahrtspflege in der Zahl der Hälfte der Stadtratsmitglieder des Wohlfahrtsausschusses.

II Haben mehrere Bezirksärzte im Gemeindebezirk ihren Sitz, so bestimmt die vorgesetzte Dienstbehörde das Mitglied. Wenn in der Gemeinde mehrere Pfarreien des gleichen Bekenntnisses ihren Sitz haben oder wenn in einer Pfarrei mehrere Pfarrer angestellt sind, so bestimmt die kirchliche Oberbehörde das Mitglied. Sind in der Gemeinde mehrere Rabbiner angestellt, so bestimmt die israelitische Kultusverwaltung, in der Pfalz der Synagogen-Ausschuß, das Mitglied. Die Stellvertreter im Pfarramte, ferner die mit vollen pfarrlichen Rechten ausgestatteten Seelsorgegeistlichen stehen den Pfarrern gleich.

III In den Angelegenheiten der Kriegsbeschädigten- und Kriegshinterbliebenenfürsorge, insbesondere bei der Aufstellung von Grundsätzen, Richtlinien und Richtsätzen sind zum Wohlfahrtsausschusse Vertreter der Kriegsbeschädigten und Kriegshinterbliebenen als stimmberechtigte Mitglieder beizuziehen. Ihre Zahl beträgt die Hälfte der Vertreter der Vereinigungen der freien Wohlfahrtspflege (Abs. I Ziff. 4), jedoch mindestens zwei.

IV Bei der Aufstellung von Richtlinien und Richtsätzen für die Durchführung der übrigen Fürsorge ist ein Ausschuß von Vertretern der Fürsorgeberechtigten zu hören; diesem müssen Vertreter der Sozialrentner und Kleinrentner angehören.

V Der Stadtrat beruft die Mitglieder nach Abs. I Ziff. 4 und Abs. III und ebensoviele Stellvertreter auf die Dauer seiner Wahlzeit nach den Vorschlägen der Vereinigungen. Die Mitglieder müssen die Voraussetzungen der Wählbarkeit zu Gemeindeämtern mit Ausnahme des Erfordernisses eines zwölfmonatigen Aufenthalts erfüllen und in der kreisunmittelbaren Gemeinde ihren Wohnsitz haben. Der Wohnsitz in einem unmittelbar benachbarten Bezirksfürsorgeverbande steht dem Wohnsitz in der kreisunmittelbaren Gemeinde gleich. Für die Mitglieder gelten die Vorschriften der Gemeindeordnung über ehrenamtliche Gemeinderatsmitglieder entsprechend.

VI Vorschlagsberechtigt für die Vertreter der Vereinigungen der freien Wohlfahrtspflege und ihre Stellvertreter sind Vereinigungen, die sich seit mindestens drei Jahren mit Wohlfahrtspflege im Gemeindebezirke befassen und eine entsprechende Zahl von Mitgliedern aufweisen. Ihre Vorschläge sind nach Umfang und Bedeutung des Wirkens der Vereinigung zu berücksichtigen. Den Vereinigungen steht, soweit ihre Vorschläge nicht zugelassen oder nicht berücksichtigt werden, binnen vierzehn Tagen, von der Zustellung der Entscheidung an gerechnet, die Beschwerde zur Kreisregierung offen. Diese entscheidet endgültig. Liegen keine Vorschläge im Sinne vorstehender Bestimmung vor, so beruft der Stadtrat die Vertreter nach freiem Ermessen.

VII Für den Vorschlag der Vertreter der Kriegsbeschädigten und Kriegshinterbliebenen gilt Abs. VI entsprechend.

VIII Der Stadtrat bestimmt die Zahl der Ausschußmitglieder nach Abs. IV und beruft sie und ebensoviele Stellvertreter für die Dauer seiner Wahlzeit. Vereinigungen von Sozialrentnern und Kleinrentnern, die seit mindestens drei Jahren im Gemeindebezirke bestehen und eine entsprechende Zahl von Mitgliedern aufweisen, sind zum Vorschlage berechtigt. Andere Verbände können unter derselben Voraussetzung vom Stadtrate zum Vorschlage zugelassen werden. In Ermangelung von Vorschlägen beruft der Stadtrat die Vertreter nach freiem Ermessen. Für die Vertreter gilt Abs. V Satz 2 bis 4 entsprechend.

IX Für den Wohlfahrtsausschuß gilt nicht Art. 22 Abs. III Satz 2 und 3 und Abs. VI der Gemeindeordnung. Die Verhandlungen des Wohlfahrtsausschusses und des Ausschusses nach Abs. IV sind nicht öffentlich.

Wohlfahrtsbezirke.

Art. 14. I Für die Durchführung der Fürsorge können in kreisunmittelbaren Gemeinden Wohlfahrtsbezirke gebildet werden.

II Die Bildung und Verwaltung von Wohlfahrtsbezirken sowie die Geschäftsverteilung und der Geschäftsgang werden nach Anhörung des Wohlfahrtsausschusses vom Stadtrate geregelt. Zur Verwaltung der Wohlfahrtsbezirke sind Vertreter der Pfarreien (Art. 13 Abs. I Ziff. 2) und der Vereinigungen der freien Wohlfahrtspflege (Art. 13 Abs. I Ziff. 4) beizuziehen.

III Zur Durchführung der Fürsorge können Pfleger widerruflich bestellt werden. Das Nähere wird nach Anhörung des Wohlfahrtsausschusses vom Stadtrate geregelt. Die Pfleger werden vom Wohlfahrtsausschusse berufen; sie müssen zu Gemeindeämtern wählbar sein; sie sollen insbesondere auch den Kreisen der freien Wohlfahrtspflege und, soweit möglich, auch den Vereinigungen der Fürsorgeberechtigten entnommen werden.

Spruchausschuß.

Art. 15. I Zur Beschlußfassung über Anträge Hilfsbedürftiger auf Fürsorgeleistungen ist ein Spruchausschuß zu bilden. Er besteht aus dem Vorsitzenden des Wohlfahrtsausschusses und nach Bestimmung des Wohlfahrtsausschusses aus drei oder sechs Beisitzern, die den Gruppen der Stadtratsmitglieder, der Vertreter der Vereinigungen der freien Wohlfahrtspflege und der Vertreter der Fürsorgeberechtigten in gleicher Zahl zu entnehmen sind. Die Beisitzer des Spruchausschusses und die erforderliche Zahl von Stellvertretern werden vom Wohlfahrtsausschuß auf die Dauer seiner Wahlzeit aus den Stadtratsmitgliedern des Wohlfahrtsausschusses, den Vertretern der Vereinigungen der freien Wohlfahrtspflege und der Kriegsbeschädigten und Kriegshinterbliebenen (Art. 13 Abs. I Ziff. 4, Abs. III) sowie aus den Mitgliedern des Ausschusses nach Art. 13 Abs. IV berufen. Für Angelegenheiten der Kriegsbeschädigten- und Kriegshinterbliebenenfürsorge sind die Vertreter der Fürsorgeberechtigten den Vertretern der Kriegsbeschädigten und Kriegshinterbliebenen zu entnehmen.

II Der Vorsitzende des Spruchausschusses kann über die Anträge Hilfsbedürftiger auf Fürsorgeleistungen eine Vorentscheidung treffen. Gegen die Vorentscheidung steht den Beteiligten binnen vierzehn Tagen, von der Zustellung an gerechnet, der Einspruch zum Spruchausschusse zu. Auf das Einspruchsrecht ist in der Vorentscheidung hinzuweisen.

III Für die Geschäftsführung des Spruchausschusses gelten die für den Wohlfahrtsausschuß maßgebenden Bestimmungen entsprechend. Der Vorsitzende des Spruchausschusses kann die Entscheidung der Staatsaufsichtsbehörde herbeiführen, sofern der Beschluß gesetzlichen Bestimmungen zuwiderläuft.

Vorsitzender. — Unterausschuß.

Art. 16. Der Wohlfahrtsausschuß kann die Verwaltung einzelner Aufgaben dem Vorsitzenden oder einem Unterausschuß übertragen, insoweit sie nicht dem Spruchausschusse vorbehalten sind. Für die Stadtratsmitglieder der Unterausschüsse gilt Art. 22 Abs. IV Satz 2 der Gemeindeordnung entsprechend. Außerdem sind bei der Zusammensetzung der Unterausschüsse, soweit möglich, die einzelnen Gruppen des Wohlfahrtsausschusses zu berücksichtigen.

b) Bezirksfürsorgeverbände der Bezirke.

Bezirksfürsorgeausschuß. — Gutachterausschuß.

Art. 17. I Der Bezirksfürsorgeverband des Bezirks wird von einem besonderen Ausschusse nach Art. 24 der Bezirksordnung (Bezirksfürsorgeausschuß) verwaltet. Der Bezirksamtsvorstand ist Vorsitzender und stimmberechtigtes Mitglied des Bezirksfürsorgeausschusses; er kann einen seiner Stellvertreter mit seiner ständigen Vertretung beauftragen.

II Art. 13 Abs. I Ziff. 1 und 4, Abs. II Satz 1, Abs. III, IV, V Satz 1, Abs. VI, VII, VIII Satz 1 bis 4 gelten entsprechend mit der Maßgabe, daß die Zahl der Vertreter der Vereinigungen der freien Wohlfahrtspflege ein Drittel der Bezirkstagsmitglieder beträgt. Die Vertreter der Vereinigungen der freien Wohlfahrtspflege und der Kriegsbeschädigten und Kriegshinterbliebenen sowie die Vertreter der Fürsorgeberechtigten nach Art. 13 Abs. IV müssen die Voraussetzungen der Wählbarkeit zum Bezirkstage mit Ausnahme des Erfordernisses eines sechsmonatigen Aufenthalts erfüllen und im Bezirk ihren Wohnsitz haben. Der Wohnsitz in einer unmittelbar benachbarten kreisunmittelbaren Gemeinde steht dem Wohnsitz im Bezirke gleich. Für die Mitglieder nach Satz 2 gelten die Bestimmungen der Bezirksordnung über Bezirkstagsmitglieder entsprechend.

III Weiter gehören dem Bezirksfürsorgeausschuß an je ein Pfarrer der Katholischen Kirche, der Evangelisch-lutherischen Kirche in Bayern rechts des Rheins, der reformierten Kirche in Bayern rechts des Rheins, der Vereinigten protestantisch-evangelisch-christlichen Kirche der Pfalz (Pfälzischen Landeskirche), soweit Pfarreien dieser Bekenntnisse im Bezirk oder in einer unmittelbar benachbarten kreisunmittelbaren Gemeinde oder soweit Tochtergemeinden auswärtiger Pfarreien dieser Bekenntnisse im Bezirk ihren Sitz haben. Art. 13 Abs. II Satz 2 und 4 gelten entsprechend.

Spruchausschuß. — Vorsitzender. — Unterausschuß.

Art. 18. Art. 15 und 16 gelten entsprechend.

c) Bezirksfürsorgeverbände der mittelbaren Gemeinden (Ortsfürsorgeverbände).

Ortsfürsorgeausschuß. — Erweiterter Ortsfürsorgeausschuß. — Spruchausschuß u. dgl.

Art. 19. I Der Bezirksfürsorgeverband der mittelbaren Gemeinde (Ortsfürsorgeverband) wird von einem beschließenden Ausschusse nach Art. 22 Abs. II der Gemeindeordnung (Ortsfürsorgeausschuß) verwaltet. Dem Ortsfürsorgeausschusse gehören neben dem ersten Bürgermeister und den Gemeinderatsmitgliedern an:

1. der Bezirksarzt, wenn er in der Gemeinde seinen Sitz hat;
2. die Pfarrer der Katholischen Kirche, der Evangelischen-lutherischen Kirche in Bayern rechts des Rheins, der reformierten Kirche in Bayern rechts des Rheins, der Vereinigten protestantisch-evangelisch-christlichen Kirche der Pfalz (Pfälzischen Landeskirche), soweit die Pfarreien in der Gemeinde ihren Sitz haben oder soweit Pfarreien mit auswärtigem Sitze mindens ein Viertel der Wohnbevölkerung der Gemeinde umfassen;
3. der Rabbiner, wenn ein solcher in der Gemeinde seinen Sitz hat, andernfalls ein abgeordnetes Mitglied der israelitischen Kultusverwaltung (in der Pfalz des Synagogen-Ausschusses), wenn eine solche in der Gemeinde ihren Sitz hat.

II Die Stellvertreter im Pfarramte sowie die mit vollen pfarrlichen Rechten ausgestatteten Seelsorgegeistlichen stehen den Pfarrern gleich. In Gemeinden, die ganz oder teilweise zu einem Seelsorgebezirke gehören, für den ein eigener Geistlicher bestellt ist, kann die kirchliche Oberbehörde diesen an Stelle des nach Abs. I Ziff. 2 berufenen Pfarrers in den Ortsfürsorgeausschuß abordnen. Sind in einer Pfarrei mehrere Pfarrer angestellt, so bestimmt die kirchliche Oberbehörde das Mitglied. Sind in der Gemeinde mehrere Rabbiner angestellt, so bestimmt die israelitische Kultusverwaltung, in der Pfalz der Synagogen-Ausschuß, das Mitglied.

III Zur Beschlußfassung über Anträge Hilfsbedürftiger auf Fürsorgeleistungen sind zum Ortsfürsorgeausschuß als Vertreter der Fürsorgeberechtigten weitere stimmberechtigte Mitglieder, insbesondere auch aus den Kreisen der freien Wohlfahrtspflege beizuziehen. Ihre Zahl wird vom Gemeinderate bestimmt; sie darf ein Drittel der Gemeinderatsmitglieder des Ortsfürsorgeausschusses nicht übersteigen. Die Vertreter und ebensoviele Stellvertreter werden vom Gemeinderat auf die Dauer seiner Wahlzeit berufen; sie müssen zu Gemeindeämtern wählbar sein; für sie gelten die Vorschriften der Gemeindeordnung über ehrenamtliche Gemeinderatsmitglieder entsprechend. Bei der Aufstellung von Richtlinien für die Durchführung der Fürsorge sind diese Mitglieder gutachtlich zu hören.

IV Der Gemeinderat kann die Beschlußfassung über Anträge Hilfsbedürftiger auf Fürsorgeleistungen einem Spruchausschuß übertragen. Dieser besteht aus dem Vorsitzenden des Gemeindefürsorgeausschusses[1]) und zwei oder vier Beisitzern, die je zur Hälfte den Mitgliedern nach Abs. I und III zu entnehmen sind. Die Beisitzer und die erforderliche Zahl von Stellvertretern werden vom Ortsfürsorgeausschuß auf die Dauer seiner Wahlzeit berufen. Art. 15 Abs. II und III gelten entsprechend.

V Den Vorsitz im Ortsfürsorgeausschusse führt im rechtsrheinischen Bayern in den Städten und in Gemeinden mit mehr als 2000 Einwohnern sowie in den Gemeinden der Pfalz der erste Bürgermeister, in den anderen Gemeinden der Pfarrer, von mehreren Pfarrern der des überwiegenden Bekenntnisses, dessen Pfarrei die meisten Angehörigen dieses Bekenntnisses in der Gemeinde umfaßt. Die Vorschriften der Gemeindeordnung über die Rechtsstellung des ersten Bürgermeisters gelten für den Pfarrer als Vorsitzenden entsprechend. Soweit der Vorsitz einem Pfarrer zukommt, ist der erste Bürgermeister Stellvertreter des Vorsitzenden.

VI Art. 13 Abs. IX und Art. 16 gelten entsprechend.

d) Landesfürsorgeverbände der Kreise.

Kreisfürsorgeausschuß usw.

Art. 20. I Der Landesfürsorgeverband des Kreises wird von einem besonderen Ausschusse nach Art. 27 der Kreisordnung (Kreisfürsorgeausschuß) verwaltet. Als Vorsitzender und als Stellvertreter werden höhere Beamte der inneren Verwaltung vom Staatsministerium des Innern bestimmt. Der Vorsitzende ist stimmberechtigtes Mitglied des Kreisfürsorgeausschusses.

II Zur Beschlußfassung über grundsätzliche Fragen der den Kreisen als Landesfürsorgeverbänden obliegenden Aufgaben sind zum Kreisfürsorgeausschuß als weitere stimmberechtigte Mitglieder beizuziehen:

---

[1]) soll heißen: „Ortsfürsorgeausschusses" (Redaktionsversehen!)

1. Vertreter der im Kreise tätigen Vereinigungen der freien Wohlfahrtspflege;
2. je ein Mitglied eines Wohlfahrtsausschusses und eines Bezirksfürsorgeausschusses (Art. 13 und 17) der zum Kreise gehörigen Bezirksfürsorgeverbände.

III Die Zahl der Mitglieder nach Abs. II Ziff. 1 beträgt ein Drittel der Kreistagsmitglieder des Kreisfürsorgeausschusses. Der Kreistag beruft diese Mitglieder und ebensoviele Stellvertreter auf die Dauer seiner Wahlzeit nach den Vorschlägen der Vereinigungen. Art. 13 Abs. VI gilt entsprechend. Die Mitglieder müssen zum Kreistage wählbar sein; für sie gelten die Bestimmungen der Kreisordnung über Kreistagsmitglieder entsprechend.

IV Die Mitglieder nach Abs. II Ziff. 2 und ebensoviele Stellvertreter werden vom Kreistag auf die Dauer seiner Wahlzeit berufen.

V Art. 16 gilt entsprechend.

e) Gemeinsame Bestimmungen.

Beratende Mitglieder.

Art. 21. Die Fürsorgeausschüsse (Art. 13, 17, 19 und 20) können weitere Personen als beratende Mitglieder beiziehen.

Vertretung. Geschäftsführung.

Art. 22. I Die Fürsorgeausschüsse vertreten vorbehaltlich der Zuständigkeit des Spruchausschusses in den Angelegenheiten der öffentlichen Fürsorge die Gemeinde, den Bezirk, den Kreis als Bezirks- und Landesfürsorgeverband. Für die Führung der Geschäfte der Bezirksfürsorgeverbände sowie für die Vertretung ihrer Ausschüsse nach außen gelten die Bestimmungen der Gemeindeordnung und Bezirksordnung entsprechend. Soweit gemäß Art. 19 Abs. V der Vorsitz im Ortsfürsorgeausschuß einem Pfarrer zukommt, tritt dieser an die Stelle des ersten Bürgermeisters. Die Vorsitzenden der Kreisfürsorgeausschüsse führen die Geschäfte der Landesfürsorgeverbände der Kreise und vertreten die Kreisfürsorgeausschüsse nach außen.

II Die Fürsorgeausschüsse und die Spruchausschüsse verwalten die öffentliche Fürsorge im Rahmen des vom Gemeinderate, Bezirkstage, Kreistage genehmigten Haushaltes. Vor der Feststellung des Voranschlages ist den Fürsorgeausschüssen Gelegenheit zur Stellungnahme zu geben.

Fürsorgebedarf.[1])

Art. 23. I Für die Deckung des Fürsorgebedarfes sind von den Fürsorgeverbänden zunächst zu verwenden:

---

[1]) S. dazu Art. 28 des Gemeindeabgabengesetzes i. d. F. der Bek. vom 1. Sept. 1931 (GVBl. S. 230), welcher lautet:

„Die Bezirke können für den Aufwand, den sie als Bezirksfürsorgeverbände nach Art. 1, 3, 6 Abs. V und 11 des Fürsorgegesetzes vom

1. die Nutzungen des für Fürsorgezwecke ausgeschiedenen Vermögens der Gemeinden, Bezirke und Kreise;
2. die stiftungsgemäß für die öffentliche Fürsorge bestimmten Erträgnisse von Wohltätigkeitsstiftungen;
3. die der öffentlichen Fürsorge, insbesondere der allgemeinen Fürsorge (Armenfürsorge) gesetzlich zugewiesenen Einnahmen;
4. die besonderen für die öffentliche Fürsorge, insbesondere die allgemeine Fürsorge (Armenfürsorge) bestimmten Abgaben;
5. sonstige außerordentliche Einnahmen.

II Soweit die in Abs. I bezeichneten Einnahmen der Fürsorgeverbände nicht ausreichen, ist der Mehrbedarf nach den für den Gemeinde-, Bezirks- und Kreisbedarf geltenden Grundsätzen aufzubringen.

Personalbedarf und Räume.

Art. 24. Zur Erledigung der Aufgaben der Bezirke als Bezirksfürsorgeverbände und der Kreise als Landesfürsorgeverbände werden Beamte und Räume des Bezirksamtes sowie der Kreisregierung zur Verfügung gestellt, soweit und solange die Geschäftsverhältnisse dies gestatten.

f) Kriegsbeschädigten- und Kriegshinterbliebenenfürsorge.

Art. 25. I Die Hauptfürsorgestelle für Kriegsbeschädigte und Kriegshinterbliebene vertritt den Staat als Landesfürsorgeverband. Die Kreisfürsorgestellen für Kriegsbeschädigte und Kriegshinterbliebene bei den Kreisregierungen sind Zweigstellen der Hauptfürsorgestelle.

II Den Beiräten und Schwerbeschädigtenausschüssen bei der Hauptfürsorgestelle und den Kreisfürsorgestellen obliegen die reichsrechtlich zugewiesenen Aufgaben; die Beiräte sind insbesondere in grundsätzlichen Fragen und bei der Aufstellung von Richtlinien der Kriegsbeschädigten- und Kriegshinterbliebenenfürsorge zu hören.

III Die näheren Bestimmungen über Einrichtung, Zuständigkeit und Geschäftsgang der Hauptfürsorgestelle und der Kreisfürsorgestellen sowie der Beiräte und Schwerbeschädigtenausschüsse werden vom Staatsministerium des Innern erlassen.

IV Die Aufgaben der amtlichen Fürsorgestellen im Sinne des § 9 der Reichsverordnung über die soziale Kriegsbeschädigten- und Kriegshinterbliebenenfürsorge vom 8. Februar 1919 (RGBl. Seite 187) werden von den Bezirksfürsorgeverbänden erledigt. Das Staatsministerium des Innern kann einzelne Geschäfte den Vorsitzenden der Wohlfahrtsausschüsse (Bezirksfürsorgeausschüsse) oder den Bezirksverwaltungsbehörden zur Erledigung übertragen und kann das Aufsichtsrecht der Hauptfürsorgestelle regeln.

---

14. März 1930 endgültig zu tragen haben, von der Gemeinde, in deren Gebiet die endgültige Fürsorgepflicht für den Hilfsbedürftigen begründet ist, bis zu 30 vom Hundert Ersatz verlangen".

g) Beteiligung der freien Wohlfahrtspflege.

Art. 26. I Die nach § 5 Abs. 1 und 4 RFV. dem Lande zustehenden Befugnisse werden vom Staatsministerium des Innern ausgeübt.

II Überträgt der Fürsorgeverband nach § 5 Abs. 2 RFV. einzelne seiner Aufgaben an Verbände oder Einrichtungen der freien Wohlfahrtspflege, so ist die Zustimmung der Staatsaufsichtsbehörde erforderlich; diese kann die Zustimmung gemäß § 5 Abs. 2 Satz 2 Halbsatz 2 RFV. zurücknehmen.

IV. Umfang der Fürsorge.

Art. 27. Das Staatsministerium des Innern trifft im Rahmen der reichsrechtlichen Vorschriften die Bestimmungen über Voraussetzung, Art und Maß der zu gewährenden Fürsorge.

V. Kostenersatz.

Art. 28. Das Staatsministerium des Innern kann Tarife für den Kostenersatz zwischen bayerischen Fürsorgeverbänden aufstellen.

VI. Staatsaufsicht und Streitverfahren.

Selbstverwaltung. Staatsaufsicht.

Art. 29. I Die Aufgaben der Bezirksfürsorgeverbände und der Landesfürsorgeverbände der Kreise sind Angelegenheiten der Selbstverwaltung der Gemeinden, Bezirke und Kreise.

II Die Vorschriften der Gemeindeordnung, Bezirksordnung und Kreisordnung für die Staatsaufsicht über die Gemeinden, Bezirke und Kreise gelten für die Bezirksfürsorgeverbände und die Landesfürsorgeverbände der Kreise entsprechend. Die Staatsaufsicht über die Landesfürsorgeverbände der Kreise wird unter der Leitung des Staatsministeriums des Innern von den Kreisregierungen geführt.

Hilfsbedürftigenbeschwerde.

Art. 30. Gegen die Ablehnung der Fürsorge sowie gegen die Festsetzung ihrer Art und Höhe durch den Fürsorgeverband ist binnen vierzehn Tagen, von der Zustellung des Bescheides an gerechnet, Beschwerde zur Staatsaufsichtsbehörde zulässig. Diese entscheidet endgültig. In Angelegenheiten der Fürsorge für Kriegsbeschädigte und Kriegshinterbliebene ist die Kreisfürsorgestelle vor der Entscheidung zu hören.

Fürsorgeverbandsstreit.

Art. 31.[1]) Bei Streit zwischen Fürsorgeverbänden über die Durchführung der öffentlichen Fürsorge entscheidet die dem beklagten Fürsorgeverbande zunächst vorgesetzte Staatsaufsichtsbehörde. Gegen deren Bescheid steht den beteiligten Fürsorgeverbänden die Beschwerde zum

---

[1]) Übergangsrecht Art. 55.

Verwaltungsgerichtshofe nach den hierfür geltenden Vorschriften zu, soweit nicht nach Reichsrecht das Bundesamt für das Heimatwesen zuständig ist. Für das Verfahren gilt Art. 45 des Gesetzes über die Errichtung eines Verwaltungsgerichtshofes und das Verfahren in Verwaltungsrechtssachen.

Vollstreckung der Ausweisung.

Art. 32. Die Anordnung nach § 56 Abs. 1 und die Entscheidungen nach § 58 Abs. 2 des Reichsgesetzes über den Unterstützungswohnsitz [1]) werden von der Staatsaufsichtsbehörde getroffen, die dem Bezirksfürsorgeverbande des Aufenthaltsortes zunächst vorgesetzt ist. Für die Berufung nach § 56 Abs. 2 und 3 des Reichsgesetzes über den Unterstützungswohnsitz gilt Art. 31 Satz 2 und 3.

Weitere Streitfälle.

Art. 33. I Art. 31 gilt auch bei Streit über

1. die Ersatzpflicht nach Art. 47 [2]),
2. die Ersatzansprüche von Personen, die ohne Rechtspflicht und ohne Auftrag eines Fürsorgeverbandes Hilfe geleistet haben (Art. 48),
3. die Ersatzpflicht des Staates nach Art. 5 Abs. VI.

II In den Fällen des Abs. I Ziff. 1 und 3 ist im ersten Rechtszuge die Staatsaufsichtsbehörde zuständig, die dem klagenden Fürsorgeverbande zunächst vorgesetzt ist.

VII. Besondere Aufgaben der Wohlfahrtspflege.

a) Wandererfürsorge.

Träger.

Art. 34. I Die kreisunmittelbaren Gemeinden und Bezirke haben, soweit erforderlich, Einrichtungen zu treffen, um bedürftigen arbeitsuchenden Wanderern gegen Arbeitsleistung vorübergehend Obdach und Beköstigung zu gewähren.

II Kreisunmittelbare Gemeinden und Bezirke können sich zur gemeinsamen Erfüllung der Aufgabe nach Abs. I zu Zweckverbänden zusammenschließen [3]) (Art. 133 bis 138 der Gemeindeordnung und Art. 45 Ziff. 2 der Bezirksordnung). Die Bildung solcher Zweckverbände kann angeordnet werden; hierfür gilt Art. 3 Abs. II entsprechend.

III Zu dem durch Umlagen zu deckenden Aufwand einer bezirksangehörigen kreisunmittelbaren Gemeinde sind die Umlagenpflichtigen

---

[1]) abgedruckt S. 38.

[2]) die Ziff. 1 wird nunmehr auf die Ersatzansprüche nach §§ 25 und 25 a RFV. i. d. F. der V. v. 5. Juni 1931 (RGBl. I S. 279, 305) auszudehnen sein; das Landesgesetz fehlt noch. Art. 47 FürsG. ist durch § 25 RFV. gegenstandslos geworden.

[3]) Mustersatzung s. Entschl. des Staatsministeriums des Innern vom 4. Febr. 1932 (MABl. S. 11), abgedruckt S. 146.

dieser Gemeinde, zu dem des Bezirkes die Umlagenpflichtigen der übrigen Gemeinden heranzuziehen. An der Verwaltung der Einrichtungen des Bezirkes nehmen Mitglieder des Bezirkstages, die in der kreisunmittelbaren Gemeinde ihren Wohnsitz haben, nicht teil; die übrigen Mitglieder des Bezirkstages und Bezirksausschusses bilden für diese Angelegenheiten den Bezirkstag und Bezirksausschuß.

Durchführungsbestimmungen.

Art. 35. Das Staatsministerium des Innern kann zur Durchführung der Wandererfürsorge über die Regelung des Wandererwesens, insbesondere über die Einrichtung und den Betrieb der Wandererarbeitsstätten, die Voraussetzungen der Wandererfürsorge, die Führung von Wanderausweisen und die Einhaltung von Wanderstraßen Bestimmung[1]) treffen.

Kostenersatz.

Art. 36. Die Kreise ersetzen den kreisunmittelbaren Gemeinden und den Bezirken sowie den Zweckverbänden nach Art. 34 Abs. II zwei Drittel ihres aus eigenen Einnahmen der Einrichtungen nicht gedeckten Betriebsaufwandes. Der Staat ersetzt den Kreisen die Hälfte ihres Aufwandes[2]).

b) Fürsorge für Geschlechtskranke.

Art. 37. Die Behandlung geschlechtskranker Minderbemittelter, die keinen Anspruch auf anderweitige ärztliche Behandlung haben oder denen die Behandlung auf Grund einer Versicherung wirtschaftliche Nachteile bringen könnte (§ 2 Abs. 2 des Reichsgesetzes zur Bekämpfung der Geschlechtskrankheiten vom 18. Februar 1927, RGBl. I S. 61), wird durch Fürsorgestellen sichergestellt, die von Arbeitsgemeinschaften errichtet werden. Kreisunmittelbare Gemeinden und Bezirke können durch die Staatsaufsichtsbehörde zum Beitritte zu Arbeitsgemeinschaften und zur anteilsmäßigen Beteiligung an den Kosten angehalten werden. Das Staatsministerium des Innern kann nähere Bestimmungen hierüber allgemein oder für einzelne Arbeitsgemeinschaften erlassen. Art. 34 Abs. III gilt entsprechend.

VIII. Arbeitspflicht.

Arbeitszwang.

Art. 38. [I] Die Unterbringung nach § 20 RFV. ist auch gegenüber arbeitsfähigen Personen zulässig, die infolge ihres sittlichen Verschuldens sich selbst oder einen Unterhaltsberechtigten der naheliegenden Gefahr aussetzen, der öffentlichen Fürsorge anheimzufallen, wenn sie

---

[1]) Bestimmungen über Wanderbücher s. S. 143; die übrigen Bestimmungen fehlen noch.

[2]) Über das Ersatzleistungsverfahren s. MinBek. v. 16. Juni 1931 (MABl. S. 45), abgedruckt S. 138.

Arbeit beharrlich ablehnen oder sich der Unterhaltspflicht beharrlich entziehen. Die Unterbringung nach § 20 RFV. ist nur zulässig gegenüber Personen im Alter von mindestens achtzehn Jahren.

II Die Unterbringung ist nur in den vom Staatsministerium des Innern anerkannten Anstalten[1]) zulässig. Statt der Unterbringung in einer Arbeitsanstalt ist auch die Beschäftigung in einer Arbeitseinrichtung oder die Unterbringung in einer Erziehungs- oder Heilanstalt, insbesondere einer Trinkerheilanstalt zulässig, in der die Beschäftigung mit angemessener Arbeit möglich ist; Satz 1 gilt entsprechend. Die untergebrachte Person ist verpflichtet für Rechnung des Fürsorgeverbandes die ihr angewiesene Arbeit nach dem Maß ihrer Kräfte zu verrichten.

III Über den Antrag auf Unterbringung beschließt die Bezirksverwaltungsbehörde des Ortes, in dem die unterzubringende Person zur Zeit der Antragstellung wohnt oder sich in Ermangelung einer Wohnung befindet. Beteiligt am Verfahren ist der endgültig verpflichtete Fürsorgeverband auch dann, wenn er nicht selbst den Antrag gestellt hat. Die unterzubringende Person muß gehört werden; ihre Vorführung kann angeordnet werden. Im Beschluß ist die Dauer der Unterbringung festzusetzen; sie darf bei erstmaliger Unterbringung ein Jahr, bei wiederholter Unterbringung drei Jahre nicht überschreiten.

IV Bestreitet die unterzubringende Person die Unterhaltspflicht, deren Vernachlässigung ihr zur Last gelegt wird, so kann das Verfahren ausgesetzt werden, bis über die Unterhaltspflicht im ordentlichen Rechtswege rechtskräftig entschieden ist.

V Gegen den Beschluß der Bezirksverwaltungsbehörde steht den Beteiligten binnen vierzehn Tagen, gerechnet von der Zustellung des Bescheides an, die Beschwerde zur Kreisregierung zu; diese entscheidet im verwaltungsgerichtlichen Verfahren endgültig. Die Beschwerde bewirkt keinen Aufschub. Die Bezirksverwaltungsbehörde und die Kreisregierung können die Vollstreckung auf Antrag oder von sich aus bis zur endgültigen Entscheidung aussetzen; vor der Aussetzung ist der Antragsteller zu hören.

Gerichtliche Entscheidungen über die Unterhaltspflicht.

Art. 39. Im Falle der Unterbringung wegen Vernachlässigung der Unterhaltspflicht sind die Verwaltungsbehörden an rechtskräftige gerichtliche Entscheidungen oder einstweilige Verfügungen über die Unterhaltspflicht gebunden, auch wenn diese erst nach der Einleitung oder nach dem Abschlusse des Verfahrens ergehen.

Vollstreckung.

Art. 40. I Die Vollstreckung des Beschlusses steht der Bezirksverwaltungsbehörde zu, die über die Unterbringung im ersten Rechtszuge beschlossen hat (Vollstreckungsbehörde).

---

[1]) In Bayern sind noch keine Anstalten anerkannt.

II Ist die Unterbringung wegen Vernachlässigung der Unterhaltspflicht angeordnet und bestreitet die in Anspruch genommene Person die Unterhaltspflicht im ordentlichen Rechtswege, so ist in der Regel die Vollstreckung des Unterbringungsbeschlusses auszusetzen und eine bereits vollzogene Unterbringung zu unterbrechen, bis die Unterhaltspflicht rechtskräftig festgestellt ist.

Entlassung u. Widerruf (Art. 41—43).

Art. 41. Die Entlassung aus der Anstalt oder Arbeitseinrichtung ist von der Vollstreckungsbehörde vorzeitig zu verfügen, wenn die Voraussetzungen der Unterbringung oder Beschäftigung weggefallen sind oder ihr Zweck erreicht ist.

Art. 42. I Die Vollstreckungsbehörde kann die untergebrachte Person widerruflich vorläufig entlassen; sie soll sie vorläufig entlassen, wenn sie sich wenigstens drei Monate lang einwandfrei geführt hat und wenn angenommen werden kann, daß für sie eine zureichende Fortkommensmöglichkeit besteht.

II Der Widerruf ist zulässig, wenn die Voraussetzungen der Unterbringung erneut gegeben sind. Ist nach der vorläufigen Entlassung ein Jahr verstrichen, so ist der Widerruf ausgeschlossen.

Art. 43. Für die Entlassung und den Widerruf der Entlassung (Art. 41 und 42) gelten die Bestimmungen über das Verfahren zur Anordnung der Unterbringung entsprechend.

Kosten.

Art. 44. I Die Kosten der Unterbringung sind zunächst aus dem Arbeitsverdienste zu decken. Aus dem Überschuß ist die vom Fürsorgeverband an unterhaltsberechtigte Angehörige der untergebrachten Person für die Zeit der Unterbringung gewährte Unterstützung zu erstatten. Den Rest erhält die untergebrachte Person bei der Entlassung.

II Soweit die Kosten der Unterbringung aus dem Arbeitsverdienst oder sonstigem Einkommen oder aus Vermögen der untergebrachten Person nicht gedeckt werden können, trägt sie der für die untergebrachte Person endgültig verpflichtete Fürsorgeverband.

Haus- u. Arbeitsordnungen.

Art. 45. Für Anstalten im Sinne des Art. 38 Abs. II sind Hausordnungen, für die Arbeitseinrichtungen Arbeitsordnungen aufzustellen. Sie müssen Bestimmungen über Aufnahme und Behandlung, Arbeit und Arbeitsverdienst, Hausstrafen sowie über die Berechnung der Unterbringungskosten treffen und bedürfen der Genehmigung des Staatsministeriums des Innern.

IX. Unterhalts- und Ersatzpflicht.

Art. 46. Die Beschlußfassung nach § 23 RFV. obliegt der Bezirksverwaltungsbehörde des Ortes, an dem der Unterhalts- oder Ersatzpflichtige wohnt oder in Ermangelung einer Wohnung sich befindet[1]). Der Unterhalts- oder Ersatzpflichtige ist, soweit möglich, vor der Beschlußfassung zu hören. Die Bezirksverwaltungsbehörde beschließt endgültig vorbehaltlich des ordentlichen Rechtsweges.

Ersatzpflicht des Hilfsbedürftigen.

Art. 47[2]). I *Personen, die trotz genügender eigener Mittel von einem Fürsorgeverband unterstützt worden sind oder binnen zehn Jahren nach Empfang einer Fürsorgeleistung ein Einkommen oder Vermögen erlangt haben, das ihnen, unbeschadet der Sicherstellung ihres eigenen Lebensunterhaltes und des Lebensunterhaltes der ihnen gegenüber unterhaltsberechtigten Personen, die Erstattung ermöglicht, sind vorbehaltlich anderer reichsrechtlicher Bestimmungen zum Ersatze verpflichtet.*

II *Der Fürsorgeverband kann für Fürsorgeleistungen, die in den letzten zehn Jahren vor dem Tode des Unterstützten gewährt worden sind, auch Ersatz aus dem Nachlasse verlangen, es sei denn, daß dies eine unbillige Härte gegenüber Erben, Pflichtteilsberechtigten, Vermächtnisnehmern oder Auflagenberechtigten bedeuten würde. Der Ersatzanspruch kann nicht zum Nachteil anderer Nachlaßgläubiger geltend gemacht werden; Verbindlichkeiten aus Pflichtteilsrechten, Vermächtnissen und Auflagen bleiben außer Betracht. Trifft der Ersatzanspruch des Fürsorgeverbandes mit dem Ersatzanspruch einer öffentlichen Wohltätigkeitsanstalt zusammen, die den Verstorbenen in den letzten zehn Jahren vor dem Tod unterstützt oder unentgeltlich verpflegt hat (Art. 101 des Ausführungsgesetzes zum Bürgerlichen Gesetzbuche), so kann er auch nicht zum Nachteile dieses Anspruches geltend gemacht werden.*

X. Gemeinsame Bestimmungen.

Privathilfe.

Art. 48. I Wer ohne Rechtspflicht und ohne Auftrag eines Fürsorgeverbandes einem Hilfsbedürftigen Hilfe leistet, hat gegen den vorläufig verpflichteten Bezirksfürsorgeverband Anspruch auf Ersatz des gebotenen Aufwandes, wenn der Bezirksfürsorgeverband der Gemeinde, in dessen Bezirke sich der Hilfsbedürftige bei Eintritt der Hilfsbedürftigkeit befindet, von der Hilfeleistung binnen drei Tagen nach ihrem Beginne Kenntnis erhalten hat und wenn die Hilfe so dringend gewesen ist, daß die vorherige Anzeige beim Bezirksfürsorgeverbande nicht möglich war. Geht die Anzeige diesem nicht innerhalb der Frist zu, so ist nur die Hilfe ersatzfähig, die nach Eingang der Anzeige geleistet worden ist.

---

[1]) an Stelle dieser Bestimmung über die örtliche Zuständigkeit ist durch die V. vom 5. Juni 1931 (RGBl. I S. 279, 305) die Zuständigkeit des Sitzes des Fürsorgeverbandes getreten, § 23 Abs. 2 RFV. i. d. F. vom 5. Juni 1931.

[2]) Art. 47 ist durch die reichsrechtl. Bestimmung des § 25 RFV. i. d. F. vom 5. Juni 1931 außer Kraft getreten, Art. 13 Abs. 1 der Reichsverfassung.

II Für Ärzte, Apotheker und Krankenanstalten gilt Abs. I nicht, soweit die Fürsorgeverbände mit ihnen andere Vereinbarungen getroffen haben. Hat der Arzt oder die Krankenanstalt die Anzeige erstattet, so erstreckt sich die Ersatzpflicht des Fürsorgeverbandes auch auf Heilmittel, die der Apotheker auf ärztliche Verordnung abgegeben hat, sowie auf Dienste, die niederärztliche Berufspersonen auf ärztliche Anordnung geleistet haben. Für Dienstleistungen, zu denen die Hebammen nach ihrer Dienstanweisung [1]) verpflichtet sind, beträgt die Anzeigefrist sechs Wochen.

III Das Staatsministerium des Innern kann weitere Ausnahmen von Abs. I zulassen.

Gebühren- u. Stempelfreiheit.

Art. 49. Die Fürsorgeverbände genießen, soweit sie im Vollzuge der Reichsverordnung über die Fürsorgepflicht und dieses Gesetzes tätig werden, vor den Gerichten und Verwaltungsbehörden Gebühren- und Stempelfreiheit [2]).

Entmündigung.

Art. 50. Die Fürsorgeverbände können die Entmündigung wegen Verschwendung oder wegen Trunksucht beantragen, wenn zu befürchten ist, daß die zu entmündigende Person oder ihre Familie der öffentlichen Fürsorge zur Last fallen.

Wohnungszutritt.

Art. 51. Beauftragten der Fürsorgeverbände und der Staatsaufsichtsbehörden darf der Eintritt in die Wohnung der zu unterstützenden oder unterstützten Hilfsbedürftigen nicht verweigert werden.

Art. 52. Kreisregierung im Sinne dieses Gesetzes ist die Regierung, Kammer des Innern.

XI. Übergangs- und Schlußbestimmungen.

Abänderung von Gesetzen.

Art. 53. I Das Gesetz ist dringend; es tritt am 1. April 1930 in Kraft.

II Gleichzeitig treten das Armengesetz vom 21. August 1914 (GVBl. Seite 551), die vorläufige Ausführungsverordnung vom 27. März 1924 (GVBl. Seite 126) zur Reichsverordnung über die Fürsorgepflicht und die Verordnung vom 12. Januar 1925 (GVBl. Seite 39) über die Verwaltung der Fürsorgeverbände nach der Reichsverordnung über die Fürsorgepflicht außer Kraft.

---

[1]) InnMBek. v. 4. Mai 1926 Nr. 5133 a 35 (Sonderdruck im Verlag der Bayer. [süddeutschen] Hebammenzeitung Ernst Reinhardt in München erschienen); s. auch InnME. v. 4. Mai 1926 (GVBl. S. 55).

[2]) s. jetzt auch die Neufassung des § 28 RFV. durch die V. v. 5. Juni 1931.

III Die nachfolgenden Bestimmungen bleiben weiterhin in Gültigkeit:

1. folgende durch Art. 95 des Armengesetzes in das Ausführungsgesetz zum Bürgerlichen Gesetzbuche vom 9. Juni 1899 unter der Überschrift „Eheschließung von Ausländern" als Art. 91 a eingestellte Vorschrift:

„Nichtdeutsche beiderlei Geschlechts, die in Bayern eine Ehe schließen wollen, haben dem Standesbeamten, der das Aufgebot anordnet, ein Zeugnis der zuständigen Behörde ihres Heimatstaates darüber vorzulegen, daß dieser kein Ehehindernis bekannt ist.

Männliche Nichtdeutsche haben außerdem ein Zeugnis der zuständigen Behörde ihres Heimatstaates darüber vorzulegen, daß sie ihre Staatsangehörigkeit durch die Eheschließung nicht verlieren und daß sie die Staatsangehörigkeit auf die Ehefrau sowie auf die ehelichen und die durch die Ehe legitimierten Kinder übertragen.

Die Staatsregierung kann Vorschriften darüber erlassen, wie die Zuständigkeit der Behörde nachzuweisen ist, die das Zeugnis nach Abs. I, II ausgestellt hat.

Von Abs. I und II kann im einzelnen Falle oder für Angehörige bestimmter ausländischer Staaten allgemein Befreiung gewährt werden. Zuständig ist zur Befreiung von Abs. I das Staatsministerium der Justiz, von Abs. II das Staatsministerum des Innern."

2. folgende durch Art. 100 des Armengesetzes in das Beamtengesetz vom 16. August 1908 nach Art. 206 eingestellte Vorschrift:

„Abschnitt XI a.

Fürsorge für vormalige unwiderrufliche Beamte, ihre Familien und Hinterbliebenen.

Art. 206 a.

Bei nachgewiesener Bedürftigkeit können vormaligen unwiderruflichen Beamten mit Einschluß der Beamten der Militärverwaltung, die den Anspruch auf Ruhegehalt durch freiwilliges Ausscheiden aus dem Dienste oder infolge strafgerichtlichen Urteils verloren haben, sowie ihren Familien oder Hinterbliebenen durch Königliche Entschließung widerrufliche Unterhaltsbeiträge gewährt werden. Dabei gilt Art. 110 Abs. III entsprechend."

3. folgende durch Art. 102 des Armengesetzes geschaffene Vorschrift:

„Art. 206 a des Beamtengesetzes vom 19. August 1908 (Art. 100 dieses Gesetzes[1])) gilt entsprechend für vormalige nach der Verfassungsurkunde Beil. IX definitiv angestellte

---

[1]) nämlich des Armengesetzes vom 21. August 1914.

Beamte, für die vor dem Inkrafttreten des Beamtengesetzes ausgeschiedenen oberen Beamten der Militärverwaltung, für Offiziere, Sanitätsoffiziere, Veterinäroffiziere und Notare. Für Offiziere und Sanitätsoffiziere gilt Art. 206 a des Beamtengesetzes entsprechend auch im Falle des Ausscheidens ohne Pension auf Grund ehrengerichtlichen Spruches, für Notare auch im Falle der Dienstentlassung zufolge dienststrafrechtlichen Urteils."

4. Das Aufenthaltsgesetz vom 21. August 1914 (GVBl. 1915 Seite 590).

IV Die auf Grund der Verordnung vom 12. Januar 1925 bestellten Verwaltungskörper der Fürsorgeverbände versehen die den Fürsorgeverbänden obliegenden Aufgaben bis zur Übernahme der Geschäfte durch die nach gegenwärtigem Gesetze berufenen Verwaltungskörper.

Deutsche Rückwanderer.

Art. 54. Ist in den Fällen des Art. 5 die endgültige Verpflichtung eines Landesfürsorgeverbandes zur Fürsorge vor dem Inkrafttreten dieses Gesetzes durch Anerkennung, rechtskräftige Entscheidung oder Bestimmung des Staatsministeriums des Innern festgestellt, so bleibt er bis zur Beendigung der Hilfsbedürftigkeit endgültig verpflichtet.

Fürsorgeverbandsstreit im Übergangsrecht.

Art. 55. I Soweit Streitigkeiten zwischen bayerischen Fürsorgeverbänden über die öffentliche Unterstützung Hilfsbedürftiger durch die Staatsaufsichtsbehörde vor dem Inkrafttreten dieses Gesetzes entschieden sind, erledigt diese Entscheidung endgültig das Verfahren. Ist jedoch innerhalb einer Frist von vier Wochen, von der Zustellung der Entscheidung an gerechnet, Beschwerde erhoben worden, über die beim Inkrafttreten dieses Gesetzes noch nicht entschieden ist, so ist über sie vom Verwaltungsgerichtshofe nach Maßgabe des gegenwärtigen Gesetzes zu entscheiden.

II Abs. I gilt für Streitigkeiten nach Art. 75 des Armengesetzes und Art. 8 Abs. II der vorläufigen Ausführungsverordnung vom 27. März 1924 zur Reichsverordnung über die Fürsorgepflicht entsprechend.

Änderung des Verwaltungsgerichtsgesetzes.

Art. 56. Das Gesetz über die Errichtung eines Verwaltungsgerichtshofes und das Verfahren in Verwaltungsrechtssachen vom 8. August 1878 (GVBl. Seite 369) wird dahin geändert:

I Art. 8 Ziff. 33 erhält folgende Fassung:

Wahlrecht und Wählbarkeit zu Gemeindeämtern und Wahlrecht zum Bezirkstag und Kreistag, vorbehaltlich der Bestimmungen der Gemeindeordnung, Bezirksordnung und Kreisordnung.

II Art. 9 a Abs. II Ziff. 1 in der Fassung des Art. III des Gesetzes vom 7. März 1924 (GVBl. Seite 65) erhält folgende Fassung:

Unterbringung oder Beschäftigung in einer Anstalt oder Arbeitseinrichtung und Entlassung hieraus (§ 20 der Reichsverordnung über die Fürsorgepflicht vom 13. Februar 1924, RGBl. I Seite 100, sowie Art. 38 und Art. 43 des Ausführungsgesetzes hierzu vom 14. März 1930).

III Der Eingang des Art. 10 erhält folgende Fassung:

Der Verwaltungsgerichtshof ist, abgesehen von Art. 8, zur Bescheidung von Beschwerden gegen Beschlüsse oder Verfügungen der Regierungen, Kammern des Innern, oder der Landesfinanzämter, in den Fällen der Ziff. 5 und 6 der Bezirksverwaltungsbehörden, soweit diese zur Entscheidung berufen sind, in folgenden Angelegenheiten zuständig:

IV Art. 10 Ziff. 2 wird aufgehoben.

V Art. 10 Ziff. 5 erhält folgende Fassung:

Pflicht zur öffentlichen Unterstützung Hilfsbedürftiger, wenn die streitenden Fürsorgeverbände dem bayerischen Staat angehören; Ersatzansprüche von Personen, die ohne Rechtspflicht und ohne Auftrag eines Fürsorgeverbandes Hilfe geleistet haben; Ersatzpflicht des Staates.

VI Art. 10 Ziff. 6 erhält folgende Fassung:[1])

Ersatzpflicht der Empfänger öffentlicher Fürsorgeleistungen und ihrer Erben.

VII In Art. 11 Abs. I werden die durch Art. 94 Ziff. VI des Armengesetzes vom 21. August 1914 eingefügten Worte „Gesamtarmenverbänden" und „Verbands-," gestrichen.

Vollzugsvorschriften.

Art. 57. Das Staatsministerium des Innern erläßt die erforderlichen Vollzugsvorschriften.

---

[1]) Art. 10 Ziff. 6 ist nunmehr wie auch FürsG. Art. 33 Ziff. 1 auf die Ersatzansprüche nach §§ 25 und 25 a RFV. i. d. F. vom 5. Juni 1931 auszudehnen (vgl. oben S. 98 Fußnote 2).

2.

Bayer. Vollzugsbestimmungen.

a) Vollzugsvorschriften vom 9. Mai 1930 zum Fürsorgegesetz vom 14. März 1930 — VV. z. FürsG.[1])

(GVBl. S. 118).

Staatsministerium des Innern.

Gemäß Art. 57 des Fürsorgegesetzes — FürsG. — vom 14. März 1930 (GVBl. S. 38) werden folgende Vollzugsvorschriften erlassen:

Allgemeines.

Für die öffentliche Fürsorge sind in Bayern vom 1. April 1930 an folgende Reichs- und Landesvorschriften maßgebend:

A. Reichsrecht.

1. Die Reichsverordnung über die Fürsorgepflicht — RFV. — vom 13. Februar 1924 (RGBl. I S. 100) mit den Änderungen und Ergänzungen des Reichsgesetzes vom 8. Juni 1926 über Abänderung der Reichsverordnung über die Fürsorgepflicht (RGBl. I S. 255)[2]);
2. §§ 37 bis 57 und § 58 Abs. 2 des Gesetzes über den Unterstützungswohnsitz in der Fassung vom 30. Mai 1908 (RGBl. S. 381) — aufrechterhalten durch § 29 RFV. Hierzu das Reichsgesetz über das Verfahren vor dem Bundesamt für das Heimatwesen vom 7. Dezember 1928 (RGBl. I S. 101), das zu den §§ 49 und 50 Abs. 1 UWG. Änderungen trifft;
3. das Reichsversorgungsgesetz in der Fassung vom 22. Dezember 1927 (RGBl. I S. 515)[3]) — §§ 3 Ziff. 2, 21 bis 23 —, das Alt-

---

[1]) Die folgenden Fußnoten befinden sich nicht im GVBl.

[2]) weitere Änderungen s. RFV. § 1 Fußn. 1; hier S. 21.

[3]) Abgeändert durch Vierten Abschnitt, Dritten Titel der V. des Reichspräs. zur Behebung finanzieller, wirtschaftlicher und sozialer Notstände v. 26. Juli 1930 (RGBl. I S. 311); — durch Ersten Teil Kap. II Art. 3 der V. des Reichspräs. zur Sicherung von Wirtschaft und Finanzen v. 1. Dez. 1930 (RGBl. I S. 517); — durch V. v. 17. März 1931 zur Änderung der Einkommensgrenzen in § 62 des Reichsversorgungsgesetzes (RG.-Bl. I S. 68); — durch Zweiten Teil Kap. IV Art. 1 der Zweiten V. des Reichspräs. zur Sicherung von Wirtschaft usw. v. 5. Juni 1931 (RGBl. I S. 279); — durch Ersten Teil Kap. III Art. I der Dritten V. des Reichspräs. zur Sicherung von Wirtschaft usw. v. 6. Okt. 1931 (RGBl. I S. 537); — durch V. v. 18. Jan. 1932 (RGBl. I S. 35).

rentnergesetz in der Fassung vom 22. Dezember 1927) (RGBl. I S. 531), das Kriegspersonenschädengesetz in der Fassung vom 22. Dezember 1927 (RGBl. I S. 533);

4. das Reichsgesetz über die Beschäftigung Schwerbeschädigter in der Fassung vom 12. Januar 1923 (RGBl. I S. 57) mit den Änderungen [2]) nach
   a) Art. 21 Ziff. VII und VIII der Personalabbauverordnung vom 27. Oktober 1923 (RGBl. I S. 999);
   b) § 33 RFV.;
   c) Art. I des Reichsgesetzes vom 8. Juli 1926 (RGBl. I S. 398);
   d) § 114 des Arbeitsgerichtsgesetzes vom 23. Dezember 1926 (RGBl. I S. 507);
   e) § 246 des Reichsgesetzes über die Arbeitsvermittlung und Arbeitslosenversicherung in der Fassung vom 12. Oktober 1929 (RGBl. I S. 162);
5. die Reichsverordnung über die soziale Kriegsbeschädigten- und Kriegshinterbliebenenfürsorge vom 8. Februar 1919 (RGBl. S. 187) mit den Änderungen des § 34 RFV.;
6. die Reichsverordnung über die Auflösung der Flüchtlingslager vom 17. Dezember 1923 (RGBl. I S. 1202) in der Fassung des § 32 Abs. 4 RFV.;
7. die Reichsgrundsätze über Voraussetzung, Art und Maß der öffentlichen Fürsorge vom 4. Dezember 1924 (RGBl. I S. 765) mit den Änderungen nach der Verordnung vom 29. März 1928 (RGBl. I S. 138) [3]);
8. die Erläuterungen des Reichsarbeits- und des Reichsinnenministeriums vom 13. Dezember 1924 zu den Reichsgrundsätzen (abgedruckt MABl. 1925 S. 1) [4]).

B. Landesrecht.[5])

9. Das Fürsorgegesetz vom 14. März 1930 (GVBl. S. 38);
10. die Verordnung über Voraussetzung, Art und Maß der öffentlichen Fürsorge vom 12. April 1930 (GVBl. S. 117);[6])

---

[1]) Abgeändert durch Zweiten Teil Kap. IV Art. 2 der Zweiten V. des Reichspräs. zur Sicherung von Wirtschaft usw. vom 5. Juni 1931 (RG.-Bl. I S. 279, 287).

[2]) Weitere Änderungen: f) Fünften Teil Kap. V § 3 der Vierten V. des Reichspräs. zur Sicherung von Wirtschaft usw. vom 8. Dez. 1931 (RGBl. I S. 699, 725); s. hier S. 70.

[3]) Und den weiteren Änderungen v. 1. Aug. 1931 (RGBl. I S. 431), jetzt in der Neufassung der Bek. vom 1. Aug. 1931 (RGBl. I S. 441).

[4]) Nunmehr Neufassung der Erläuterungen mit Erl. v. 27. Nov. 1931 (RABl. I S. 315) (MABl. 1932 S. 1); Neufassung abgedruckt S. 52.

[5]) Siehe dazu die weiteren Vollzugsvorschriften auf S. 136 bis 153.

[6]) Über Änderungen dieser V. durch das Reichsrecht siehe die Fußnote 2 auf S. 132 und die Fußnoten 1—3 auf S. 133.

11. die Verordnung über die Kriegsbeschädigten- und Kriegshinterbliebenenfürsorge vom 31. März 1930 (GVBl. S. 105);
12. die Bekanntmachung des Staatsministeriums des Innern vom 17. April 1930 über die Feststellung und Auszahlung der Zusatzrenten (MABl. S. 10)[1]);
13. die gegenwärtigen allgemeinen Vollzugsvorschriften zum Fürsorgegesetze.

I. Fürsorgeverbände.

Zu Art. 1—4 FürsG.

§ 1. [I] In Art. 1 FürsG. werden für den Bereich der Bezirke die gesonderten Bezirksfürsorgeverbände des Bezirks und der mittelbaren Gemeinden (Ortsfürsorgeverbände) aufrechterhalten. Art. 1 Abs. II FürsG. grenzt in Satz 1 bestimmter als dies in Art. 3 Abs. II vorl. AusfV.z.RFV. vom 27. März 1924 geschehen war, die Zuständigkeit des Bezirksfürsorgeverbandes und der Ortsfürsorgeverbände auf dem Gebiete der Minderjährigenfürsorge ab. Die Fürsorge für Minderjährige obliegt den Ortsfürsorgeverbänden nur insoweit, als für die Minderjährigen nicht eine Fürsorge nach § 1 Abs. 1 RFV. — also insbesondere die Kriegsbeschädigten- oder Kriegshinterbliebenenfürsorge — Platz greift, die nach der Regel des Art. 1 Abs. I FürsG. dem Bezirksfürsorgeverbande des Bezirks obliegt. Art. 1 Abs. II Satz 2 trägt sodann den Schwierigkeiten Rechnung, die sich daraus ergeben, daß die Reichsverordnung über die Fürsorgepflicht den Grundsatz der armenrechtlichen Familiengemeinschaft aufgegeben hat, und sich unter ihrer Herrschaft die Zuständigkeit des Fürsorgeverbandes auch bei der gleichzeitigen Unterstützung mehrerer einem Familienverband angehöriger Personen nach den Verhältnissen des einzelnen Familienangehörigen bemißt. Dies könnte sich bei der Bestellung besonderer Bezirksfürsorgeverbände für die Bezirke und die mittelbaren Gemeinden nach den Gruppen der Hilfsbedürftigen dahin auswirken, daß bei örtlich gleicher Zuständigkeit für *ein* Familienmitglied der Bezirksfürsorgeverband des Bezirks, für die *übrigen* Familienmitglieder der Bezirksfürsorgeverband der mittelbaren Gemeinde einzutreten hätte (VGHE. Bd. 49 S. 86). Um dem vorzubeugen, wird bestimmt, daß die in Wohnung und Haushalt zusammenlebenden Familienmitglieder ausnahmslos vom Bezirksfürsorgeverbande des Bezirks zu betreuen sind, wenn in der Person eines Ehegatten oder Elternteils die Voraussetzungen der Kriegsbeschädigten- und Kriegshinterbliebenenfürsorge, der Sozial- und Kleinrentnerfürsorge (§ 1 Abs. 1 Buchst. a bis c RFV.) erfüllt sind. Zu den Familienmitgliedern in diesem Sinne zählen Ehegatten und Verwandte auf- und absteigender Linie. Werden Gruppen von Hilfsbedürftigen nach § 17 der Reichsgrundsätze über Voraussetzung, Art und Maß

---

[1]) über deren Änderung s. Entschl. der Hauptfürsorgestelle v. 16. Juni 1931 (StAnz. Nr. 138), hier abgedruckt S. 136.

der öffentlichen Fürsorge vom 4. Dezember 1924 den Kleinrentnern gleichgestellt, wie dies in § 2 der Verordnung über Voraussetzung, Art und Maß der öffentlichen Fürsorge vom 12. April 1930 (GVBl. S. 117) für die Blinden geschieht, so zählen diese zu den Kleinrentnern „Gleichstehenden" im Sinne des § 1 Abs. 1 Buchst. c RFV., für die der Bezirksfürsorgeverband des Bezirks nach der Regel des Art. 1 Abs. I FürsG. einzutreten hat.

II Für Fürsorgefälle, die in abgesonderten Markungen nach Art. 4 GO. anfallen, hat, soweit die Zuständigkeit des Bezirksfürsorgeverbandes in Frage kommt, der Bezirksfürsorgeverband des Bezirkes einzutreten, auch wenn es sich um einen Fall der allgemeinen (Armen-) Fürsorge handelt (Begründung zum Regierungsentwurf, S. 15, Ziff. 5 zu Art. 1).

III Bei den Landtagsverhandlungen über den Gesetzentwurf wurde eingehend erwogen, die Minderjährigenfürsorge — allgemein oder wenigstens die Gesundheits- und Erziehungsfürsorge für Minderjährige — den Bezirksfürsorgeverbänden der Bezirke zu überbürden. Die einschlägigen Anträge fanden keine Mehrheit, einmal weil damit die durch Art. 1 Abs. II Satz 2 FürsG. gewährleistete Zuständigkeit eines Fürsorgeverbandes für die gesamte Familie wieder verloren ginge, sodann in Rücksicht auf die damit verbundene Verschiebung und Vermehrung der Fürsorgekosten. Hierzu wird darauf hingewiesen, daß es nach § 4 des Reichsgesetzes für Jugendwohlfahrt vom 9. Juli 1922 Aufgabe der Jugendämter ist, für alle Gruppen der Jugendlichen die erforderlichen Einrichtungen und Veranstaltungen der Fürsorge anzuregen, zu fördern und gegebenenfalls zu schaffen. Wenn auch die Bezirke als Träger der Bezirksjugendämter in Rücksicht auf die Bestimmung des Art. 1 Ziff. 4 der Reichsverordnung über das Inkrafttreten des Reichsgesetzes für Jugendwohlfahrt vom 14. Februar 1924 (RGBl. I S. 110) vorerst zu eigenen Aufwendungen hierfür nicht verpflichtet sind, so bleibt es doch Aufgabe der Bezirksjugendämter, insbesondere im Zusammenwirken mit der freien Wohlfahrtspflege (§ 6 RJWG.) der Gesundheits- und Erziehungsfürsorge der Jugendlichen ihr besonderes Augenmerk zuzuwenden und darnach zu trachten, für diese Aufgabengebiete nach Möglichkeit auch freiwillige Leistungen der Bezirke zu erwirken. Auch die Reichsrichtlinien über Gesundheitsfürsorge in der versicherten Bevölkerung vom 27. Februar 1929 (RGBl. I S. 69) und die Min.Bek. vom 27. Februar 1930 betr. Heilfürsorge für Kinder und Jugendliche (StAnz. Nr. 52) zeigen Mittel und Wege zur Förderung der Gesundheitsfürsorge Jugendlicher. Die Bezirksjugendämter werden angewiesen, den Ausbau der Gesundheits- und der Erziehungsfürsorge auf diesem Weg möglichst zu fördern.

§ 2. I Gehört eine kreisunmittelbare Gemeinde dem Bezirk an, so bilden die kreisunmittelbare Gemeinde und der Bezirk für die übrigen Gemeinden mit Ausschluß der kreisunmittelbaren Gemeinde je einen gesonderten Bezirksfürsorgeverband. Die Bezirkstagsmitglieder, die in der kreisunmittelbaren Gemeinde ihren Wohnsitz haben, können nicht in den Bezirksfürsorgeausschuß berufen werden und in Angelegenheiten des Bezirksfürsorgeverbandes des Bezirkes nicht an der Beschlußfassung des Bezirkstags und Bezirksausschusses teilnehmen — Art. 2 FürsG. Dagegen können als Vertreter der freien Wohlfahrtspflege und der Kriegsbeschädigten und Kriegshinterbliebenen in den Bezirksfürsorgeausschuß zufolge Art. 17 Abs. II FürsG. auch Personen berufen werden, die in der zum Bezirke gehörigen kreisunmittelbaren Gemeinde ihren Wohnsitz haben. Das gleiche gilt für die Vertreter der Fürsorgeberechtigten nach Art. 17 Abs. II mit Art. 13 Abs. IV FürsG.

II Bei Verhandlungen über Verleihung der Kreisunmittelbarkeit an eine Gemeinde, die im Bezirke verbleiben soll, oder bei Aufnahme einer kreisunmittelbaren Gemeinde in einen Bezirk sind die Bezirksfürsorgeverbandsverhältnisse nach Maßgabe des Art. 2 Abs. II FürsG. mitzuberücksichtigen.

§ 3. I Der Zusammenschluß von Gemeinden und von Bezirken zu gemeinsamer Erfüllung ihrer Fürsorgeaufgaben in der Form eines Gesamtbezirksfürsorgeverbandes ist in Art. 3 FürsG. nach den Grundsätzen des gemeindlichen Zweckverbandsrechtes vorgesehen. Die Bildung von Gesamtbezirksfürsorgeverbänden wird insbesondere für kleine mittelbare Gemeinden, deren allgemeine Zusammenlegung nicht zu erreichen ist, zur Erwirkung einer erhöhten Leistungsfähigkeit in Frage kommen.

II Die Errichtung, Änderung und Auflösung von Gesamtbezirksfürsorgeverbänden wird öffentlich bekanntgegeben.

II. Aufgaben der Fürsorgeverbände, Entlastung der Fürsorgeverbände, Leistungen des Staates.

Zu Art. 5—12 FürsG.

§ 4. I Der nach § 12 Abs. 5 und § 13 RFV. zur Fürsorge für deutsche Rückwanderer und Ausländer im Inlande vorläufig verpflichtete oder gemäß Art. 7 Abs. I FürsG. mit der Fürsorge betraute Fürsorgeverband fordert den Kostenersatz für seine Fürsorgeleistungen unter Vorlage der erwachsenen Verhandlungen beim endgültig verpflichteten Landesfürsorgeverband an. Die Landesfürsorgeverbände oder ihre Vereinigungen können zur Geschäftsvereinfachung für die Kostenanforderung Formblätter oder Termine vorschreiben.

II Die Landesfürsorgeverbände prüfen die Anforderungen und pflegen die zur Klarstellung der Sach- und Rechtsverhältnisse erforderlichen Erhebungen mit den Bezirksfürsorgeverbänden und sonstigen Stellen. Nach Abschluß dieser Verhandlungen tragen sie die anerkannten Forderungen in eine Liste ein und leiten diese in dreifacher Ausfertigung an die Kreisregierung. Das Formblatt für die Liste wird im Benehmen mit der Kreisregierung, der Landesfinanzamtszweigstelle und der Kreiskasse festgelegt. Die Vereinigung der Landesfürsorgeverbände kann im Benehmen mit den genannten Stellen ein gleichheitliches Formblatt für die acht Landesfürsorgeverbände bestimmen. Zur Ermöglichung einer leichteren Übersicht sind in der Liste die Bezirksfürsorgeverbände der kreisunmittelbaren Städte, dann die Bezirksfürsorgeverbände der Bezirke und sodann die Ortsfürsorgeverbände je in alphabetischer Reihenfolge und bei jedem Fürsorgeverbande die einzelnen Fälle möglichst ebenfalls in alphabetischer Reihenfolge aufzuführen.

III Die Kreisregierung überprüft die Liste, behebt etwaige Anstände auf kürzestem Wege, setzt im Einvernehmen mit der Landesfinanzamtszweigstelle, die einen Abdruck der Liste zu ihren Akten erhält,. die staatliche Ersatzleistung nach Art. 5 Abs. VI FürsG. fest und weist die Kreiskasse unter Beigabe eines Abdrucks der Liste an, den festgesetzten Betrag an den Kreis als Landesfürsorgeverband auszubezahlen und die Ausgabe auf den einschlägigen Titel der Staatshaushaltrechnung zu verrechnen. Der Landesfürsorgeverband erhält von der Kreisregierung Mitteilung von der erfolgten Zahlungsanweisung für den staatlichen Kostenersatz. Die Kreiskasse leistet auf Grund der Liste — unter Abrechnung etwa gewährter Vorschüsse — Zahlung an die Bezirksfürsorgeverbände, verausgabt den Gesamtbetrag für Rechnung des Kreises, verausgabt die staatliche Ersatzleistung in der Staatshaushaltrechnung und vereinnahmt sie für Rechnung des Kreises als Landesfürsorgeverbandes.

IV Die Kreisregierung wird im angemessenen Umfang — insbesondere auch zur Förderung einer sachgemäßen und sparsamen Durchführung der Fürsorge — die in der Liste verrechneten Fürsorgefälle nachprüfen; bei der Vorlage der Verrechnungslisten werden in der Regel keine Akten des Landesfürsorgeverbandes beigegeben. Die Kreisregierung erholt sich die gewünschten Akten beim Landesfürsorgeverbande. Durch die Prüfung sollen die Zahlungsleistungen der Kreiskasse nicht verzögert werden.

V Der Unterstützungsaufwand, welcher der Ersatzleistung des Staates nach Art. 5 Abs. VI FürsG. zugrunde zu legen ist, begreift den Aufwand, der sich nach Abzug dessen ergibt, was der Hilfsbedürftige selbst leistet, was seine Angehörigen auf Grund gesetzlicher Verpflichtung oder freiwillig leisten und was von sonstigen Verpflichteten (Versicherungseinrichtungen, Haftpflichtigen usw.) aus dem Nachlaß oder aus sonstigen Quellen (Leistung des Heimatstaates, des heimatlichen Fürsorgeverbandes usw.) zur Verfügung steht. Soweit solche Leistungen bei Aufstellung der Verrechnungsliste bereits eingegangen sind, sind sie in dieser beim einzelnen Fürsorgefalle vorzutragen. Soweit sie nachträglich einkommen, ist der Ausgleich zugunsten des Staates nachträglich mit der Kreiskasse zu ordnen.

VI Ist das Land Bayern von der Reichsregierung oder der von ihr bestimmten Stelle für einen einzelnen Fall gemäß § 12 Abs. 2 RFV. als endgültig verpflichtet erklärt, so legt der vom Staatsministerium des Innern nach Art. 5 Abs. IV FürsG. mit der endgültigen Fürsorge betraute Landesfürsorgeverband die Kostenrechnung dem Staatsministerium des Innern vor, das den Kostenersatz bei der zuständigen Reichsstelle anfordert. Die Anforderungen sind bei einmaligen Unterstützungen nach Beendigung des Fürsorgefalles, bei fortdauernder Unterstützung halbjährlich einzureichen. Das Staatsministerium des Innern wird den vom Reich überwiesenen Kostenersatz der Kreiskasse zur Verrechnung für den Kreis als Landesfürsorgeverband überweisen und den Landesfürsorgeverband von der Überweisung verständigen.

§ 5. I Die Landesfürsorgeverbände und die Bezirksfürsorgeverbände haben bei der Betreuung der deutschen Rückwanderer, der Ausländer im Inlande (§ 12 Abs. 2 und 3, § 13 RFV.), aber auch der Landeshilfsbedürftigen im Sinne des § 7 Abs. 2 zweiter Halbsatz, der §§ 8 und 9 RFV. zu einer möglichst sachgemäßen und sparsamen Gestaltung der Fürsorge zusammenzuwirken. Dabei bemißt sich der Umfang der Fürsorge für Ausländer nach § 34 der Reichsgrundsätze über Voraussetzung, Art und Maß der öffentlichen Fürsorge vom 4. Dezember 1924. Der Bezirksfürsorgeverband darf sich durch den Umstand, daß er vom Landesfürsorgeverbande Kostenersatz erhält und nicht endgültig verpflichtet ist, nicht zu unwirtschaftlichen Ausgaben verleiten lassen und er hat über die zu treffenden Maßnahmen so sorgsam zu entscheiden wie in eigenen Angelegenheiten. Der Landesfürsorgeverband darf sich anderseits nicht darauf beschränken, als Verrechnungsstelle zwischen Bezirksfürsorgeverband, Landesfürsorgeverband und Staat tätig zu werden. Beide sollen von Anfang an darauf bedacht sein, den Hilfsbedürftigen tunlichst in den Stand zu setzen, sich und seinen unterhaltsberechtigten Angehörigen den Lebensbedarf selbst zu beschaffen, der Notlage nachhaltig entgegenzuwirken und zu verhüten, daß vorübergehende Not zu dauernder wird. Alle Möglichkeiten zur Entlastung der Fürsorge sind zu prüfen und zu verfolgen, soziale Versicherungsansprüche sind zur Geltung zu bringen, Angehörige sind nach Möglichkeit zu Unterhaltsleistungen heranzuziehen, die Hilfeleistung des Heimatstaates oder des heimatlichen Fürsorgeverbandes ist anzustreben. In veranlaßten Fällen ist auf die Wegweisung hinzuwirken.

II Den Bezirksfürsorgeverbänden wird empfohlen, die Anmeldung des Kostenersatzanspruchs nach § 18 RFV. möglichst frühzeitig zu erstatten. Sie sollen sich bei der Anzeige nach § 18 RFV., bei der Rechnungsstellung usw. darüber äußern, ob es sich nur um eine vorübergehende Hilfeleistung handelt oder ob mit einer dauernden Belastung zu rechnen ist und welche Maßnahmen vom Standpunkte sachgemäßer, aber auch sparsamer Fürsorge veranlaßt erscheinen. Bei fortdauernder Fürsorge sollen sie sich ständig über die Verhältnisse des

Hilfsbedürftigen auf dem Laufenden halten und von sich aus in Zusammenarbeit mit dem Landesfürsorgeverbande die im Interesse des Hilfsbedürftigen wie des Fürsorgeträgers gelegenen Maßnahmen veranlassen.

§ 6. I Art. 6 FürsG. regelt auf Grund des § 2 Abs. 5 RFV. den Übergang der Anstaltsfürsorge für bestimmte Gruppen Hilfsbedürftiger vom Bezirksfürsorgeverband auf den Landesfürsorgeverband. Gegenüber dem bisherigen Rechte des Art. 58 ArmGes. und Art. 6 vorl. Ausf.V.z.RFV. kommen folgende Änderungen in Betracht:

a) Für die in Abs. I Ziff. 1 benannten Hilfsbedürftigen hat der Landesfürsorgeverband einzutreten, nicht nur soweit sie der „Anstaltspflege" bedürfen, d. h. einer nach Umfang und Erfahrung besonders gearteten Pflege und Behandlung, wie sie außerhalb einer Anstalt regelmäßig nicht möglich und nicht üblich ist, sondern auch dann, wenn sie wegen besonderer in ihrer Person begründeter Verhältnisse der Versorgung in einer Anstalt bedürfen. Die Anstaltsversorgungsbedürftigkeit ist demnach gegeben einmal, wenn Anstaltspflegebedürftigkeit im Sinne des bisherigen Rechts vorliegt, des weiteren aber auch, wenn die geordnete Versorgung des Hilfsbedürftigen außerhalb einer Anstalt aus Verhältnissen, die in seiner Person gelegen sein müssen, nicht tunlich ist. Hierher gehören z. B., wie die amtliche Begründung zum Regierungsentwurf auf S. 19 ausführt, Leute, die wegen der besonderen Art ihrer Krankheit oder ihres Gebrechens praktisch niemand nimmt, Personen mit ekelerregendem Äußern, besonders unreinliche, boshafte und bösartige Menschen, von denen Bosheits- und Racheakte mit schweren Folgen zu befürchten sind usw.

b) Die Übernahmepflicht des Landesfürsorgeverbandes ist wie bisher vom Übernahmeantrage des Bezirksfürsorgeverbandes abhängig. Sie beginnt wie bisher mit dem Eingange des mit den erforderlichen Nachweisen belegten Antrags beim Landesfürsorgeverbande. Nach bisherigem Rechte begann die Übernahmepflicht im Falle der Nachlieferung der Belege erst mit dem Eingange der Belege. Nach Art. 6 Abs. II FürsG. können in Fällen sofortiger Anstaltsunterbringung die Belege innerhalb eines Monats mit der Wirkung nachgebracht werden, daß der Übergang der Fürsorge mit dem Eingang des Übernahmeantrags beim Landesfürsorgeverband eintritt.

c) Der Anstaltsaufenthalt zur Beobachtung und Untersuchung gilt dem Versorgungsaufenthalt gleich, wenn er zum Nachweise der Voraussetzung der Übernahmepflicht für den Landesfürsorgeverband führt.

II Die gesetzliche Fürsorge des Landesfürsorgeverbandes beschränkt sich in den Übernahmefällen auf die Anstaltsfürsorge. Sie umfaßt den gesamten Aufwand, der durch den notwendigen Aufenthalt des Gebrechlichen in der Anstalt erwächst.

III Der reine Unterstützungsaufwand, welcher der Ersatzleistung des Bezirksfürsorgeverbandes nach Art. 6 Abs. V FürsG. zugrunde zu legen ist, umfaßt den Aufwand, der sich nach Abzug dessen ergibt, was der Hilfsbedürftige selbst leistet, was seine Angehörigen gesetzlich oder freiwillig zahlen und was von sonstigen Verpflichteten (Versicherungseinrichtungen, Haftpflichtigen usw.), aus dem Nachlaß oder aus sonstigen Quellen zur Verfügung steht. Diese Beträge dürfen nicht auf den Anteil des Bezirksfürsorgeverbandes allein angerechnet werden, sondern sie sind von den gesamten Kosten abzuziehen, haben also dem Bezirksfürsorgeverband und dem Landesfürsorgeverbande anteilmäßig zugute zu kommen. Nachträgliche Leistungen sind in gleicher Weise zu behandeln.

IV Die Landesfürsorgeverbände können mit Genehmigung des Staatsministeriums des Innern nach Art. 6 Abs. IV weitere Fürsorgeaufgaben übernehmen. Hierher gehören die Krüppelfürsorge außerhalb der Anstalten, die psychiatrische Außenfürsorge, die Berufsausbildung spät Erblindeter usw. Die Übernahmemöglichkeit ist nicht nur auf die gesetzlichen Aufgaben der Bezirksfürsorgeverbände, sondern zur Ermöglichung eines Ausbaues der Tätigkeit der Landesfürsorgeverbände auf alle Gebiete der Fürsorge erstreckt. Die durch freiwillige Leistungen der Landesfürsorgeverbände in ihrem Pflichtaufgabengebiet entlasteten Bezirksfürsorgeverbände haben nach Art. 6 Abs. V FürsG. dem Landesfürsorgeverbande mindestens ein Viertel des reinen Fürsorgeaufwandes zu erstatten.

§ 7. Die Grundsätze über die Zuschußleistungen der Landesfürsorgeverbände an unverhältnismäßig belastete leistungsschwache Bezirksfürsorgeverbände und die Grundsätze über die Verteilung der Staatszuschüsse an die Landesfürsorgeverbände (Art. 8 Abs. II und 9 FürsG.) werden in Rücksicht auf die Möglichkeit und Notwendigkeit zeitweiser Änderungen gesondert erlassen.

§ 8. Art. 10 FürsG. ersetzt den Art. 34 ArmGes., der die Ortsarmenverbände verpflichtete, die für die örtliche Armenpflege notwendigen Einrichtungen zu treffen und für deren Erhaltung zu sorgen. Die Vorschrift ist notwendig, weil Art. 28 GO. eine Verbindlichkeit der Gemeinden zur Schaffung und Unterhaltung von Fürsorgeeinrichtungen nicht enthält im Gegensatze zu den Bestimmungen des Art. 2 Ziff. 1, 4 und 9 BezO. und des Art. 2 Ziff. 1 bis 4 KrO., die die Bezirke und Kreise zur Schaffung und Unterhaltung von bestimmten Kranken- und Pflegeanstalten verpflichten. Mit dieser Bestimmung werden insbesondere für die Ortsfürsorgeverbände der mittelbaren Gemeinden die Armenhäuser sichergestellt, die in kleineren Gemeinden und auf dem Land insoweit zur Unterbringung von Familien nicht entbehrt werden können, als nicht eine anderweitige Unterbringungsmöglichkeit sichergestellt ist.

§ 9. Während Art. 3 FürsG. den Zusammenschluß von Bezirksfürsorgeverbänden in der Form gemeindlicher Zweckverbände zu Gesamtbezirksfürsorgeverbänden zur gemeinsamen Durchführung der gesamten ihnen obliegenden Fürsorge vorsieht, läßt Art. 11 FürsG. den Zusammenschluß von Bezirks- und Landesfürsorgeverbänden zu Zweckverbänden für Erfüllung einzelner Aufgaben zu. In Betracht kommt insbesondere die Schaffung gemeinsamer Einrichtungen und Fürsorgeanstalten.

§ 10. Die nach Art. 12 Abs. I mit Art. 4 FürsG. dem Staat obliegende Beteiligung an der Kriegsbeschädigten- und Kriegshinterbliebenenfürsorge wird durch die Hauptfürsorgestelle und die Kreisfürsorgestelle für Kriegsbeschädigte und Kriegshinterbliebene ausgeübt — Art. 25 FürsG. und Verordnung vom 31. März 1930 (GVBl. S. 105).

III. Verwaltung der Fürsorgeverbände.

Zu Art. 13—20 FürsG.

§ 11. Die Wohlfahrtsausschüsse der Bezirksfürsorgeverbände der kreisunmittelbaren Gemeinden und die Ortsfürsorgeausschüsse der Ortsfürsorgeverbände sind beschließende Ausschüsse im Sinne des Art. 22 Abs. II GO., die Bezirksfürsorgeausschüsse der Bezirksfürsorgeverbände der Bezirke besondere Ausschüsse nach Art. 24 BezO. und die Kreisfürsorgeausschüsse besondere Ausschüsse nach Art. 27 KrO. — Art. 13, 19, 17 und 20 FürsG. Die Ausschüsse sind sofort nach dem Inkrafttreten des Fürsorgegesetzes und künftig jeweils nach der Neuwahl der Gemeinderäte, Bezirkstage und Kreistage zu berufen.

§ 12. I Für die Bestellung der Wohlfahrtsausschüsse (Art. 13 FürsG.) ist folgendes zu beachten:

a) Vorsitzender des Wohlfahrtsausschusses ist der erste Bürgermeister — Art. 22 Abs. V Satz 3 GO. Für die Stellvertretung des Vorsitzenden gilt Art. 18 GO. entsprechend.

b) Die Zahl der in den Wohlfahrtsausschuß abzuordnenden Stadtratsmitglieder bestimmt sich nach der Geschäftsordnung, der Stadtrat ordnet die Mitglieder ab — Art. 22 Abs. IV, Art. 16 GO.

c) Der Bezirksarzt, der im Gemeindebezirke seinen Sitz hat, gehört kraft Amtes dem Wohlfahrtsausschuß an. Haben mehrere Bezirksärzte im Gemeindebezirke ihren Sitz, so ersucht der Stadtrat ihre vorgesetzte Dienstbehörde um Benennung des Mitgliedes. Der Vertreter im Hauptamte vertritt den Bezirksarzt auch im Wohlfahrtsausschusse.

d) Kommt von den in Art. 13 Abs. I Ziff. 2 FürsG. vorgesehenen Bekenntnissen nur ein Pfarrer in Betracht, so ist dieser kraft seines Amtes Mitglied des Wohlfahrtsausschusses. Kommen mehrere Pfarrer desselben Bekenntnisses in Frage, so ist um Abordnung des katholischen Pfarrers das erzbischöfliche oder bischöfliche Ordinariat, um Abordnung des evangelisch-lutherischen Pfarrers in Bayern r. d. Rh. der Evangelisch-Lutherische Landeskirchenrat in München, um Abordnung des reformierten Pfarrers in Bayern r. d. Rh. das Moderamen der Reformierten Synode in Erlangen und um Abordnung des Pfarrers der Vereinigten protestantisch-evangelisch-christlichen Kirche der Pfalz der Protestantische Landeskirchenrat der Pfalz in Speyer zu ersuchen. Als Pfarrer gelten auch die hauptamtlich angestellten Hauptprediger der Evangelisch-lutherischen Kirche in Bayern r. d. Rh. Gehört ein Bezirksfürsorgeverband mehreren Diözesen an, so ist das Ordinariat der Diözese um die Bestimmung des Pfarrers zu ersuchen, zu der der größere Teil der Fürsorgeverbandes gehört. Es bleibt den beteiligten Ordinariaten unbenommen, sich über die Abordnung des Pfarrers zu einigen.

II Der dem Wohlfahrtsausschuß angehörige Pfarrer wird im Verhinderungsfall im Wohlfahrtsausschusse regelmäßig durch seinen Stellvertreter im kirchlichen Amte vertreten. Die kirchliche Oberbehörde kann ausnahmsweise die Stellvertretung anders regeln. Von einer anderen Regelung verständigt die kirchliche Oberbehörde den Wohlfahrtsausschuß und die Staatsaufsichtsbehörde des Bezirksfürsorgeverbandes.

§ 13. I Die Berufung der dem Wohlfahrtsausschusse nach Art. 13 Abs. I Ziff. 4 FürsG. angehörigen Vertreter der Vereinigungen der freien Wohlfahrtspflege erfolgt auf Vorschlag der Vereinigungen. Ergibt sich bei der Berechnung der Sitze nach Art. 13 Abs. I Ziff. 4 FürsG. der Bruchteil eines Sitzes, so ist dieser zugunsten der freien Vereinigungen auf einen vollen Sitz aufzurunden.

II Vorschlagsberechtigt sind Vereinigungen der freien Wohlfahrtspflege, die sich seit mindestens drei Jahren mit Wohlfahrtspflege im Gemeindebezirke befassen und eine entsprechende Zahl von Mitgliedern aufweisen. Die Vereinigungen müssen im Gemeindebezirke wohlfahrtspflegerisch tätig sein, auch wenn sie außerhalb desselben ihren Sitz haben; sie müssen im Zeitpunkte der Bildung des Wohlfahrtsausschusses eine mindestens dreijährige Tätigkeit im Fürsorgeverbandsbezirk und eine entsprechende Zahl von Mitgliedern aufweisen. Als der Zahl nach entsprechend ist ein Mitgliederstand anzusehen, der durch persönliche Tätigkeit oder geldliche Beiträge die wohlfahrtspflegerische Betätigung der Vereinigung im Fürsorgeverbande zureichend und auf Dauer gewährleistet. Mehrere vorschlagsberechtigte Vereinigungen können sich zu einem gemeinsamen Vorschlage zusammenschließen.

III Der Stadtrat erläßt im Amtsblatt eine öffentliche Aufforderung an die Vereinigungen der freien Wohlfahrtspflege zur Einreichung von Vorschlägen. Die Bekanntmachung hat die Voraussetzung für die Berechtigung zum Vorschlage, die Zahl der nach den Vorschlägen zu besetzenden Sitze im Wohlfahrtsausschuß und die Aufforderung zur Einreichung von Vorschlägen binnen einer ausschließenden Frist von vierzehn Tagen, gerechnet von der Ausgabe des Amtsblattes an, zu enthalten. Jede Vereinigung kann höchstens so viele Personen vorschlagen, als Mitglieder nach Vorschlägen der Vereinigungen zu berufen sind. Die vorgeschlagenen Personen müssen die Voraussetzungen nach Art. 13 Abs. V Satz 2 und 3 FürsG. erfüllen. Für jede als Mitglied vorgeschlagene Person ist ein Stellvertreter zu benennen. Die vorgeschlagenen Personen sind in einer für die Berufung verbindlichen Reihenfolge aufzuführen. Auch auf diese Punkte ist in der Bekanntmachung hinzuweisen.

IV Nach Eingang der Vorschläge soll, wenn dies sachdienlich erscheint, mit den Vereinigungen, die Vorschläge eingereicht haben, eine Verhandlung über die gütliche Verteilung der durch Vertreter der Vereinigungen zu besetzenden Sitze geführt werden. Der Stadtrat kann hierzu Stadtratsmitglieder abordnen. Die Berufung der Mitglieder erfolgt durch den Stadtrat. Die Vorschläge sind nach Umfang und Bedeutung des Wirkens der einzelnen mit Vorschlägen vertretenen Vereinigungen zu berücksichtigen. Der Stadtrat ist innerhalb der einzelnen Vorschlagslisten an die von der Vereinigung getroffene Reihenfolge gebunden; er soll von einer nach Satz 1 erzielten Einigung unter den Verbänden nur bei Vorliegen besonderer Gründe abweichen.

V Vom Ergebnisse der Berufung sind die berufenen Mitglieder und alle Vereinigungen, die Vorschläge eingereicht haben, zu verständigen. Den Vereinigungen, deren Vorschläge nicht oder nicht vollständig berücksichtigt wurden, steht binnen vierzehn Tagen, von der Zustellung der Entscheidung des Stadtrats an gerechnet, die Beschwerde zur Kreisregierung offen. Mit der Verständigung ist eine Beschwerdebelehrung zu verbinden. Die Beschwerde ist beim Stadtrat einzureichen; sie hat keine aufschiebende Wirkung. Die Kreisregierung entscheidet endgültig.

VI Kommen keine oder nur verspätete Vorschläge ein oder sind die mit Vorschlägen vertretenen Vereinigungen nicht vorschlagsberechtigt oder erfüllen die vorgeschlagenen Vertreter nicht die Voraussetzung zur Berufung (Art. 13 Abs. V Satz 2 und 3 FürsG.), so beruft der Stadtrat die Vertreter der Vereinigungen der freien Wohlfahrtspflege nach freiem Ermessen.

VII Für jeden Vertreter ist ein Stellvertreter zu berufen. Der Stellvertreter leistet bei Verhinderung des ordentlichen Ausschußmitgliedes Dienst im Wohlfahrtsausschusse. Scheidet ein Vertreter während der Wahlzeit aus, so ist ein anderer zu berufen, wenn der Wohlfahrtsausschuß dies für veranlaßt erklärt. War das ausgeschiedene Mitglied nach Vorschlag einer Vereinigung berufen, so ist diese aufzufordern, binnen einer ausschließenden Frist von vierzehn Tagen einen Vorschlag einzureichen. Das gleiche gilt für die Stellvertreter.

§ 14. Für die Berufung der zum Wohlfahrtsausschusse nach Art. 13 Abs. III FürsG. beizuziehenden Vertreter der Kriegsbeschädigten und Kriegshinterbliebenen gelten die Bestimmungen des § 13 entsprechend.

§ 15. I Die Zahl der Mitglieder des Ausschusses der Vertreter der Fürsorgeberechtigten, der nach Art. 13 Abs. IV FürsG. bei der Aufstellung von Richtlinien und Richtsätzen für die Durchführung der Fürsorge mit Ausnahme der Kriegsbeschädigten- und Kriegshinterbliebenenfürsorge zu hören ist (Gutachterausschuß), wird vom Stadtrate bestimmt. Eine Bindung hinsichtlich der Zahl ist im Gesetze nicht vorgeschrieben. Sie ist der Zahl und der Bedeutung der Vereinigungen, die zum Vorschlage zugelassen werden, anzupassen. Von der Bildung zu großer Ausschüsse ist abzusehen.

II Dem Ausschusse müssen Vertreter der Sozial- und Kleinrentner angehören, Vertreter anderer Gruppen von Fürsorgebedürftigen und ihrer Verbände, insbesondere der Blinden usw., können daneben berufen werden.

III Vorschlagsberechtigt sind Vereinigungen von Sozialrentnern und Kleinrentnern, die seit mindestens drei Jahren im Gemeindebezirke bestehen und eine entsprechende Zahl von Mitgliedern aufweisen. Andere Verbände können unter den gleichen Voraussetzungen zum Vorschlage zugelassen werden. Die Vorschläge sind in entsprechender Anwendung des § 13 Abs. III einzuholen. Nach Eingang der Vorschläge ist tunlichst auf eine gütliche Einigung unter den Vereinigungen, die Vorschläge eingereicht haben, hinzuwirken. Der Stadtrat beruft die Vertreter. Dabei soll von einer gütlichen Einigung unter den Vereinigungen nur bei Vorliegen besonderer Gründe abgewichen werden. Vom Ergebnisse der Berufung sind die berufenen Mitglieder und alle Vereinigungen, die Vorschläge eingereicht haben, zu verständigen. Den Vereinigungen, deren Vorschläge nicht berücksichtigt wurden, steht das Recht zu, die Nachprüfung der Berufungsverhandlungen durch die Staatsaufsichtsbehörde zu erwirken.

IV § 13 Abs. VI und VII gelten entsprechend.

§ 16. Der Gutachterausschuß (Art. 13 Abs. IV FürsG. und § 15 der gegenwärtigen Vorschriften) hat sein Gutachten beschlußmäßig abzugeben. Er ist in der Regel vom Wohlfahrtsausschuß oder einem Unterausschuß (Art. 16 FürsG.) zu hören.

§ 17. An der Verwaltung der öffentlichen Fürsorge sollen in der Wohlfahrtspflege erfahrene und bewährte Frauen teilnehmen. Aus diesem Grunde sollen solche Frauen dem Wohlfahrtsausschuß in angemessener Zahl und Verteilung auf die Gruppen der Stadtratsmitglieder, der Vertreter der Vereinigungen der freien Wohlfahrtspflege, der Kriegsbeschädigten und Kriegshinterbliebenen sowie der übrigen Fürsorgeberechtigten angehören.

§ 18. Die Entscheidung über die Bildung von Wohlfahrtsbezirken in kreisunmittelbaren Gemeinden, über die Geschäftsverteilung und über den Geschäftsgang kommt dem Stadtrate zu — Art. 14 FürsG. Der Wohlfahrtsausschuß ist darüber zu hören; er kann von sich aus über die Einrichtung von Wohlfahrtsbezirken und die Gestaltung der Verwaltung auch Anregungen geben und Anträge an den Stadtrat richten. Der Stadtrat ist hinsichtlich der Einrichtung der Verwaltung der Wohlfahrtsbezirke gesetzlich nur dahin gebunden, daß er in Anpassung an die Gestaltung des Wohlfahrtsausschusses Vertreter der Pfarreien und der Vereinigungen der freien Wohlfahrtspflege beizuziehen hat — Art. 14 Abs. II mit Art. 13 Abs. I Ziffer 2 und 4 FürsG.

§ 19. I Der Spruchausschuß — Art. 15 FürsG. — ist als besonderes Organ des Bezirksfürsorgeverbandes zur abschließenden Entscheidung für den Bezirksfürsorgeverband über Anträge Hilfsbedürftiger auf Fürsorgeleistungen bestellt. Der Wohlfahrtsausschuß bestimmt, ob je ein oder je zwei Beisitzer aus jeder der drei Beisitzergruppen dem Spruchausschuß angehören. Er beruft diese Beisitzer aus den Stadtratsmitgliedern, den Vertretern der Vereinigungen der freien Wohlfahrtspflege und den Vertretern der Kriegsbeschädigten und Kriegshinterbliebenen sowie aus den Mitgliedern des Gutachterausschusses (Art. 13 Abs. IV FürsG.). In den Angelegenheiten der Kriegsbeschädigten- und Kriegshinterbliebenenfürsorge muß der Vertreter der Fürsorgeberechtigten den Vertretern der Kriegsbeschädigten und Kriegshinterbliebenen entnommen werden. In anderen Angelegenheiten kann jeder in den Spruchausschuß abgeordnete Vertreter der Fürsorgeberechtigten bei der Entscheidung mitwirken. In den Angelegenheiten der Sozial- und Kleinrentnerfürsorge sollen die Vertreter der Fürsorgeberechtigten, soweit es ohne Erschwerung der Geschäfte möglich ist, ihrer Gruppe entnommen werden.

II Aus Gründen der Geschäftsvereinfachung ist in Art. 15 Abs. II FürsG. eine Vorentscheidung des Vorsitzenden des Spruchausschusses vorgesehen. Auf diesem Wege können die einfach gelagerten Fälle beschleunigt entschieden werden. Der Vorsitzende kann eine Vorentscheidung treffen, eine Vorentscheidung muß aber nicht etwa grundsätzlich der Entscheidung des Spruchausschusses vorausgehen. Der Vorsitzende kann in Fällen, in denen vorweg die Würdigung des Spruchausschusses angezeigt erscheint, von der Vorentscheidung absehen und die Entscheidung des Spruchausschusses herbeiführen. In kreisunmittelbaren Gemeinden mit Wohlfahrtsbezirken kann nach Art. 14 Abs. II FürsG. die Verbescheidung von Unterstützungsanträgen Hilfsbedürftiger vorbehaltlich des Art. 15 FürsG. auch Organen der Wohlfahrtsbezirke übertragen werden. Ebenso kann der Wohlfahrtsausschuß vorbehaltlich der Anrufung des Spruchausschusses (Art. 15 FürsG.) mit der Verbescheidung von Unterstützungsanträgen Hilfsbedürftiger einen besonderen Unterausschuß nach Art. 16 FürsG. betrauen. So ist beispielsweise die Würdigung von Gesuchen um Leistungen der Gesundheits- und Erziehungsfürsorge für Jugendliche in einzelnen städtischen Bezirksfürsorgeverbänden einem besonderen Ausschuß übertragen.

III Die Vorentscheidung nach Art. 15 Abs. II FürsG. ist schriftlich zu erteilen. Wenn den Anträgen nicht voll entsprochen wird, ist die ablehnende Entscheidung kurz zu begründen; auf das Recht des Einspruchs ist hinzuweisen. Die Begründung muß den Antragsteller zureichend über den Grund der Abweisung aufklären. Die Entscheidung des Spruchausschusses ist nach den gleichen Grundsätzen zu erteilen; eine Beschwerdebelehrung nach Art. 30 FürsG. ist beizufügen.

IV Der Spruchausschuß ist ein besonderer, nach innen jedoch dem Wohlfahrtsausschuß unterstellter Ausschuß. Dies ergibt sich daraus, daß die Verwaltung des Bezirksfürsorgeverbandes grundsätzlich im Rahmen des vom Stadtrate genehmigten Haushalts dem Wohlfahrtsausschusse zusteht — Art. 13 Abs. I und 22 Abs. II FürsG. Der Spruchausschuß ist deshalb außer an die gesetzlichen und verordnungsmäßigen Vorschriften über die öffentliche Fürsorge auch an die vom Wohlfahrtsausschusse für die Durchführung der öffentlichen Fürsorge getroffenen Regelungen, insbesondere an die Richtsätze und Richtlinien für die öffentliche Fürsorge, gebunden. Dem Wohlfahrtsausschusse steht — unbeschadet der Staatsaufsicht — das Recht und die Pflicht der Überwachung der Tätigkeit des Spruchausschusses und des Vorsitzenden in Behandlung der Einzelfürsorge zu. Für eine möglichst rasche Entscheidung über die Unterstützungsanträge der Hilfsbedürftigen ist Sorge zu tragen.

§ 20. Gleichfalls aus Gründen der Geschäftsvereinfachung sieht Art. 16 FürsG. die Möglichkeit vor, die Verwaltung einzelner anderer Aufgaben als der Verbescheidung von Unterstützungsanträgen Hilfsbedürftiger besonderen Unterausschüssen oder dem Vorsitzenden zu übertragen. Hierfür kommt beispielsweise die Vertretung des Bezirksfürsorgeverbandes in Ersatz- und Übernahmeangelegenheiten, in Streitsachen und Staatsaufsichtsangelegenheiten und die Antragstellung auf Unterbringung in einer Arbeitsanstalt nach § 20 RFV. und Art. 38 FürsG. in Betracht. Der Spruchausschuß ist durch das Gesetz ausschließlich für die Verbescheidung der Anträge Hilfsbedürftiger auf Fürsorgeleistungen bestellt. Aus der Besonderheit dieser Aufgabe erklärt sich auch die besondere Zusammensetzung und die Einräumung eines Mitentscheidungsrechts durch Mitglieder, die dem Wohlfahrtsausschusse selbst nicht angehören. Dem Spruchausschusse können deshalb weitere Aufgaben auch nicht nach Art. 16 FürsG. übertragen werden.

§ 21. Die Berufung des Bezirksfürsorgeausschusses für den Bezirksfürsorgeverband des Bezirks ist durch den Bezirksamtsvorstand zu veranlassen. Dieser hat Zweifel darüber, ob und welche Pfarrer auf Grund des Art. 17 Abs. III FürsG. zum Bezirksfürsorgeausschusse beizuziehen sind, im Benehmen mit der kirchlichen Oberbehörde zu beheben. Im übrigen gelten die Bestimmungen der §§ 12 bis 20 entsprechend.

§ 22. I Die Bezirksämter haben dafür zu sorgen, daß in mittelbaren Gemeinden ihres Bezirks die Ortsfürsorgeausschüsse rechtzeitig gebildet werden. Sie werden dabei, soweit erforderlich, und insbesondere bei der ersten Bestellung den Gemeindebehörden beratend an die Hand gehen.

II Dem Ortsfürsorgeausschusse gehören vor allem neben dem ersten Bürgermeister Gemeinderatsmitglieder an, deren Zahl die Geschäftsordnung oder der Gemeinderat bestimmt (Art. 22 Abs. IV mit Art. 16 GO.). Der Bezirksarzt, die Pfarrer und der Rabbiner nach Art. 19 Abs. I Ziff. 2 und 3 gehören dem Ortsfürsorgeausschusse kraft Amtes an. Neben den Pfarrern der Pfarreien, die ihren Sitz im Gemeindebezirke haben, gehören ihm Pfarrer von Pfarreien mit auswärtigem Sitze dann an, wenn die Pfarreien mindestens ein Viertel der Wohnbevölkerung der Gemeinde umfassen. Als Wohnbevölkerung gilt die bei der letzten amtlichen Erhebung des Statistischen Landesamts festgestellte Ziffer; sie bleibt bis zur nächsten Neubestellung des Ortsfürsorgeausschusses maßgebend.

III Dem Ortsfürsorgeausschuß obliegt auch die Beschlußfassung über die Anträge Hilfsbedürftiger auf Fürsorgeleistungen, die Entscheidung über die Einzelfürsorge. Bei der überwiegenden Mehrzahl der Landgemeinden besteht für die Bestellung eines besonderen Spruchausschusses kein Bedürfnis. Um der reichsrechtlichen Vorschrift des § 3 Abs. 4 RFV. zu genügen, müssen aber hierzu vom Ortsfürsorgeausschusse Vertreter der Fürsorgeberechtigten beigezogen werden. Hierfür kommen Personen in Betracht, die geeignet und gewillt sind, die Belange der Hilfsbedürftigen zur Geltung zu bringen, Personen, die den Bevölkerungskreisen, die auf öffentliche Fürsorge angewiesen sind, sozial nahe stehen und mit ihren Verhältnissen vertraut sind. Auch in der Gemeinde wohnhafte Mitglieder wohlfahrtspflegerischer Vereinigungen oder von Vereinigungen Fürsorgeberechtigter kommen hierfür in Betracht. Ein Vorschlagsrecht ist den Vereinigungen nicht eingeräumt. Der Gemeinderat bestimmt ihre Zahl — höchstens ein Drittel der Gemeinderatsmitglieder des Ortsfürsorgeausschusses — und beruft sie nach eigenem Ermessen. Sie sind bei der Beschlußfassung über Anträge Hilfsbedürftiger auf Fürsorgeleistungen stimmberechtigte Mitglieder des Ortsfürsorgeausschusses. Bei der Aufstellung von Richtlinien für die Durchführung der Fürsorge sind sie vom Ortsfürsorgeausschusse gutachtlich zu hören. Die Aufstellung von Richtsätzen für die

Bemessung des notwendigen Lebensunterhalts der Hilfsbedürftigen — § 6 Abs. 3 RFV. — ist den Bezirksfürsorgeausschüssen für den Bereich des Bezirkes übertragen, kommt demnach für die Ortsfürsorgeausschüsse überhaupt nicht in Frage.

IV In größeren mittelbaren Gemeinden mit ausgedehnterer Fürsorge kann die Beschlußfassung über Anträge Hilfsbedürftiger auf Fürsorgeleistungen, statt daß sie vom gesamten Ortsfürsorgeausschusse mit Beiziehung der Vertreter der Fürsorgeberechtigten erledigt wird, vom Gemeinderat einem Spruchausschuß übertragen werden, dessen Zusammensetzung sich nach Art. 19 Abs. IV FürsG. richtet. Für die Geschäftsführung dieses Spruchausschusses gelten die Grundsätze des Art. 15 Abs. II und III FürsG. und § 19 der gegenwärtigen Vorschriften.

V In Gemeinden des rechtsrheinischen Bayern mit nicht mehr als 2000 Einwohnern[1]) kommt der Vorsitz im Ortsfürsorgeausschusse dem Pfarrer nach näherer Bestimmung des Art. 19 Abs. V FürsG. zu. Hierfür ist die bei der letzten amtlichen Erhebung des Statistischen Landesamts festgestellte Wohnbevölkerung maßgebend; sie gilt bis zur nächsten Neubestellung des Ortsfürsorgeausschusses. Dem den Vorsitz führenden Pfarrer kommt die Rechtsstellung des ersten Bürgermeisters als Vorsitzenden eines beschließenden Ausschusses nach Art. 22 Abs. II GO. zu. Die Durchführung einzelner Aufgaben, z. B. die Betreuung der durchwandernden Hilfsbedürftigen, kann vom Ortsfürsorgeausschuß oder vom Vorsitzenden gemäß Art. 18 Abs. II GO. auch anderen Mitgliedern des Ortsfürsorgeausschusses übertragen werden.

§ 23. I Die auf Grund des Art. 8 der Verwaltungsverordnung vom 12. Januar 1925 berufenen Vorsitzenden der Kreisfürsorgeausschüsse und ihre Stellvertreter bleiben Vorsitzende und stellvertretende Vorsitzende der Kreisfürsorgeausschüsse nach Art. 20 FürsG. Die Vorsitzenden sorgen für Berufung der Ausschußmitglieder nach Art. 27 KrO. und der weiteren stimmberechtigten Mitglieder nach Art. 20 Abs. II FürsG. Die Vorsitzenden treten mit den für den Regierungsbezirk bestehenden Vereinigungen der freien Wohlfahrtspflege in Fühlung, um in erster Linie mit ihnen festzustellen, welche Vereinigungen zum Vorschlage heranzuziehen sind. An diese Vereinigungen ist sodann die schriftliche Aufforderung zu richten, binnen einer Frist von vierzehn Tagen, gerechnet von der Zustellung an, Vorschläge einzureichen; § 13 Abs. III Satz 2 bis 7 und Abs. IV bis VII gelten entsprechend. Die Mitglieder nach Art. 20 Abs. II Ziff. 2 FürsG. und ihre Stellvertreter sind im Benehmen mit dem Kreisverbande des Bayerischen Städtebundes und des Landesverbandes bayerischer Bezirke zu berufen.

---

[1]) Hier ist im Hinblick auf die Fassung des Art. 19 Abs. V FürsG. zu ergänzen: „sowie in allen Städten (Art. 2 Abs. II GO.) ohne Rücksicht auf die Einwohnerzahl".

II Die grundsätzlichen Fragen, zu deren Verbescheidung die weiteren Mitglieder nach Art. 20 Abs. II FürsG. zum Kreisfürsorgeausschusse beizuziehen sind, sind gesetzlich nicht festgelegt. Im Benehmen mit dem Kreistagsverbande, der Arbeitsgemeinschaft der Landesfürsorgeverbände, dem Bayerischen Städtebund und dem Landesverbande der bayerischen Bezirke sowie mit den Spitzenverbänden der freien Wohlfahrtspflege werden Richtlinien darüber aufgestellt werden, welche Angelegenheiten als grundsätzliche Fragen im Sinne der Gesetzesbestimmung gelten.

Zu Art. 21—26 FürsG.

§ 24. Als beratende Mitglieder sollen in erster Linie die amtlich bestellten Fürsorgerinnen und Fürsorger sowie leitende oder geschäftsführende Beamte der Fürsorgebehörde beigezogen werden. In Angelegenheiten der Gesundheitsfürsorge kommt die Beiziehung von Ärzten und Anstaltsvertretern, in Angelegenheiten der Erziehungsfürsorge von Lehrern und Erziehern zu beratender Mitarbeit in Betracht. Außerdem kommen sonstige in der Wohlfahrtspflege besonders tätige und erfahrene Persönlichkeiten in Frage.

§ 25. I Die Wohlfahrtsausschüsse, Bezirksfürsorgeausschüsse, Ortsfürsorgeausschüsse und Kreisfürsorgeausschüsse (Fürsorgeausschüsse — Art. 21 FürsG.) und die Spruchausschüsse sind in der Verwaltung der öffentlichen Fürsorge an den vom ordentlichen Verwaltungsorgane genehmigten Haushalt gebunden und können nur über die haushaltmäßig bewilligten Geldmittel verfügen. Der Voranschlag des Fürsorgeverbandes ist ein Teil des allgemeinen Haushalts der Gemeinde, des Bezirks und des Kreises. Den Fürsorgeausschüssen ist vor der Feststellung des Haushalts Gelegenheit zur beschlußmäßigen Stellungnahme zu geben. Zweckmäßig wird der Fürsorgeausschuß bereits beim Entwurfe des Haushaltsplanes für die Aufstellung des Abschnitts über die öffentliche Fürsorge herangezogen werden. Der Fürsorgeaufwand ist, soweit für seine Deckung nicht Sondereinnahmen verfügbar sind, wie sonstiger Gemeinde-, Bezirks- und Kreisbedarf aufzubringen — Art. 22, 23 FürsG.

II Für das Kassen- und Rechnungswesen der Fürsorgeverbände gelten die Vorschriften für das Kassen- und Rechnungswesen der Gemeinden, Bezirke und Kreise entsprechend.

III Die Kreise als Landesfürsorgeverbände führen ein Dienstsiegel mit dem kleinen bayerischen Staatswappen (Art. 1 Abs. II des Gesetzes über das Wappen des Freistaates Bayern vom 20. Juli 1923, GVBl. S. 377; MinBek. vom 22. März 1924, GVBl. S. 83) und der Inschrift: „Bayern, Landesfürsorgeverband N.". Für die Bezirksfürsorgeverbände der kreisunmittelbaren Gemeinden und die Ortsfürsorgeverbände können die Gemeinderäte Dienstsiegel nach Maßgabe der Ziff. 5 der MinBek. vom 27. Juli 1928 (GVBl. S. 366) über

Vollzugsvorschriften zu Art. 12 Abs. I und II GO. (Wappen, Flaggen und Dienstsiegel der Gemeinden) mit der Inschrift: „Bayern, Bezirksfürsorgeverband Stadt N.“, „Bayern, Ortsfürsorgeverband N.“ einführen. In Angelegenheiten der Bezirksfürsorgeverbände der Bezirke bedient sich der Vorsitzende des Bezirksfürsorgeausschusses des bezirksamtlichen Siegels.

§ 26. Art. 24 FürsG. räumt für die Bezirke als Bezirksfürsorgeverbände und für die Kreise als Landesfürsorgeverbände die Bereitstellung der Räume und der Beamten der Bezirksämter und der Kreisregierungen ein, soweit und solange die Geschäftsverhältnisse dies gestatten. Bei der Finanzlage der Gemeindeverbände wird für die Anforderung von besonderem Personal zur Fürsorgeverwaltung insbesondere gegenüber den Bezirken Zurückhaltung geboten erscheinen. Im übrigen ist der Verwaltungsaufwand der Fürsorgeverbände in sächlicher und persönlicher Hinsicht wie der Fürsorgeaufwand von den Trägern der Fürsorgeverbände — Gemeinden, Bezirke, Kreise — aufzubringen; zu dem Verwaltungsaufwande zählt auch der Aufwand für auswärtige Dienstgeschäfte.

§ 27. Die näheren Bestimmungen zu Art. 25 FürsG. sind in der Verordnung vom 31. März 1930 über die Kriegsbeschädigten- und Kriegshinterbliebenenfürsorge (GVBl. S. 105) [1]) getroffen [2]).

§ 28. Das neuzeitliche Fürsorgewesen geht von dem Grundsatze planmäßiger Zusammenarbeit der öffentlichen und der freien Wohlfahrtspflege aus. Nach § 5 Abs. 3 und 4 RFV. sollen die Fürsorgestellen für ihren Bereich Mittelpunkt der öffentlichen Wohlfahrtspflege und zugleich Bindeglied zwischen öffentlicher und freier Wohlfahrtspflege sein; sie sollen darauf hinwirken, daß öffentliche und freie Wohlfahrtspflege sich zweckmäßig ergänzen und in Formen zusammenarbeiten, die der Selbständigkeit beider gerecht werden. Die Fürsorgeverbände sollen eigene Einrichtungen nicht neu schaffen, soweit geeignete Einrichtungen der freien Wohlfahrtspflege ausreichend vorhanden sind. Es darf vertraut werden, daß die Fürsorgeverbände sich an diese Grundsätze halten. In Bayern ist gerade das karitative Anstaltswesen weitgehend entwickelt. Dies trägt auch zu einer erheblichen Entlastung der Fürsorgeverbände an Arbeit und Aufwand bei.

IV. Umfang der Fürsorge.

Zu Art. 27 FürsG.

§ 29. Auf Grund der in Art. 27 FürsG. dem Staatsministerium des Innern übertragenen Zuständigkeit sind zum sachlichen Für-

---

[1]) Abgedruckt S. 130.

[2]) S. dazu Bek. des StMin. d. Innern vom 17. April 1930 (MABl. S. 10) über die Feststellung und Auszahlung der Zusatzrenten, abgedruckt S. 133 und E. der Hauptfürsorgestelle v. 16. Juni 1931 (s. S. 136).

sorgerechte mit der Verordnung vom 12. April 1930 über Voraussetzung, Art und Maß der öffentlichen Fürsorge (GVBl. S. 117) nähere Bestimmungen getroffen. In Fällen der Unterbringung von Minderjährigen durch die Fürsorgeverbände ist bei der Auswahl der Familie oder der Anstalt auf das Glaubensbekenntnis des Minderjährigen Rücksicht zu nehmen.

V. Kostenersatz.

Zu Art. 28.

§ 30. Von der Festsetzung von Tarifen nach § 16 RFV. wird vorerst abgesehen. Es wird davon ausgegangen, daß in Fällen der Anstaltspflege in der Regel die für die Anstalt maßgebenden niedrigsten Verpflegssätze, keinesfalls aber höhere als die für die Krankenkassen der Reichsversicherungsordnung festgesetzten Verpflegssätze in Ansatz gebracht werden.

VI. Staatsaufsicht und Streitverfahren.

Zu Art. 29—33 FürsG.

§ 31. I Die öffentliche Fürsorge obliegt den Bezirksfürsorgeverbänden der Gemeinden und Bezirke und den Landesfürsorgeverbänden der Kreise als eigene Gemeindeangelegenheit im Sinne des § 22 Abs. I der bayer. Verfassungsurkunde. Sie verwalten die öffentliche Fürsorge nach den in der Gemeinde-, Bezirks- und Kreisordnung festgelegten Grundsätzen der Selbstverwaltung und unterstehen hierin der Staatsaufsicht, für die die Bestimmungen der Gemeinde-, Bezirks-, und Kreisordnung über Staatsaufsicht entsprechend gelten. Abweichend von der Regelung des Art. 34 KrO. ist in Art. 29 Abs. II die Staatsaufsicht über die Landesfürsorgeverbände der Kreise unter Leitung des Staatsministeriums des Innern den Kreisregierungen übertragen.

II In Art. 30 ist gegen die Bescheide der Fürsorgeverbände über Anträge auf Fürsorgeleistungen in Rücksicht auf die Bestimmung des § 3 Abs. 3 RFV. ein Beschwerdeverfahren eingeräumt.

VII. Besondere Aufgaben der Wohlfahrtspflege.

Zu Art. 34—37 FürsG.

§ 32. I Die Wandererfürsorge ist in den Art. 34 bis 36 FürsG. als ein Sondergebiet der Wohlfahrtspflege außerhalb der öffentlichen Fürsorge nach der Reichsverordnung über die Fürsorgepflicht geregelt. Als Träger der Wandererfürsorge sind daher nicht die Fürsorgeverbände, sondern die kreisunmittelbaren Gemeinden und die Bezirke bestellt.

II Nach Art. 34 Abs. I FürsG. haben die Träger der Wandererfürsorge, soweit erforderlich, Einrichtungen zu treffen, um bedürftigen Wanderern gegen Arbeitsleistung vorübergehend Obdach und Beköstigung zu gewähren. Eine Einrichtung, in der vorübergehend Obdach und Beköstigung ohne Arbeitsleistung gewährt wird, kann nicht als eine Wandererfürsorgeeinrichtung im Sinne des Art. 34 mit dem Recht auf Ersatzleistung des Kreises und des Staates (Art. 36 FürsG.) erachtet werden. Ist die Arbeitspflicht in der Fürsorgeeinrichtung eingeführt, so wird im allgemeinen die Ersatzpflicht von Kreis und Staat beim Vorliegen der sonstigen Voraussetzungen dann nicht ohne weiteres ausgeschlossen sein, wenn ausnahmsweise aus besonderen Gründen einzelnen Wanderern Obdach und Beköstigung ohne Arbeitsleistung gewährt wurde. Obdach und Beköstigung (nicht Unterhalt) kann in der Wandererarbeitsstätte nur vorübergehend gewährt werden. Bei der Auslegung des Begriffes „vorübergehend", der im Gesetze nicht näher umschrieben ist, wird Sinn und Zweck der Einrichtung, den arbeitsuchenden Wanderern das Aufsuchen von Arbeitsgelegenheit zu erleichtern, zu berücksichtigen sein; eine schematische Festlegung etwa in dem Sinne „vormittags arbeiten, nachmittags wandern" würde dem Zweck der Einrichtung vielfach nicht gerecht werden. Wie sich aus dem Zweck der Wandererfürsorge und aus dem Erfordernis der Arbeitsleistung ergibt, erstreckt sich die Wandererfürsorge im Sinne des Art. 34 FürsG. nicht auf die infolge Alters, Krankheit oder aus sonstigen Gründen arbeits*un*fähigen Wanderer; die Fürsorge für diese Wanderer ist im Falle ihrer Hilfsbedürftigkeit Aufgabe der Fürsorgeverbände. Auf Ausländer soll sich die Wandererfürsorge im allgemeinen nicht erstrecken.

III Durch Art. 36 FürsG. wird nunmehr ausdrücklich festgelegt, daß nur der Betriebsaufwand, soweit er nicht aus eigenen Einnahmen der Einrichtungen gedeckt wird, zu ersetzen ist, und zwar von Kreis und Staat mit je einem Drittel. Zum Betriebsaufwand zählt nicht der Einrichtungsaufwand, d. i. der Aufwand für die betriebsfertige Herstellung der Wandererarbeitsstätte einschließlich des Aufwandes für die Bereitstellung der Räume und der Einrichtungsgegenstände.

IV Die in Art. 35 FürsG. vorgesehenen Bestimmungen über die Regelung des Wandererwesens sowie die Bestimmungen über das Ersatzleistungsverfahren (Art. 36 FürsG.) werden gesondert erlassen[1]). Zu einer befriedigenden Lösung der Wandererfürsorge ist planmäßige Gestaltung der Einrichtungen für einen durch die Verkehrs- und Wirtschaftsverhältnisse bedingten weiteren Bereich unerläßliche Voraussetzung. Dabei ist die Zusammenarbeit der Kreisregierungen untereinander und mit dem Landesverband für Wandererfürsorge, ferner mit dem Städtebund, dem Landesverband der Bezirke, dem Kreis-

---

[1]) Die Bestimmungen sind:

a) InMBek. vom 6. Juli 1931 über Wanderbücher (MABl. S. 58), abgeändert 29. Juli 1931 (StAnz. Nr. 174) (abgedruckt S. 143).

b) In- u. FinanzMinBek. vom 16. Juni 1931 über das Ersatzleistungsverfahren in der Wandererfürsorge (MABl. S. 45) (abgedruckt S. 138).

tagsverband und der freien Wohlfahrtspflege notwendig. Die Zusammenarbeit ist insbesondere auch deshalb geboten, um Gewähr dafür zu schaffen, daß sich die einzelnen Einrichtungen in den in Aussicht genommenen Landesplan einpassen können.

§ 33. I Auf dem Gebiete der Geschlechtskrankenfürsorge (Art. 37 FürsG.) erscheint es in erster Linie notwendig — soweit noch nicht geschehen — für die zur Zeit bereits bestehenden gemeinnützigen Fürsorgestellen zur Bekämpfung der Geschlechtskrankheiten als Träger der Einrichtung geordnete Arbeitsgemeinschaften nach §§ 2 und 3 der Richtlinien über Gesundheitsfürsorge in der versicherten Bevölkerung vom 27. Februar 1929 (RGBl. I S. 69) zu schaffen, die namentlich auch die Behandlung geschlechtskranker Minderbemittelter, die keinen Anspruch auf anderweitige ärztliche Behandlung haben oder denen die Behandlung auf Grund einer Versicherung wirtschaftliche Nachteile bringen könnte (§ 2 Abs. 2 des RG. zur Bekämpfung der Geschlechtskrankheiten), übernehmen und damit im Sinne des Art. 37 FürsG. sicherstellen. Hierzu wird auf die Begründung des Regierungsentwurfs des Fürsorgegesetzes zu Art. 37 und die Verhandlungen hierüber im Verfassungsausschusse des Landtags I. Lesung — Landtagsbeilage Nr. 936 S. 234 — sowie auf die Abhandlung „Gesundheitsfürsorge in der Reichsversicherung" (Bayerische Fürsorgeblätter 1929 Sp. 504) Bezug genommen. Die Kreisregierungen, in deren Bezirke Fürsorgestellen liegen, werden angewiesen, die Trägerschaft dieser Fürsorgestellen und ihre Verfassung zu prüfen und dafür zu sorgen, daß die Geschlechtskrankenfürsorge für Minderbemittelte, soweit noch nicht geschehen, übernommen wird. In Verhandlungen mit den bisherigen Trägern ist diese Frage und die gesamte Verfassung der Fürsorgestellen zu ordnen und dabei auch zu prüfen, ob und inwieweit es notwendig erscheint, kreisunmittelbare Gemeinden und Bezirke des Bereiches der Fürsorgestelle zum Beitritt zur Arbeitsgemeinschaft und zur Beteiligung an den Kosten heranzuziehen. Die Versicherungsträger werden im Falle der Erweiterung der Geschlechtskrankenfürsorge über den Kreis der versicherten Bevölkerung und ihrer Familien hinaus die Beteiligung der Gemeinden und Bezirke in Anspruch nehmen. Auf einen Ausgleich unter den Beteiligten ist hinzuwirken. Art. 37 FürsG. gibt eine Möglichkeit, die kreisunmittelbaren Gemeinden und Bezirke zur Beteiligung anzuhalten; hiervon soll nur insoweit Gebrauch gemacht werden, als der freiwillige Beitritt nicht zu erreichen ist. Für die Kostenverteilung unter den Teilnehmern der Arbeitsgemeinschaft gilt in erster Linie ihre eigene Vereinbarung (§ 3 der Reichsrichtlinien). Hierfür kann die Zahl der Fürsorgefälle, die Bevölkerungsziffer usw. als Maßstab genommen werden. Es ist anzustreben, daß die Fürsorgestellen zum Mittelpunkt der Geschlechtskrankenfürsorge werden und nicht bloß für die Krankenkassenmitglieder, die Sozialversicherten und die

Bevölkerung der Gemeinde ihres Sitzes bereitstehen, sondern sich aller Krankheitsfälle aus ihrem Arbeitsbereich annehmen, losgelöst von der öffentlichen Fürsorge und ohne Geltendmachung von Kostenerstattungsansprüchen an auswärtige Fürsorgeverbände nach den Grundsätzen des öffentlichen Fürsorgerechts.

II Als erstes Ziel muß es gelten, die bereits bestehenden Fürsorgestellen im Sinne des Art. 37 FürsG. und der §§ 2 und 3 der Reichsrichtlinien zu begründen und auszubauen. Die Schaffung weiterer notwendiger Fürsorgestellen wird in zweiter Linie ins Auge zu fassen sein.

VIII. Arbeitspflicht.

Zu Art. 38—45 FürsG.

§ 34. I Der Kreis der für die Arbeitsunterbringung in Betracht kommenden Personen ist in § 20 RFV. und auf Grund des § 20 Abs. 4 RFV. mit einer Erweiterung in Art. 38 Abs. I FürsG. festgelegt. Unter den Voraussetzungen dieser Bestimmungen wird es auch möglich sein, gegen Personen, die sich dauernd der Gewerbsunzucht ergeben, mit Zwangsmaßnahmen vorzugehen, um sie zur Erfüllung bestehender Unterhaltsverpflichtungen anzuhalten.

II Bei Anwendung des Arbeitszwanges ist auf die Schonung begründeter Belange und auf das Ehrgefühl der von der Anordnung betroffenen Personen die gebotene Rücksicht zu nehmen. Im einzelnen Falle kann die Androhung der Unterbringung bereits zu dem mit der Maßnahme erstrebten Erfolge führen.

III Zulassungsanträge von Anstalten[1]) und Arbeitseinrichtungen zur Aufnahme von Personen nach § 20 RFV. und Art. 38 FürsG. sind durch Vermittlung der Kreisregierung beim Staatsministerium des Innern einzureichen. Dem Zulassungsantrag ist die Arbeitsordnung (Art. 45 FürsG.) beizugeben. In Frage wird insbesondere die Zulassung von Trinkerheilstätten für solche Personen kommen, die infolge Trunksucht sich und ihre Angehörigen der öffentlichen Fürsorge anheimfallen lassen.

IV In Städten mit staatlicher Polizeiverwaltung obliegt die Beschlußfassung über die Unterbringung den Stadträten. Für die Entscheidung der Kreisregierung im Beschwerdeverfahren wird auf Art. 9 a des Verwaltungsgerichtsgesetzes in der Fassung des Gesetzes vom 7. März 1924 (VGBl. S. 65) und des Art. 56 Ziff. II FürsG. verwiesen.

IX. Unterhalts- und Ersatzpflicht.

Zu Art. 47 FürsG.

§ 35. Bei der Geltendmachung von Kostenrückersatz nach Art. 47 FürsG. sind Härten zu vermeiden. Dies gilt insbesondere gegenüber

[1]) Die Errichtung einer Landesarbeitsanstalt (zunächst für männliche Personen) ist wegen bestehender Schwierigkeiten noch nicht möglich gewesen.

den Personen, die trotz wirtschaftlicher Lebensführung infolge der Geldentwertung in die Notwendigkeit versetzt werden, die Fürsorge in Anspruch zu nehmen. Der Ersatzanspruch nach Art. 47 Abs. I FürsG. ist insoweit nicht möglich, als vom Hilfsbedürftigen der Verbrauch oder die Verwertung eigenen Vermögens nach § 15 der Reichsgrundsätze über Voraussetzung, Art und Maß der öffentlichen Fürsorge in der Fassung der Reichsverordnung vom 29. März 1928 nicht gefordert werden kann.

X. Übergangs- und Schlußbestimmungen.

Zu Art. 53 FürsG.

§ 36. Bis zur Übernahme der Geschäfte durch die nach dem Fürsorgegesetze berufenen Verwaltungskörper haben die nach der Verwaltungsverordnung vom 12. Januar 1925 und der Verordnung vom 21. Dezember 1929 (GVBl. 1930 S. 1) [1]) bestellten Verwaltungskörper die den Fürsorgeverbänden obliegenden Aufgaben zu versehen. Mit Rücksicht darauf, daß das Fürsorgegesetz in der Heranziehung der Vertreter der Fürsorgeberechtigten von der vorläufigen Verwaltungsverordnung abweicht, empfiehlt es sich, auf möglichst baldige Bestellung der neuen Verwaltungskörper Bedacht zu nehmen.

b) Verordnung über die Kriegsbeschädigten- und Kriegshinterbliebenenfürsorge.

Vom 31. März 1930.

(GVBl. S. 105).

Staatsministerium des Innern.

Auf Grund der Reichsverordnung über die soziale Kriegsbeschädigten- und Kriegshinterbliebenenfürsorge vom 8. Februar 1919 (RGBl. S. 187) in der Fassung des § 34 der Reichsverordnung über die Fürsorgepflicht vom 13. Februar 1924 (RGBl. I S. 100), des Gesetzes über die Beschäftigung Schwerbeschädigter in der Fassung vom 12. Januar 1923 (RGBl. I S. 57), sowie des Art. 25 des Fürsorgegesetzes vom 14. März 1930 (GVBl. S. 38) wird verordnet:

---

[1]) Die Verordnung des Gesamtministeriums vom 21. Dez. 1929 lautet: „Auf Grund des § 31 der Reichsverordnung über die Fürsorgepflicht vom 13. Februar 1924 (RGBl. I S. 100) wird folgendes verordnet:

Die Amtsdauer der den Wohlfahrtsausschüssen und Ortsfürsorgeausschüssen zurzeit angehörenden Mitglieder nach Art. 1 Abs. II Buchst. d, e und f sowie nach Art. 7 Abs. II Buchst. d und f der Verordnung über die Verwaltung der Fürsorgeverbände vom 12. Januar 1925 (GVBl. S. 39) wird bis zum Inkrafttreten des bayerischen Fürsorgegesetzes — Ausführungsgesetz zur RV. über die Fürsorgepflicht — verlängert."

§ 1. Die Hauptfürsorgestelle für Kriegsbeschädigte und Kriegshinterbliebene (Hauptfürsorgestelle) ist beim Staatsministerium des Innern eingerichtet. Zweigstellen der Hauptfürsorgestelle sind die bei den Regierungen, Kammern des Innern, gebildeten Kreisfürsorgestellen für Kriegsbeschädigte und Kriegshinterbliebene (Kreisfürsorgestellen).

§ 2. I Die Hauptfürsorgestelle vertritt den Staat als Landesfürsorgeverband. Ferner obliegen der Hauptfürsorgestelle und ihren Zweigstellen die Aufgaben, die nach Reichsrecht oder Landesrecht den Hauptfürsorgestellen der Kriegsbeschädigten- und Kriegshinterbliebenenfürsorge übertragen sind.

II Der Hauptfürsorgestelle obliegt[1]) die Behandlung der grundsätzlichen und wichtigen Fragen in nachstehenden Arbeitsgebieten: Durchführung des Schwerbeschädigtengesetzes, Mitwirkung beim Vollzuge des Reichsversorgungsgesetzes und der anderen Versorgungsgesetze, des Versorgungsverfahrensgesetzes sowie der Sozialversicherungsgesetze, Mitwirkung in der Kriegsbeschädigten- und Kriegshinterbliebenenfürsorge. Den Kreisfürsorgestellen[1]) obliegt die Behandlung der übrigen Fragen in diesen Arbeitsgebieten.

§ 3. I Der Beirat besteht aus dem Leiter der Hauptfürsorgestelle, Kreisfürsorgestelle, als Vorsitzenden und je zur Hälfte aus Vertretern der Kriegsbeschädigten und Kriegshinterbliebenen sowie sozial erfahrenen Persönlichkeiten. Hierbei sollen freie Wohlfahrtspflege, Arbeitgeber und Arbeitnehmer vertreten sein.

II Die Gesamtzahl der Mitglieder soll neben dem Vorsitzenden bei der Hauptfürsorgestelle 14, bei der Kreisfürsorgestelle 8 nicht übersteigen.

III Die Hauptfürsorgestelle, Kreisfürsorgestelle, beruft die Mitglieder und deren Stellvertreter auf die Dauer von 4 Jahren. Die Verbände der in Abs. I genannten Gruppen können Vorschläge einreichen, wenn sie seit mindestens 3 Jahren im Bereiche der Hauptfürsorgestelle, Kreisfürsorgestelle, tätig sind und hier eine entsprechende Mitgliederzahl aufweisen.

IV Der Beirat bildet nach Bedarf Unterausschüsse; zu diesen können auch Nichtmitglieder des Beirats berufen werden.

V Für die Kriegsblindenfürsorge bestellt die Hauptfürsorgestelle einen Blindenfachausschuß.

VI Der Beirat wird nach Bedarf, mindestens einmal im Jahr, einberufen.

VII Die Beiratsmitglieder sind ehrenamtlich tätig. Sie erhalten bei Dienstleistungen außerhalb des Wohnortes Ersatz der notwendigen Reisekosten und des notwendigen Mehraufwandes.

---

[1]) s. ferner § 6 Abs. II dieser B. (Sachaufsicht!).

§ 4. Den Beiräten obliegen, unbeschadet der Bestimmungen des Fürsorgegesetzes über Staatsaufsicht und Streitverfahren, die reichsrechtlich zugewiesenen Aufgaben. Die Beiräte sind in grundsätzlichen Fragen und bei der Aufstellung von Richtlinien der Kriegsbeschädigten- und Kriegshinterbliebenenfürsorge zu hören.

§ 5. I Die Schwerbeschädigtenausschüsse werden bei der Hauptfürsorgestelle und den Kreisfürsorgestellen gemäß § 22 des Gesetzes über die Beschäftigung Schwerbeschädigter in der Fassung vom 12. Januar 1923 (RGBl. I S. 57) und gemäß Art. 21 Ziff. VII der Personalabbauverordnung vom 27. Oktober 1923 (RGBl. I S. 99) gebildet.

II Den Schwerbeschädigtenausschüssen obliegen die reichsrechtlich zugewiesenen Aufgaben.

§ 6. I Die Aufgaben, die den amtlichen Fürsorgestellen (Art. 25 Abs. IV Satz 1 des Fürsorgegesetzes) außerhalb der Reichsverordnung über die Fürsorgepflicht obliegen, werden, mit Ausnahme des Kassenwesens, bis auf weiteres den Bezirksverwaltungsbehörden übertragen.

II Der Hauptfürsorgestelle und den Kreisfürsorgestellen steht in den Aufgaben der amtlichen Fürsorgestellen, soweit es sich nicht um solche nach der Reichsverordnung über die Fürsorgepflicht handelt, die Sachaufsicht zu.

§ 7. Die Verordnung tritt am 1. April 1930 in Kraft, gleichzeitig treten die Verordnungen vom 13. Juni 1919, 7. April 1920 und 16. März 1921 über die Kriegsbeschädigten- und Kriegshinterbliebenenfürsorge (GVBl. 1919 S. 292, 1920 S. 112, 1921 S. 99) außer Kraft.

c) Verordnung über Voraussetzung, Art und Maß der öffentlichen Fürsorge.

Vom 12. April 1930.

(GVBl. S. 117)[1].

Staatsministerium des Innern.

Auf Grund des § 6 der Reichsverordnung über die Fürsorgepflicht vom 13. Februar 1924 (RGBl. I S. 100) in der Fassung des Gesetzes vom 8. Juni 1926 (RGBl. I S. 255) und auf Grund des Art. 27 des Fürsorgegesetzes vom 14. März 1930 (GVBl. S. 38) wird folgendes verordnet:

§ 1.[2]) *Voraussetzung, Art und Maß der zu gewährenden Fürsorge bestimmen sich nach den von der Reichsregierung hierfür aufgestell-*

[1]) Zuerst veröffentlicht im Staatsanzeiger vom 13./14. April 1930 Nr. 86.

[2]) § 1 ist gegenstandslos durch die Neufassung des § 6 Abs. 1 RFV. i. d. F. vom 5. Juni 1931, demzufolge die Reichsgrundsätze nunmehr unmittelbar bindendes Recht geworden sind.

ten Grundsätzen vom 4. Dezember 1924 (RGBl. I S. 765) in der Fassung der Verordnung vom 29. März 1928 (RGBl. I S. 138).

§ 2. Den Kleinrentnern werden gleichgestellt Personen, die durch Blindheit erwerbsunfähig geworden und trotz wirtschaftlicher Lebensführung auf die öffentliche Fürsorge angewiesen sind [1]).

§ 3. Die Fürsorgeverbände sind verpflichtet, für die erforderliche Ausbildung hilfsbedürftiger Minderjähriger zu sorgen.

§ 4. Die Festsetzung von Richtsätzen für die Bemessung des notwendigen Lebensunterhalts der Hilfsbedürftigen sowie der Einkommenssätze für die Wochenfürsorge (§ 6 Abs. 3 und 4 [2]) der Reichsverordnung über die Fürsorgepflicht) obliegt für die Bezirksfürsorgeverbände der kreisunmittelbaren Gemeinden den Wohlfahrtsausschüssen und für die Bezirksfürsorgeverbände der Bezirke und der mittelbaren Gemeinden den Bezirksfürsorgeausschüssen.

§ 5.[3]) *Als Stellen, die zur Erteilung der Zustimmung nach § 15 a Satz 2 und 3 der Reichsgrundsätze über Voraussetzung, Art und Maß der öffentlichen Fürsorge vom 4. Dezember 1924 in der Fassung der Verordnung vom 29. März 1928 zuständig sind, werden bestimmt*
bei den Bezirksfürsorgeverbänden der Spruchausschuß,
bei den Landesfürsorgeverbänden der Kreisfürsorgeausschuß.

§ 6. Die Min.Bek. vom 24. Oktober 1925 zu § 33 a der Reichsgrundsätze über Voraussetzung, Art und Maß der öffentlichen Fürsorge (StAnz. Nr. 247) und die Min.Bek. vom 2. August 1928 über den Vollzug der Reichsgrundsätze über Voraussetzung, Art und Maß der öffentlichen Fürsorge (MABl. S. 74) werden aufgehoben.

d) Bek. d. Staatsmin. d. Inn. v. 17. April 1930 Nr. 6581 d 2 über die Feststellung und Auszahlung der Zusatzrenten.

(MABl. S. 10) [4]).

Auf Grund des § 94 des Reichsversorgungsgesetzes i. d. F. vom 22. Dezember 1927 (RGBl. I S. 515), des Art. 25 Abs. IV des Fürsorgegesetzes vom 14. März 1930 (GVBl. S. 38) und des § 6 der Verordnung des Staatsministeriums des Innern vom 31. März 1930

---

[1]) s. § 17 RFGr. über Ausschluß Früherblindeter, insbes. Geburtsblinder von der Gleichstellung s. VGH. v. 15. Dez. 1931 Nr. 151 III 1931.

[2]) statt § 6 Abs. 3 und 4 muß es jetzt heißen: § 6 Abs. 2 und 3 (Fassung des § 6 RFV. durch V. vom 5. Juni 1931 und 8. Dez. 1931).

[3]) § 5 gegenstandslos geworden durch § 15 a RFGr. i. d. F. vom 1. August 1931; der bisherige § 15 a RFGr., der die Rechtsgrundlage für § 5 der obigen V. bildete, ist restlos beseitigt und durch eine gänzlich andere Vorschrift ersetzt.

[4]) Zuerst abgedruckt im Staatsanzeiger vom 18./19. April 1930, Nr. 90. Zum Teil überholt durch die auf S. 136 abgedruckte Entschl. der Hauptfürsorgestelle vom 16. Juni 1931 (StAnz. Nr. 138).

Nr. 6506 a 3 (GVBl. S. 105) wird über die Feststellung und Auszahlung der Zusatzrenten im Einverständnisse mit dem Staatsministerium der Finanzen folgendes bestimmt:

I.

Die Zusatzrenten werden von den Bezirksverwaltungsbehörden festgestellt; die Auszahlung der Zusatzrenten obliegt den Bezirksfürsorgeverbänden.

II.

1. In der Behandlung des Zusatzrentenwesens (Feststellung und Auszahlung sowie Abrechnung) wird bei den kreisunmittelbaren Städten im allgemeinen eine Änderung nicht veranlaßt sein.

2. Dagegen geht mit Inkrafttreten dieser Bekanntmachung die Auszahlung der Zusatzrenten bei den Bezirksämtern von den Bezirksamtskassen auf die Kassen der Bezirksfürsorgeverbände über, während die Feststellung der Zusatzrenten und die gesamte Sachbearbeitung sowie die Anforderung des Geldbedarfes und die Abrechnung mit der Hauptfürsorgestelle nach Maßgabe des Erlasses des Reichsarbeitsministers vom 22. Januar 1930 (RVBl. S. 6)[1]) und Entschließung der Landeshauptfürsorgestelle vom 16. Februar 1930 (StAnz. Nr. 41)[2]) durch die Bezirksämter erfolgt.

III.

1. Die mit der Zahlung der Zusatzrenten beauftragten städtischen Kassen und Bezirkskassen haben über die Zusatzrentengelder ein Hilfskassentagebuch zu führen; als Belege sind die Anweisungen der Bezirksverwaltungsbehörde, die Zahlungsnachweise und die Einnahmeeinweisungen den Kassetagebüchern beizufügen.

2. Im übrigen gelten auch für das Kassen- und Rechnungswesen der Zusatzrenten die für das Kassen-, Voranschlags- und Rechnungswesen der kreisunmittelbaren Städte und der Bezirke maßgebenden Vorschriften.

3. Eine Vermengung der Zusatzrentengelder mit anderen Geldern ist zu vermeiden, auch ist eine nur vorübergehende Verwendung von Zusatzrentenmitteln für andere Zwecke untersagt. Zweckmäßig werden die Zusatzrentengelder auf einem eigenen Sparkassenkonto oder Postscheckkonto geführt. Die bisher ausschließlich diesem Zwecke dienenden bezirksamtlichen Konten werden auf den Namen der Bezirksfürsorgeverbände umzuschreiben und an diese zu übertragen oder aufzulösen sein.

---

[1]) sachlich überholt durch Teil II („Bestimmungen über die Abrechnung der Ausgaben an Zusatzrenten“) des RAMErlasses vom 5. Juni 1931 über Zusatzrente (RABl. V = RVBl. S. 49).

[2]) zum Teil überholt durch Entschl. der Hauptfürsorgestelle vom 16. Juni 1931 (StAnz. Nr. 138), s. hier S. 136.

IV.

1. Die mit der Verwaltung der Zusatzrentenmittel betrauten Kassenführer haben am 18. jeden Monats das Hilfskassentagebuch zwischen den Zeilen abzuschließen und der Bezirksverwaltungsbehörde den Kassenbestand zur Aufnahme in die am 20. jeden Monats fällige Geldbedarfsanzeige mitzuteilen.

2. Am Schlusse eines jeden Kalendervierteljahres ist das Hilfskassentagebuch abzuschließen. Die Einnahmen und Ausgaben des letzten Vierteljahres sind der Bezirksverwaltungsbehörde mitzuteilen. Diese hat die Mitteilungen mit ihren Erstattungsnachweisungen zu vergleichen und allenfalls notwendige Ergänzungen zu veranlassen. Die Übereinstimmung zwischen Erstattungsnachweisungen und Hilfskassentagebuch ist von der Bezirksverwaltungsbehörde festzustellen und zu bestätigen. Auf Grund dieser Bestätigung sind die Abschlußziffern im Hauptbuche der Bezirkskasse in Einnahmen und Ausgaben durchzuführen.

3. Zur Sicherung der frist- und ordnungsgemäßen Auszahlung der Zusatzrenten an die Empfangsberechtigten haben die Bezirksverwaltungsbehörden auf rechtzeitige Erlassung der Anweisungen an die Kassen Bedacht zu nehmen.

V.

Feststellung und Auszahlung der Zusatzrenten müssen unter allen Umständen getrennt bleiben. In den Fällen, in denen der bezirksamtliche Sachbearbeiter für das Zusatzrentenwesen zugleich nebenamtlicher Bezirkskassenverwalter ist, müssen die Amtsvorstände durch entsprechende Geschäftsverteilung dafür sorgen, daß Anweisung und Auszahlung nicht in einer Hand vereinigt bleiben.

VI.

Aufsichts- und Prüfungsbehörde über das Zusatzrentenwesen ist unbeschadet des Aufsichtsrechts der Kreisfürsorgestellen die Hauptfürsorgestelle für Kriegsbeschädigte und Kriegshinterbliebene. Hierdurch wird die Aufsichtspflicht der Vorstände der Bezirksverwaltungsbehörden über das Kassen- und Rechnungswesen, das Aufsichtsrecht der gemeindlichen Prüfungsämter und die Vornahme allenfallsiger Kassenprüfungen durch den Prüfungsverband öffentlicher Kassen nicht berührt.

VII.

Die Erlasse des Reichsarbeitsministers vom 30. Juni 1924[1]) Nr. VII 2970 (RVBl. 1924 S. 110 ff.), vom 31. Dezember 1924[1]) Nr. 6207 (RVBl. 1925 S. 2) und vom 22. Januar 1930[1]) Nr. I a 85/30 (RVBl. S. 6 ff.) bilden mit den Ausführungsanweisungen der

---

[1]) die 3 Erlasse sind durch RAMErlaß vom 5. Juni 1931 (RABl. V S. 49) überholt.

Hauptfürsorgestelle die Grundlage für die Zahlung und Verrechnung der Zusatzrenten.

VIII.

1. Diese Bekanntmachung tritt mit Wirkung vom 1. April 1930 in Kraft.

2. Gleichzeitig treten außer Kraft: die Entschließungen der Ministerien für Soziale Fürsorge und der Finanzen vom 30. März 1921 (StAnz. Nr. 73), des Ministeriums für Soziale Fürsorge vom 8. Dezember 1921 (StAnz. Nr. 288) und vom 1. Juni 1927 (StAnz. Nr. 126).

3. Bei den Bezirksämtern sind für das Rechnungsjahr 1929 sofort die Kassenbücher für die Zusatzrenten abzuschließen. Der vorhandene Bestand an Zusatzrentengeldern ist an die nunmehr zuständige Kasse des Bezirksfürsorgeverbandes zu übergeben. Über die Übergabe ist eine Niederschrift in dreifacher Fertigung zu erstellen. Die eine Fertigung dient als Beleg für die abgeschlossenen Bücher, die andere als Einnahmebeleg für die neuzuständige Kasse. Die dritte Fertigung ist der Hauptfürsorgestelle in München, Briennerstraße 50, vorzulegen. Dabei ist zu berichten, auf welches Konto nunmehr die Vorschüsse zur Zahlung der Zusatzrente zu überweisen sind.

4. Zur Erleichterung des Übergangs und zur Sicherstellung der rechtzeitigen Zahlung der Zusatzrenten im April und Mai haben die bisherigen bezirksamtlichen Kassenverwalter den künftig zuständigen Kassieren der Bezirksfürsorgeverbände entsprechend an die Hand zu gehen.

e) E. der Hauptfürsorgestelle vom 16. Juni 31 Nr. XI e 2220 über Zusatzrenten (StAnz. Nr. 138)[1].

An die Bezirksverwaltungsbehörden (Fürsorgestellen für Kriegsbeschädigte und Kriegshinterbliebene).

I.

Auf die zweite Verordnung des Reichspräsidenten zur Sicherung von Wirtschaft und Finanzen vom 5. Juni 1931 Zweiter Teil Kapitel IV (Änderung des § 90 RVG.) — RGBl. I S. 287 — sowie auf die vierte Zusammenstellung der Bestimmungen über die Zusatzrente vom 5. Juni 1931 — RVBl. Nr. 6 S. V 49 ff. — wird zur Beachtung verwiesen.

Die Zusammenstellung der Einkommensgrenzen und Zusatzrentensätze geht den Bezirksverwaltungsbehörden gleichzeitig zu.

Das zum Vollzug Erforderliche ist unverzüglich zu veranlassen.

---

[1]) Durch diese MinEntschl. ist die MinBek. vom 17. April 1930 (MABl. S. 10) über die Feststellung und Auszahlung der Zusatzrenten (oben S. 133) zum Teil überholt.

II.

Zur Ausführung der Bestimmungen über die Abrechnung der Ausgaben an Zusatzrenten (Ziffer II der vierten Zusammenstellung) [1] — RVBl. Nr. 6 S. V 55 ff. — wird von der Hauptfürsorgestelle folgendes bestimmt:

1. Zu A 1: Die Geldbedarfsanzeige ist von den Fürsorgestellen an die Hauptfürsorgestelle wie bisher zum 20. (nicht 21.) jeden Monats nach dem seitherigen Formblatt zu erstatten.

2. Zu A 5: Neu ist die zum 10. jeden Monats vorgeschriebene Aufwandsmeldung und Erläuterung des Geldbestandes.

Am 10. März, 10. Juni, 10. September und 10. Dezember sind auf der Rückseite dieser Anzeigen Zahl und Zusammensetzung der Empfänger von Zusatzrenten ersichtlich zu machen.

3. Zu B 1: Die Bestimmung, wonach die bei der Feststellung der Zusatzrenten beteiligten Beamten mit deren Auszahlung nicht betraut werden dürfen, entspricht der Regelung, die für Bayern schon bisher nach Ziffer V der Bek. des Staatsministeriums des Innern vom 17. April 1930 Nr. 6581 d 2 — StAnz. Nr. 90 — vorgeschrieben ist. Auf die genaue Einhaltung ist besonders zu achten.

4. Zu B 4: Nach den Erfahrungen bei der Rechnungsprüfung durch den Rechnungshof des Deutschen Reiches und durch die Hauptfürsorgestelle werden die Bestimmungen über die Aktenführung zur Beachtung eingeschärft.

5. Zu C 1 und 2: Besondere Sorgfalt ist der Behandlung der Überhebungen und Rückeinnahmen zuzuwenden.

6. Zu D 2: Wie bisher wird die halbjährige Abrechnung (statt der vierteljährigen) beibehalten.

7. Zu D 1 und 2: Die für das 1. Halbjahr 1931 bereits angelegten Erstattungsnachweisungen dürfen unter der Voraussetzung weiterverwendet werden, daß die nach den neuen Mustern der Erstattungsnachweisungen verlangten Angaben bei den Einzelfällen handschriftlich angebracht werden. Für das 2. Halbjahr 1931 sind die Erstattungsnachweisungen nach den neuen Mustern anzulegen.

8. Zu D 3: Die Fürsorgestellen jener Städte, denen auf Grund von Quittungskarten das vereinfachte Abrechnungsverfahren genehmigt ist, haben dafür zu sorgen, daß diese Karten so ergänzt werden, daß sie alle für die Erstattungsnachweisungen selbst vorgeschriebenen Angaben enthalten.

9. Zu D 4: Für die Meldung der Vierteljahresausgaben an die Hauptfürsorgestelle verbleibt es bei den bisherigen Terminen; die seitherigen Formblätter werden beibehalten.

10. Zu E 1 bis 4: Auf die vollständige und ordnungsgemäße Führung der Nachweisung der Forderungen des Reiches aus der Reichsversorgung ist Sorgfalt zu verwenden. Auch wird auf die neue Be-

[1] s. S. 134 Fußnote 1.

stimmung hingewiesen, wonach rechtzeitig Vorkehrungen zu treffen sind, daß die Forderungen des Reiches nicht verjähren.

11. Die Termine für die Anmeldung des Geldbedarfes und für die Zusatzrentenabrechnung sind vorzumerken und pünktlich einzuhalten, da von ihrer Beachtung die rechtzeitige Berichterstattung an das Reichsarbeitsministerium und die Erwirkung der Geldmittel abhängig ist.

12. Um die Mittelzuweisung für Juli 1931 dem tatsächlichen Bedarf anpassen zu können, zeigen die Fürsorgestellen zum 5. Juli 1931 hierher an, um welchen Betrag sich der für Juli gemeldete Bedarf infolge der Zusatzrentenneuberechnung verringern wird.

f) Bek. d. Staatsmin. d. Innern u. d. Finanzen v. 16. Juni 1931 Nr. 6750 p 24 über das Ersatzleistungsverfahren in der Wandererfürsorge.

(MABl. S. 45).

1. Die Ersatzleistung des Kreises an die Träger der Wanderarbeitsstätten (kreisunmittelbare Städte, Bezirke, Zweckverbände für Wandererfürsorge) und die Ersatzleistung des Staates an die Kreise bemißt sich nach den Art. 34 bis 36 des Fürsorgegesetzes vom 14. 3. 1930 (GVBl. S. 38) und § 32 der Vollzugsvorschriften hierzu vom 9. 5. 1930 (GVBl. S. 118).

2. Die Träger der Wanderarbeitsstätten führen eine Kartei nach Formblatt Anl. I. Durchschrift ist in zeitlicher Reihenfolge geordnet und geheftet der Kostenanforderung (Ziff. 3) als Beleg beizufügen.

3. Der dem Kreis obliegende Ersatz von zwei Dritteln des aus eigenen Einnahmen der Wanderarbeitsstätten nicht gedeckten Betriebsaufwandes wird halbjährig und zwar bis spätestens 15. Oktober und 15. April jeden Jahres je für das abgelaufene Rechnungshalbjahr mit Formblatt Anlage II bei der Regierung, Kammer des Innern, angefordert.

4. Die Regierung, Kammer des Innern, prüft im Benehmen mit der Landesfinanzamtszweigstelle die Kostenanforderung nebst Belegen und setzt, wenn die Voraussetzungen für den Ersatzanspruch erfüllt sind, die Ersatzleistung des Kreises an die Träger der Wanderarbeitsstätten und die Ersatzleistung des Staates an den Kreis fest (Formblatt Anlage III).

5. Die Regierung, Kammer des Innern, berichtet bis 15. November und 15. Mai jeden Jahres je für das abgelaufene Rechnungshalbjahr über die Höhe der Ersatzleistung des Staates an den Kreis.

6. Diese Bekanntmachung tritt am 1. Juli 1931 in Kraft. Für die zurückliegende Zeit werden die Kosten in der bisherigen Weise angefordert.

[1]) Die Erläuterungen und Fußnoten in Anlage I—III (S. 139—142) befinden sich im amtlichen Wortlaut selbst.

Anlage I (Vorderseite)
(Wandererfürsorge-Kartei)

— 1 —

Wanderarbeitsstätte	Lfde. Nr. der Wandererliste

— 2 —

Ausgefertigt am	durch

I. Persönliche Verhältnisse:

Zu- und Vorname ______

Beruf ______

Geburtsort ______ Bezirk ______

Geburtstag ______ Personenstand ______

Staatsangehörigkeit ______ Religion ______

Gew. Aufenthalt ______

Hier seit ______

Kostenträger ______

Letztes Arbeitsverhältnis ______

Ausgetreten am ______ warum? ______

Rente? ______

Arbeitslosenunterstützung? ______

Private Versicherungen? ______

Gebrechen? ______

Grund des Wanderns ______

Wohnung und wirtschaftliche Verhältnisse
des Ehegatten oder der Eltern ______

Kinder ______

II. Wanderpapiere:

Bayer. Wanderbuch, ausgestellt von ______

Sonstiges Wanderbuch, Land? ______

Provinz? ______

Reisepaß ______

Wanderschein der Arbeitslosenversicherung ______

Invalidenquittungskarte ______

Sonstige Papiere: Geburtsschein, Taufschein, Impfschein, Verehelichungsschein, Abmeldebescheinigung, Steuerkarte, Arbeitsbuch, Arbeitsbescheinigung. (Zutreffendes zu unterstreichen.)

Papiere zurückerhalten.

______, den ______

III. Aufenthalt:

Woher gekommen?	Wann eingetreten?	Wann ausgetreten?	Wohin gewandert?

— 3 — — 4 — Zu Anlage I (Rückseite)

IV. Leistungen der Wandererfürsorge.*)

1.		2.		3.		4.		5.		6.		7.	8.	9.		10.	11.
Tagesverpflegung		Abendessen		Nachtlager		Frühstück		Mittagessen		Sonstige Zweckausgaben		Gesamtausgaben Summe der Sp. 1 mit 6	Zahl der geleisteten Arbeitsstunden	Reineinnahmen a) Wertanschlag der Arbeitsleistung während des ganzen Aufenthalts b) sonstige Reineinnahmen		Gesamtsumme der Aufwendungen Sp. 7 minus 9	dem Kreise aufgerechnet am ______ mit
Zahl	Wert RM	Zahl	Wert RM	Zahl	Wert RM	Zahl	Wert RM	Zahl	Wert RM	Zahl	Wert RM	RM		a) RM	b) RM	RM	RM

V. Leistungen der öffentlichen Fürsorge.**)

1.	2.	3.	4.	5.	6.	7.	8.	9.
Schuhe	Schuhreparatur	Unterkleidung Art ____	Hose	Joppe	ärztliche Behandlung	Heilmittel	Krankenhausaufenthalt wann?	dem Landesfürsorgeverband aufgerechnet am ______ mit
Kosten RM	Kosten RM	Kosten RM	Kosten RM	Kosten RM	Kosten RM	Kosten RM	Kosten RM	RM

VI. Bemerkungen über etwa nötige polizeiliche oder strafrechtliche Behandlung

*) Erläuterung zu IV. Vorzutragen sind nur Leistungen der Wandererfürsorge nach Art. 34 ff. FürsG. § 32 VB. Auszuscheiden haben Personen, die infolge Alters, Krankheit oder aus sonstigen Gründen arbeitsunfähig sind, im allgemeinen auch Ausländer. Auszuscheiden haben ferner Personen, die zufolge eigener Mittel oder Unterstützung ihrer Verbände oder Bezugs der Arbeitslosenversicherung als Selbstzahler aufgenommen werden.

Die Leistungen der Wandererfürsorge sind grundsätzlich nach vollen Verpflegstagen (Zahl und Wert) in Spalte 1 vorzutragen. In diesem Tagesverpflegssatz sind die Leistungen Spalte 2—6 enthalten.

Die Spalten 2—6 sind nur insoweit auszufüllen, als über angebrochene Verpflegstage abzurechnen ist.

In Spalte 7 ist die Gesamtsumme der Ausgaben anzugeben. Davon wird der Wert der gesamten Arbeitsleistung nebst sonstigen Reineinnahmen (Sp. 9) abgezogen, so daß in Spalte 10 die Gesamtsumme der Aufwendungen ersichtlich gemacht wird.

**) Erläuterung zu V. Im Interesse des Zusammenarbeitens der Wanderarbeitsstätten mit den Fürsorgeverbänden empfiehlt es sich, in der Kartei über die Wandererfürsorge auch die Leistungen der öffentlichen Fürsorge vorzumerken, soweit die Wanderarbeitsstätte von einem Fürsorgeverband zu solchen Leistungen beauftragt ist oder von den Fürsorgeleistungen sonst Kenntnis erhält.

Vorderseite.

Anlage II
(Kostenanforderung).

Kreisunmittelbare Stadt ______________ Bezirk ______________

Zweckverband für Wandererfürsorge: ______________

Betreff: Kosten der Wandererfürsorge, Ersatzleistung des Kreises.
(Min.Bek. v. 16. Juni 1931, MABl. S. 45).

I. Kostenanforderung

für Zwecke der Wandererfürsorge in der Zeit vom ______ bis ______ 19__

Wanderarbeitsstätte ______________

Träger ______________

Empfangsberechtigte Stelle und Konto ______________

Leistungen der Wanderarbeitsstätte.

a) Im allgemeinen:

Zahl der aufgenommenen Wanderer ______

Durchschnittliche Aufenthaltsdauer des Wanderers ______ Tage

b) Verrechnung im einzelnen

		RM	RM
1. Tagesverpflegung	Wert		
2. Abendessen	"		
3. Nachtlager	"		
4. Frühstück	"		
5. Mittagessen	"		
6. Sonstige Zweckausgaben	"		
	Summe Spalte 2—6		
7. Ausgaben der Wanderarbeitsstätte	Summe Spalte 1—6		
8. Durchschnittliche Tagesarbeitsleistung des Wanderers ______ Stunden			
9. Einnahmen der Wanderarbeitsstätte (Wertanschlag der Arbeitsleistung und sonstige Reineinnahmen)			
10. Gesamtaufwand	(Spalte 7 minus Spalte 9)		
11. Hievon $^{2}/_{3}$ (ersatzfähiger Aufwand)			
12. Vorschüsse des Kreises			

Rückseite.

II. Vorgelegt nebst Aktenheft (Durchschrift der Wandererfürsorgekartei)

der Regierung ______________, Kammer des Innern,

mit der Bitte, die Ersatzleistung des Kreises im Betrage von

______ RM ______ Rpf

herbeizuführen. Es wird hiermit bestätigt, daß

1. in der Wanderarbeitsstätte die Arbeitspflicht eingeführt ist und nach § 32 Abs. II der VV. v. 9. 5. 1930 (GVBl. S. 118) durchgeführt wird,
2. andere Ausgaben als solche des Betriebsaufwandes (§ 32 Abs. III VV.) nicht enthalten sind,
3. keine Kosten angefordert sind, die nach § 32 Abs. II vorletzter und letzter Satz nicht aufgerechnet werden dürfen,
4. der Aufwand nach den geprüften rechnerischen Unterlagen tatsächlich erwachsen ist.

______________, den ______________ 193__

Stadtrat ______________ Bezirk ______________

Zweckverband für Wandererfürsorge ______________

Anlage III
(Zahlungsanweisung).

Zur MB. v. 16. 6. 31 Nr. 6750 p 24. MABl. S. 45.

Betreff:
Kosten der Wandererfürsorge, Ersatzleistung des Kreises und des Staates.

Formblatt einer Anweisungsentschließung der Regierung, K. d. J., an die Kreiskasse.

Auf Grund der von (der kreisunmittelbaren Stadt, dem Bezirk, dem Zweckverband für Wandererfürsorge . . . . .) für die Wanderarbeitsstätte(n) vorgelegten Kostenanforderung wird die von dem Kreis . . . . . . gemäß Art. 36 des Fürsorgegesetzes an . . . . . . für die Zeit vom . . . . . . bis . . . . . . zu bewirkende Ersatzleistung auf . . . . RM. . . Rpf. (m. W.) . . . . . . festgesetzt. Dieser Betrag ist auf das Konto de . . . . . . zu überweisen und in der Kreisfondsrechnung unter Kap. . . . . . § . . . . . Tit. . . . . für 193 . . zu verausgaben*).

Im Einverständnis mit dem Herrn Präsidenten des Landesfinanzamts . . . ., Zweigstelle . . . ., wird auf Grund des Art. 36 Satz 2 des Fürsorgegesetzes die Kreiskasse weiter angewiesen, an den Kreis . . . . . . den Betrag von . . . . RM. zu zahlen und die Ausgabe in der Staatsfondsrechnung für 193 . . unter Ziff. . . . Kap. . . . des Haushalts des Staatsministeriums des Innern Nr. . . . zu verrechnen. Der genannte Betrag ist in der Kreisfondsrechnung für 193 . . unter Kap. . . . § . . . Tit. . . . (Ersatzleistung des Staates für Zwecke der Wandererfürsorge) zu vereinnahmen.

Abdruck dieser Entschließung ruht an.

---

*) Wurde auf die Ersatzleistung des Kreises ein Vorschuß gewährt, so wird dieser Satz zweckmäßig folgende Fassung erhalten:

„Dieser Betrag ist — gekürzt um den durch Reg.Entschl. v. . . . . Nr. . . . eingewiesenen Vorschuß zu . . . . *RM* — auf das Konto de . . . . zu überweisen und in voller Höhe in der Kreisfondsrechnung unter Kap. . . . . . § . . . . . Tit. . . . . zu verausgaben".

g) Bek. d. Staatsmin. d. Inn. v. 6. Juli 1931 Nr. 6750 p 28 über Wanderbücher (MABl. S. 58) i. d. F. der Bek. vom 29. Juli 1931 (StAnz. Nr. 174).[1])

Auf Grund der Art. 27 und 35 des Fürsorgegesetzes vom 14. März 1930 (GVBl. S. 38) wird folgendes bestimmt:

§ 1. Bedürftige männliche über 18 Jahre alte arbeitsfähige Personen, die außerhalb ihres Wohnortes oder ohne einen Wohnort zu haben, arbeitsuchend umherziehen (Wanderer), sollen ein Wanderbuch nach Maßgabe nachstehender Vorschriften führen.

§ 2. Die Inanspruchnahme der besonderen Einrichtungen der Wandererfürsorge (Wanderarbeitsstätten) kann von der Vorlage eines ordnungsgemäß geführten Wanderbuches abhängig gemacht werden.

Gemeinden und Gemeindeverbände, die Einrichtungen der Wandererfürsorge unterhalten (Art. 34 FürsG.), und Verbände der freien Wohlfahrtspflege, denen diese Aufgaben übertragen sind, haben Fürsorgeleistungen irgendwelcher Art, die sie einem Wanderer gewähren, in das Wanderbuch einzutragen.

Die Vorschriften des Abs. II gelten entsprechend für die Fürsorgeverbände, die auf Grund der Reichsverordnung über die Fürsorgepflicht und der Reichsgrundsätze über Voraussetzung, Art und Maß der öffentlichen Fürsorge einem Wanderer Fürsorge gewähren.

§ 3. Die Wanderbücher werden von der Bezirksverwaltungsbehörde (Bezirksamt, kreisunmittelbarer Stadtrat) ausgestellt, in deren Bezirk der Antragsteller seinen Wohnort oder seinen Aufenthalt hat.

Die Bezirksverwaltungsbehörden können in geeigneten Fällen die Ausstellung der Wanderbücher den Gemeindebehörden größerer mittel-

---

[1]) Die Bek. des Staatsmin. d. Innern vom 29. Juli 1931 über Wanderbücher (StAnz. Nr. 174) lautet:

Die Bestimmungen über Wanderbücher (MinBek. vom 6. Juli 1931, MABl. S. 58) treten am 1. September 1931 in Kraft.

§ 12 der erwähnten MinBek. wird weiter dahin geändert, daß versuchsweise für 1931 statt der Wanderbuchformblätter gebrauchsfertige Wanderbücher durch Vermittlung der Regierungen, Kammern des Innern, geliefert werden.

Die Bezirksverwaltungsbehörden melden ihren voraussichtlichen Bedarf an Wanderbüchern für das laufende Jahr bis spätestens 15. August den Regierungen, Kammern des Innern. Diese überprüfen die Bedarfsmeldungen und zeigen bis 20. August den Gesamtbedarf für den Regierungsbezirk dem Staatsministerium des Innern an unter Vorlage eines Verzeichnisses über den Bedarf der einzelnen Bezirksverwaltungsbehörden. Die Regierungen, Kammern des Innern, übermitteln gleichzeitig Abdruck der Bedarfsmeldung an den Bayer. Landesverband für Wandererfürsorge, Geschäftsstelle Nürnberg, Flaschenhofstr. 2.

barer Gemeinden, den Einrichtungen der freien Wohlfahrtspflege oder den Leitern von Wanderarbeitsstätten übertragen.

§ 4. Bei dem Antrag auf Ausstellung eines Wanderbuches sind vorzulegen:

1. ein genügender Personalausweis,
2. die letzte Quittungskarte der Invalidenversicherung oder Versicherungskarte der Angestelltenversicherung,
3. Arbeitszeugnisse über die Beschäftigung innerhalb des letzten Jahres,
4. im Falle der Entlassung aus einer Anstalt im Laufe des letzten halben Jahres die Entlassungspapiere.

Ist die Vorlage dieser sämtlichen Ausweise nicht möglich, so kann sich die Bezirksverwaltungsbehörde oder die von ihr betraute Stelle mit der Vorlage eines derselben begnügen, wenn über die Persönlichkeit kein Zweifel besteht.

Erscheinen infolge Fehlens der Papiere nach Abs. I Z. 2 und 3 oder nach deren Inhalt Arbeitswilligkeit oder Arbeitsfähigkeit zweifelhaft, so kann zum Zwecke der Prüfung, ob diese Voraussetzungen gegeben sind, die Ausstellung von der Leistung angemessener, bis zu sechs Tagen dauernder Arbeit in einer Einrichtung der Wandererfürsorge abhängig gemacht werden. Veranlaßtenfalls ist über die Arbeitsfähigkeit amtsärztliche Bescheinigung zu erholen.

§ 5. Die Wanderbücher werden nach dem vom Staatsministerium des Innern bestimmten Formblatt ausgestellt.

Das Wanderbuch muß eine genaue Personalbeschreibung des Inhabers enthalten. Die Einfügung eines Lichtbildes ist erwünscht, wird aber der Kosten wegen vorerst nicht zwingend vorgeschrieben.

Das Wanderbuch muß mit der eigenhändigen Namensunterschrift des Inhabers versehen sein. Irgendwelche sonstigen Eintragungen darf der Inhaber nur in der hiefür bestimmten Stelle des Buches (Abschnitt „Aufzeichnungen") vornehmen.

Die Wanderbücher werden auf die Dauer eines Jahres ausgestellt. Die Gültigkeitsdauer kann je auf 1 Jahr verlängert werden.

§ 6. Ein Rechtsanspruch auf Ausstellung eines Wanderbuches besteht nicht.

§ 7. Die Ausstellung eines Wanderbuches oder die Verlängerung seiner Dauer ist zu versagen:

1. wenn der Antragsteller das 65. Lebensjahr überschritten hat,
2. wenn der Antragsteller wegen körperlicher oder geistiger Krankheiten oder Gebrechen oder wegen übermäßigen und gewohnheitsmäßigen Genusses geistiger Getränke oder anderer berauschender Mittel zur Arbeitsuche auf der Wanderschaft ungeeignet ist,
3. wenn der Antragsteller wegen Geisteskrankheit oder Geistesschwäche oder Trunksucht entmündigt ist oder unter Pflegschaft steht,

4. wenn sich aus bestimmten Tatsachen ergibt, daß der Antragsteller arbeitsscheu oder Landstreicher oder gewohnheitsmäßiger Bettler ist,

5. wenn die Annahme gerechtfertigt ist, daß sich der Antragsteller einer gesetzlichen Unterhaltspflicht entzieht.

Das Wanderbuch kann ferner aus sonstigen wichtigen Gründen versagt werden, wenn dies im Hinblick auf die Person des Antragstellers oder zum Schutze der Allgemeinheit geboten erscheint.

§ 8. Das Wanderbuch ist zu entziehen, wenn Tatsachen bekannt werden, die seine Versagung zur Folge gehabt hätten oder wenn der Wanderer das Wanderbuch zu betrügerischen Zwecken mißbraucht.

Das Wanderbuch soll entzogen werden, wenn der Wanderer ohne ausreichenden Grund die Leistung angemessener Arbeit, die ihm von einer Einrichtung der Wandererfürsorge oder einem Fürsorgeverband zugewiesen wird, verweigert oder eine ihm vermittelte Arbeitsstelle ablehnt oder wenn der Wanderer vorsätzlich oder grobfahrlässig gegen die Wanderordnung verstößt.

Zuständig zur Entziehung ist jede zur Ausstellung eines Wanderbuches befugte Stelle (§ 3).

§ 9. Gegen Versagung oder Entziehung des Wanderbuches ist ein Rechtsmittel nicht gegeben.

§ 10. Über Ausstellung, Versagung und Entziehung der Wanderbücher haben die Bezirksverwaltungsbehörden und die Stellen nach § 3 Abs. II Verzeichnisse zu führen. Die Stellen nach § 3 Abs. II legen Abdruck des Verzeichnisses monatlich der Bezirksverwaltungsbehörde vor.

Die Bezirksverwaltungsbehörden melden Versagung und Entziehung von Wanderbüchern zum Monatsende der Polizeidirektion München.

§ 11. Hilfsbedürftige arbeitsfähige Wanderer, die ein Wanderbuch nicht führen, sollen von dem vorläufig fürsorgepflichtigen Fürsorgeverband angehalten werden, Antrag auf Ausstellung eines Wanderbuches zu stellen, sofern sie nicht eine Bescheinigung besitzen, die als ausreichender Ersatz für das Wanderbuch anzusehen ist.

Lehnt ein Wanderer ohne ausreichenden Grund die Antragstellung ab, so gilt seine Weigerung als Zuwiderhandlung gegen berechtigte Anordnungen im Sinne des § 13 Abs. I Satz 2 der Reichsgrundsätze über Voraussetzung, Art und Maß der öffentlichen Fürsorge. Der vorläufig fürsorgepflichtige Fürsorgeverband hat in diesem Falle die Anwendung des § 13 a. a. O. auf das strengste zu prüfen. Das gleiche gilt gegenüber Personen, die trotz Versagung oder Entziehung des Wanderbuches wandern.

§ 12. Die Bestimmungen treten am 1. September 1931 [1]) in Kraft.

---

[1]) Fassung der Bek. vom 29. Juli 1931 (StAnz. Nr. 174).

Wanderbuchformblätter werden, zunächst für eine Übergangszeit, durch den Bayer. Landesverband für Wandererfürsorge geliefert[1]).

h) Entschl. d. Staatsmin. d. Innern vom 4. Februar 1932 Nr. 6750 g a 3 über eine Mustersatzung für Zweckverbände zur Errichtung und zum Betrieb von Wandererarbeitsstätten.

(MABl. 1932 S. 11)[2]).

An die Regierungen, Kammern des Innern, und die Bezirksverwaltungsbehörden.

Nachstehend folgt Abdruck einer Mustersatzung für Zweckverbände, die zur Errichtung und zum Betrieb von Wandererarbeitsstätten gemäß Art. 34 Abs. II FürsG., Art. 133 bis 138 GO. und Art. 45 Ziff. 2 BezO. gebildet werden.

Die Mustersatzung ist nicht bindend; sie stellt eine Richtlinie für den Regelfall dar. Aus Zweckmäßigkeitsgründen werden sich jedoch die kreisunmittelbaren Gemeinden und die Bezirke möglichst an die Mustersatzung anlehnen. Abweichungen sind im Vorlagebericht jeweils ausdrücklich zu begründen.

Die staatsaufsichtliche Genehmigung nach § 3 Abs. III der Mustersatzung soll in der Regel nur versagt werden, wenn ein dringendes öffentliches Bedürfnis dies verlangt.

Mustersatzung

für Zweckverbände zur Errichtung und zum Betrieb von Wandererarbeitsstätten.

Die kreisunmittelbare Gemeinde . . . . . . und der Bezirk (die Bezirke) . . . . . . haben sich zur gemeinsamen Errichtung und zum Betrieb einer Wandererarbeitsstätte gemäß § 34 Abs. II FürsG., Art. 133 bis 138 GO. und Art. 45 Ziff. 2 BezO. mit Genehmigung des Staatsministeriums des Innern gemäß Entschließung vom . . . . . . Nr. . . . zu einem Zweckverband zusammengeschlossen. Die vorliegende Satzung wurde durch Beschluß des Stadtrats . . . . . . vom . . . . . . und des Bezirkstags . . . . . . vom . . . . . . angenommen und mit Entschließung der Regierung . . . . . . , Kammer des Innern, Nr. . . . vom . . . . . . genehmigt.

---

[1]) An Stelle dieses Abs. II ist Abs. II und III der Bek. vom 29. Juli getreten (abgedruckt S. 143 Fußnote 1).

[2]) Die Fußnoten zu §§ 11 und 18 der Mustersatzung befinden sich auch im MABl.

§ 1. Name und Sitz.

I Der Zweckverband führt den Namen
„Zweckverband Wandererarbeitsstätte . . . . . .“;
er hat seinen Sitz in . . . .

II Der Zweckverband ist eine Körperschaft des öffentlichen Rechts.

III Staatsaufsichtsbehörde ist die Regierung . . . . . ., Kammer des Innern.

§ 2. Aufgaben.

I Der Zweckverband hat die Aufgabe, eine Wandererarbeitsstätte in . . . . . . zu errichten (die Wandererarbeitsstätte in . . . . . . zu übernehmen, auszubauen . . . . . .) und in eigener Verwaltung [oder: unter Übertragung des Betriebes an eine beauftragte Stelle] zu betreiben.

II Wesentliche Änderungen der Einrichtung und des Betriebs, insbesondere Erweiterungen des Grundbesitzes, der Gebäude, Änderungen der Betriebsart und der Rechtsform des Betriebs bedürfen der Genehmigung der Staatsaufsichtsbehörde.

III Die Betriebsführung der Wandererarbeitsstätte richtet sich nach der von der Verbandsversammlung aufgestellten Geschäftsordnung und bei Übertragung des Betriebs an eine beauftragte Stelle (§ 6 Abs. V) weiter nach dem mit dieser abgeschlossenen Vertrag.

§ 3. Mitgliedschaft.

I Verbandsmitglieder sind die kreisunmittelbare Gemeinde . . . . . . und der Bezirk (die Bezirke) . . . .

II Die Aufnahme weiterer Mitglieder erfolgt durch Beschluß der Verbandsversammlung mit Genehmigung der Staatsaufsichtsbehörde.

III Das Ausscheiden eines Verbandsmitglieds bedarf einer mindestens (12) Monate vorausgehenden, nur für den Schluß des Rechnungsjahres zulässigen Kündigung, der Genehmigung der Verbandsversammlung sowie der Staatsaufsichtsbehörde. Die Genehmigung der Verbandsversammlung muß erteilt werden, wenn das Mitglied alle satzungsmäßigen Verpflichtungen erfüllt hat. Das ausscheidende Verbandsmitglied hat keinen Anspruch auf das Verbandsvermögen (Alternativfassung: Das ausscheidende Mitglied hat nur insoweit Anspruch auf Entschädigung aus dem Verbandsvermögen, als die Einrichtungen des Zweckverbands in seinem Gebiet liegen). Über Streitigkeiten ist nach Art. 138 GO. zu entscheiden.

§ 4. Räumlicher Wirkungskreis.

Der räumliche Wirkungskreis (das Gebiet) des Zweckverbandes umfaßt die Markung der unmittelbaren Gemeinde . . . . . . und das Gebiet der Bezirke . . . . im jeweiligen Bestand.

§ 5. Verbandsorgane.

Die Angelegenheiten des Zweckverbandes werden wahrgenommen
a) vom Vorstand (§§ 6—9),
b) vom Vorsitzenden des Vorstands (§§ 6 Abs. II, 8 Abs. I, 9 Abs. II Satz 2, 10, 11 Abs. I, 12 Abs. I, 13 Abs. I und III Satz 2),
c) von der Verbandsversammlung (§§ 11—15).

a) Vorstand (§§ 6—9).

§ 6. Zusammensetzung.

I Die Zahl der Vorstandsmitglieder richtet sich nach der Zahl der Verbandsmitglieder; hierbei trifft auf jedes Verbandsmitglied ein Vorstandsmitglied.

II Der Vorstand des Zweckverbandes besteht aus einem Vorsitzenden und . . . . Beisitzern. Für jeden Beisitzer wird ein Stellvertreter bestimmt.

III Vorsitzender ist der (erste Bürgermeister der Stadt . . . . . . , / Vorstand des Bezirksamts . . . . . . ,) im Verhinderungsfall sein Stellvertreter im Amt. (Alternativfassung: im Verhinderungsfall (der Vorstand des Bezirksamts . . . .) / der erste Bürgermeister der Stadt . . . . .)

IV Beisitzer sind der erste Bürgermeister der Stadt . . . . . . und die Vorstände der Bezirksämter . . . . Die Beisitzer bestimmen ihre Stellvertreter; wird ein Stellvertreter nicht bestimmt, so ist Stellvertreter des Beisitzers der Stellvertreter im Amt.

V Im Fall einer Übertragung der Betriebsführung an eine beauftragte Stelle (§ 2 Abs. I und III) ist zu den Sitzungen des Vorstandes eine von der beauftragten Stelle zu benennende Persönlichkeit mit beratender Stimme beizuziehen.

§ 7. Einberufung.

I Der Vorstand tritt nach Bedarf auf schriftliche Einladung des Vorsitzenden zusammen; in der Einladung sind die Beratungsgegenstände anzugeben.

II Die Einladung soll unter Angabe der Tagesordnung mindestens eine Woche vor der Sitzung den Beisitzern zugehen.

III Eine Sitzung des Vorstandes muß einberufen werden, wenn dies von mindestens . . . . Beisitzern unter Angabe der Beratungsgegenstände verlangt wird.

§ 8. Leitung und Beschlußfassung.

I Der Vorsitzende oder sein Stellvertreter leitet die Sitzung (Sitzungsleiter).

II Der Vorstand ist beschlußfähig, wenn die Beisitzer schriftlich eingeladen und wenigstens .... Beisitzer neben dem Sitzungsleiter anwesend sind.

III Der Vorstand beschließt mit einfacher Stimmenmehrheit in offener Abstimmung. § 13 Abs. III Satz 2 und 3, IV und V gilt entsprechend.

IV In dringenden Fällen kann ein Beschluß des Vorstandes auch schriftlich oder fernmündlich gefaßt werden. Ordnungsgemäßer Beschluß ist in der nachfolgenden Vorstandssitzung nachzuholen.

V § 14 gilt entsprechend.

VI Der Vorstand kann eine Geschäftsordnung aufstellen.

§ 9. **Aufgaben.**

I Der Vorstand hat das Recht der endgültigen Beschlußfassung über alle Verbandsangelegenheiten, soweit hierzu nicht nach § 15 die Verbandsversammlung zuständig ist; er hat die erforderlichen Verträge abzuschließen, das Verbandsvermögen zu verwalten, die Geschäftsführung (§ 16), insbesondere das Kassen- und Rechnungswesen, zu überwachen und die Verpflegssätze festzusetzen.

II Der Vorstand vertritt den Verband gerichtlich und außergerichtlich. Durch Beschluß des Vorstandes kann der Vorsitzende ermächtigt werden, den Verband in bestimmten Angelegenheiten zu vertreten.

III Nach Ablauf der Wahlzeit der Vertreter der Verbandsmitglieder (§ 11 Abs. I) führt der Vorstand allein die Geschäfte des Zweckverbandes bis zur Neubestellung der Verbandsversammlung fort.

(IV Der Vorstand ist jederzeit berechtigt, zu den Sitzungen sachverständige Persönlichkeiten mit beratender Stimme beizuziehen.)

b) Vorsitzender des Vorstands.

§ 10.

I Der Vorsitzende hat die Beschlüsse der Verbandsversammlung vorzubereiten und die von dieser gefaßten Beschlüsse auszuführen; er ist befugt, in eigener Zuständigkeit unaufschiebbare Geschäfte zu erledigen; dem Vorstand ist nachträglich Kenntnis zu geben.

II Die Geschäftsführung bemißt sich nach § 16.

c) Verbandsversammlung (§§ 11—15).

§ 11. **Zusammensetzung.**

I Die Verbandsversammlung besteht aus folgenden Mitgliedern (Mitglieder der Verbandsversammlung):

1. dem Vorsitzenden des Vorstandes (§ 6 Abs. II);
2. den Vertretern der Verbandsmitglieder.

Die Vertreter und die Stellvertreter (Abs. III) werden auf die Dauer der Wahlzeit der Vertretungskörper der Zweckverbandsmitglieder beschlußmäßig in jederzeit widerruflicher Weise bestellt.

II Die kreisunmittelbare Gemeinde ...... bestellt ......

Vertreter, der Bezirk . . . . Vertreter; jeder Vertreter hat eine Stimme.[1])

III Für jeden Vertreter (Abs. I) ist ein Stellvertreter zu bestellen. Die Stellvertreter werden im Falle vorübergehender Verhinderung des Vertreters einberufen. Bei dauernder Verhinderung des Vertreters ist ein neuer Vertreter zu bestellen.

IV Mitglieder des Vorstandes des Zweckverbandes (§§ 6—9) können nicht zu Vertretern der Verbandsmitglieder oder zu deren Stellvertretern bestimmt werden. Mit der Ernennung zum Vorstandsmitglied erlischt die Berufung als Vertreter des Verbandsmitglieds in der Verbandsversammlung.

V Die Vorstandsmitglieder [sowie der erste Bürgermeister der unmittelbaren Gemeinde . . . . oder sein Stellvertreter sowie die Vorstände der Bezirksämter . . . . oder ihre Stellvertreter][2]) können an jeder Tagung der Verbandsversammlung teilnehmen. § 6 Abs. V gilt entsprechend.

§ 12. **Einberufung.**

I Die Verbandsversammlung wird durch den Vorsitzenden des Vorstandes mittels schriftlicher Einladung der Vertreter der Verbandsmitglieder berufen. Die Einladung muß unter Angabe der Tagesordnung mindestens eine Woche vor dem Versammlungstermin den Vertretern zugehen; soweit möglich, ist darauf Bedacht zu nehmen, daß die Vertretungskörper der Zweckverbandsmitglieder zur Tagesordnung vorher Stellung nehmen können. In den Fällen, in denen nach § 13 Abs. II die Anwesenheit von drei Vierteln (Alternativfassung: zwei Dritteln) der Mitglieder der Verbandsversammlung (§ 11 Abs. I) erforderlich ist, ist hierauf in der Einladung besonders hinzuweisen. In dringenden Fällen kann der Vorstand von der Einhaltung der Frist befreien; doch muß dies im Wortlaut der Einladung ausdrücklich den Vertretern eröffnet werden.

II Die Verbandsversammlung muß einberufen werden, wenn ein Drittel der Vertreter der Verbandsmitglieder dies schriftlich unter Angabe der zu beratenden Gegenstände verlangt.

III Die Verbandsversammlung muß jährlich wenigstens einmal einberufen werden.

§ 13. **Leitung und Beschlußfassung.**

I Die Verbandsversammlung wird vom Vorsitzenden des Vorstandes oder seinem Stellvertreter geleitet.

[1]) Bei der Bemessung der Zahl der von den Vertretungskörpern der Zweckverbandsmitglieder zur Verbandsversammlung abzuordnenden Vertreter ist, soweit nicht eine freiwillige anderweite Vereinbarung erzielt wird, möglichst von dem für die Kostentragung maßgebenden Verhältnis (§ 18) auszugehen.

[2]) Zusatz nur, wenn Zusammensetzung des Vorstands n i c h t dem § 6 Abs. III und IV entspricht.

II Die Verbandsversammlung ist beschlußfähig, wenn die Vertreter der Verbandsmitglieder ordnungsgemäß (§ 12 Abs. I Satz 1—3) geladen und mindestens die Hälfte der Mitglieder der Verbandsversammlung (§ 11 Abs. I), in den Fällen der Beschlußfassung über Satzungsänderung einschließlich der Fälle des § 3 Abs. II und III, über wesentliche Änderungen im Sinne des § 2 Abs. II sowie über die Verbandsauflösung (§ 19) mindestens drei Viertel (Alternativfassung: zwei Drittel) anwesend sind.

III Die Verbandsversammlung beschließt mit einfacher Stimmenmehrheit in offener Abstimmung. Bei Stimmengleichheit entscheidet die Stimme des Vorsitzenden. Stimmenthaltungen werden den ablehnenden Stimmen zugezählt. Beschlüsse über Satzungsänderungen einschließlich der Fälle des § 3 Abs. II und III, über wesentliche Änderungen im Sinne des § 2 Abs. II und über Auflösung des Verbandes bedürfen einer Mehrheit von drei Vierteln (Alternativfassung: zwei Dritteln) der anwesenden Mitglieder der Verbandsversammlung (§ 11 Abs. I). Ist die Verbandsversammlung beschlußunfähig, so ist sie neuerdings zu berufen; die neue Verbandsversammlung ist ohne Rücksicht auf die Zahl der erschienenen Mitglieder beschlußfähig; bei der neuerlichen Ladung ist hierauf ausdrücklich hinzuweisen.

IV Die Mitglieder der Verbandsversammlung (§ 11 Abs. I) sind bei der Abstimmung an Weisungen ihrer Verbandsmitglieder (Vertretungskörper) gebunden (Alternativfassung: nicht gebunden).

V Art. 20 Abs. I GO. über die persönliche Beteiligung von Vertretern an einer Angelegenheit gilt entsprechend.

§ 14. **Niederschrift.**

I Über die Beschlüsse der Verbandsversammlung ist eine Niederschrift aufzunehmen und vom Versammlungsleiter und Schriftführer zu unterzeichnen.

II Die Beschlüsse sind den Verbandsmitgliedern und auf Antrag den Vertretern der Verbandsmitglieder abschriftlich mitzuteilen.

§ 15. **Aufgaben.**

I Die Verbandsversammlung beschließt über:

1. die Errichtung sowie eine wesentliche Änderung der Einrichtung und des Betriebs (§ 2 Abs. II) der Wandererarbeitsstätte, ferner den etwaigen Abschluß eines Vertrags über die Betriebsführung der Wandererarbeitsstätte durch eine beauftragte Stelle;
2. die Änderung der Satzung (§ 21 Abs. I);
3. die Aufstellung des Voranschlags;
4. die Umlegung der Kosten (§ 18) auf die Verbandsmitglieder (§ 3 Abs. I);

5. die Prüfung der Verbandsrechnung und die Entlastung des Kassenführers;
6. die Aufnahme von Darlehen, die Übernahme von Bürgschaften und den Abschluß verwandter Rechtsgeschäfte;
7. die Regelung der Angestelltenverhältnisse, soweit nicht die Betriebsführung einer beauftragten Stelle übertragen ist (§§ 2 Abs. I und III, 6 Abs. V);
8. die Aufnahme und das Ausscheiden von Verbandsmitgliedern (§ 3 Abs. II und III);
9. die Auflösung des Verbandes, die Bestellung besonderer Liquidatoren und die Verwendung des Verbandsvermögens im Falle der Auflösung;
10. die Angelegenheiten, die der Vorstand der Verbandsversammlung unterbreitet.

II Die Verbandsversammlung kann den Vorstand zum Abschluß von Verträgen nach Abs. I Ziff. 7 sowie zur Vornahme dringlicher Maßnahmen bis zu einem Kostenaufwand von ...... RM. ermächtigen.

§ 16. Geschäftsführung.

I Die Geschäfte des Verbands einschließlich des Kassen- und Rechnungswesens werden vom $\frac{\text{ersten Bürgermeister} \ldots\ldots}{\text{Bezirksamt} \ldots\ldots}$ geführt.

(Nur bei Geschäftsführung durch Bezirksämter):

II Art. 5 Abs. I BezO. gilt entsprechend.

§ 17. Voranschlag und Jahresrechnung.

I Für die Aufstellung des Voranschlags gilt Art. 46 Abs. I und II GO.; einer Auflage des Voranschlags bedarf es nicht.

II Die Jahresrechnung ist zur Einsicht durch die Verbandsmitglieder 14 Tage lang aufzulegen. Die Auflage ist bekannt zu machen.

§ 18. Kostentragung.

Von den Kosten[3]) des Zweckverbandes trägt die unmittelbare Gemeinde ...... Anteile, der Bezirk ...... Anteile.

§ 19. Auflösung.

I Die Auflösung des Zweckverbandes (vgl. §§ 13 Abs. II und III und 15 Abs. I Ziff. 9) bedarf der Genehmigung der Staatsaufsichtsbehörde. Dabei ist über die Verwendung des Vermögens (Abs. III) zu bestimmen. Die Genehmigung setzt voraus, daß die Rechte und Verbindlichkeiten der Verbandsmitglieder geregelt sind.

---

[3]) diese können, falls erwünscht, in Betriebsaufwand und Einrichtungsaufwand (vgl. Art. 36 FürsG.) zerlegt und darnach verschieden verteilt werden.

II Das Staatsministerium des Innern kann die Auflösung auch ohne Antrag verfügen, wenn die Erfüllung des Zweckes durch einen anderen Rechtsträger sichergestellt ist.

III Im Falle der Auflösung des Zweckverbandes wird sein Vermögen für Zwecke der Wandererfürsorge im Gebiete des Zweckverbandes nach dem Maßstabe der Beteiligung an der Kostentragung (§ 18) verwendet, sofern nicht ein Verbandsmitglied die Aufgaben des Zweckverbandes (Wandererarbeitsstätte) übernimmt; die übrigen Verbandsmitglieder sind in diesem Fall nach dem Maßstab ihrer Kostenbeteiligung (§ 18) im Zeitpunkte der Verbandsauflösung abzufinden.

§ 20. **Streitigkeiten.**

Für Streitigkeiten zwischen dem Verbande und seinen Mitgliedern oder zwischen Mitgliedern des Verbandes gilt Art. 138 Abs. I GO.

§ 21. **Schlußbestimmung.**

I Änderungen der Satzung (§ 15 Abs. I Ziff. 2) einschließlich der Fälle des § 3 Abs. II und III bedürfen der Genehmigung der Staatsaufsichtsbehörde.

II Die Satzung tritt am . . . . in Kraft.

i) Entschl. d. Staatsmin. d. Inn. vom 27. Jan. 1932 Nr. 6750 I 33 über Hebammengebühren in der Wochenfürsorge (StAnz. Nr. 24).[1]

An die Regierungen, K. d. I., und die Bezirksfürsorgeverbände.

Die von den Bezirksfürsorgeverbänden der unmittelbaren Gemeinden und der Bezirke gemäß § 12 der Reichsgrundsätze zu gewährende Wochenfürsorge umfaßt auch die sogen. Hebammenhilfe, die unter Berücksichtigung von Art und Grad der Hilfsbedürftigkeit zu gewähren ist. Die Gebühren[1]) für die Verrichtungen und Aufwendungen der Hebammen werden zweckmäßig unmittelbar an die Hebammen geleistet (vgl. auch § 12 Satz 3 RGr.), wie dies für das Gebiet der Reichsversicherungsordnung durch § 376a Abs. 2 RVO. ausdrücklich vorgeschrieben ist. Den Hebammen steht es frei, mit den Bezirksfürsorgeverbänden hierüber vertragliche Vereinbarungen allgemein oder im Einzelfalle abzuschließen.

Handelt es sich um eine Leistung der Hebammenhilfe im Rahmen des Art. 48 Abs. II letzter Satz FürsG. (private Hilfe), so entsteht ein unmittelbarer Anspruch der Hebamme auf Gebührenzahlung gegenüber dem Fürsorgeverband; in diesen Fällen hat der Fürsorgeverband stets die Hebammengebühren unmittelbar an die Hebammen zu leisten.

---

[1]) s. über die Gebühren der Hebammen V. v. 31. Jan. 1932 (GVBl. S. 42), über die den Hebammen von den Krankenkassen zu zahlenden Gebühren V. v. $\frac{\text{3. April 1930}}{\text{31. Jan. 1932}}$ (GVBl. S. $\frac{106}{42}$).

3.

Bisheriges bayer. vorläufiges Ausführungsrecht.

a) Vorläufige Ausführungsverordnung zur Reichsverordnung über die Fürsorgepflicht.

Vom 27. März 1924.

(GVBl. 1924 S. 126).

Gesamtministerium des Freistaates Bayern.

Zur Ausführung der Reichsverordnung über die Fürsorgepflicht vom 13. Februar 1924 — RFV. — (RGBl. Seite 100) wird auf Grund des § 31 dieser Verordnung mit Wirkung vom 1. April 1924 an bis zur gesetzlichen Regelung vorläufig folgendes verordnet:

I. Fürsorgeverbände.

Art. 1. Die Aufgaben der öffentlich-rechtlichen Fürsorge nach der RFV. werden durch den Landesfürsorgeverband, Bezirksfürsorgeverbände und Ortsfürsorgeverbände erfüllt.

Art. 2. Landesfürsorgeverband im Sinne der RFV. ist für die ihm zugewiesenen Aufgaben der Kreis, im übrigen der Staat.

Art. 3. I. Bezirksfürsorgeverbände im Sinne der RFV. sind die Bezirke und die kreisunmittelbaren Städte.

II. An Stelle der Bezirke sind für die Armenfürsorge einschl. der Fürsorge für hilfsbedürftige Minderjährige die nicht kreisunmittelbaren Gemeinden Bezirksfürsorgeverbände (Ortsfürsorgeverbände).

Art. 4. I. Die Bildung eines Gesamtfürsorgeverbandes durch Zusammenschluß mehrerer Bezirksfürsorgeverbände (Art. 3 Abs. I) oder Ortsfürsorgeverbände (Art. 3 Abs. II) bedarf der Genehmigung der Staatsaufsichtsbehörde. Gleiches gilt für die Teilung eines Bezirksfürsorgeverbandes oder Ortsfürsorgeverbandes.

II. Bei dringendem öffentlichen Bedürfnis, insbes. zur Sicherung der Leistungsfähigkeit, kann die Regierung, Kammer des Innern, Bezirksfürsorgeverbände und Ortsfürsorgeverbände auch ohne deren Zustimmung zu einem Gesamtfürsorgeverband vereinigen oder andere Änderungen hinsichtlich der Bezirke der Fürsorgeverbände treffen.

II. Aufgaben der Fürsorgeverbände.

Art. 5. I. Aufgaben der Bezirksfürsorgeverbände (Art. 3 Abs. I) sind alle in der RFV. den Bezirksfürsorgeverbänden zugewiesenen Aufgaben der Fürsorge, insbesondere die Fürsorge in Einzelfällen, soweit sie nicht in dieser Verordnung anderen Verbänden zugewiesen sind.

II. Die nach Art. 3 Abs. II den Ortsfürsorgeverbänden obliegende Armenfürsorge bemißt sich nach den für die Ortsarmenverbände geltenden Bestimmungen des Armengesetzes vom 21. August 1914.

Art. 6. I. Aufgaben der Kreise sind:

a) die Fürsorge für hilfsbedürftige Geisteskranke, Geistesschwache, Blöde, Epileptische, Blinde, Taubstumme, Krüppelhafte und unheilbare abschreckend oder ansteckend kranke Sieche, soweit sie der Anstaltspflege bedürfen,

b) die Fürsorge für die Erziehung und Ausbildung hilfsbedürftiger, blöder, blinder, taubstummer und krüppelhafter Kinder, soweit sie bildungsfähig sind, und der Unterbringung in Anstalten bedürfen,

c) die Übernahme und Kostenerstattung in den Fällen, in denen der Landesfürsorgeverband nach der RFV. als endgültig pflichtiger Fürsorgeverband einzutreten hat,

d) die dem Lande nach § 12 Abs. II mit IV und § 13 RFV. obliegende Fürsorge,

e) die Gewährung von Zuschüssen an Bezirks- und Ortsfürsorgeverbände, soweit sie mit Fürsorgelasten unverhältnismäßig belastet sind.

II. Die Kreise können mit Genehmigung der zuständigen Staatsministerien noch andere Aufgaben der Fürsorgeverbände übernehmen.

III. Der endgültig verpflichtete Bezirks- oder Ortsfürsorgeverband hat in den Fällen des Abs. I a und b ein Fünftel und in den Fällen des Abs. II mindestens ein Viertel des Fürsorgeaufwandes dem Kreise zu ersetzen.

IV. Der Staat ersetzt vier Fünftel des Fürsorgeaufwandes nach Abs. I d.

Art. 7. Aufgabe des Staates ist:

a) die Förderung allgemeiner Einrichtungen der Fürsorge,

b) die Beteiligung an der sozialen Kriegsbeschädigten- und Kriegshinterbliebenenfürsorge, insbesondere an der Erziehungs-, Berufs- und Gesundheitsfürsorge für Kriegerwaisen und Kinder Schwerkriegsbeschädigter[1]), an der Siechenfürsorge und der Fürsorge für sonstige Schwerbeschädigte,

c) die Beteiligung an der Arbeitsfürsorge für Schwerbeschädigte und Schwererwerbsbeschränkte im Sinne des § 1 Abs. I d RFV.,

d) die Gewährung von Zuschüssen an Fürsorgeverbände, soweit sie mit Fürsorgelasten unverhältnismäßig belastet sind.

---

1) Das hier eingesetzte Komma ist im GVBl. versehentlich weggeblieben.

III. Behörden und Verfahren.

Art. 8. I. Die Durchführung der Fürsorgeaufgaben obliegt den nach den bisherigen Vorschriften zuständigen Stellen. Dies gilt auch für die Armenfürsorge.

II. Für das Verfahren sind die bisherigen Vorschriften vorbehaltlich des § 29 Satz 2 RFV. maßgebend.

IV. Umfang der Fürsorge.

Art. 9. I. Voraussetzung, Art und Maß der zu gewährenden Fürsorge richtet sich bis zum Erlaß neuer Vorschriften nach den bisherigen Vorschriften über die Fürsorge für Kriegsbeschädigte und Kriegshinterbliebene, Sozialrentner und Kleinrentner sowie über die Wochenfürsorge.

II. Für die Armenfürsorge einschl. der Fürsorge für hilfsbedürftige Minderjährige gelten entsprechend die Bestimmungen des Armengesetzes vom 21. August 1914.

b) Verordnung über die Verwaltung der Fürsorgeverbände nach der Reichsverordnung über die Fürsorgepflicht.

Vom 12. Jan. 1925.

(GVBl. 1925 S. 39).

Gesamtministerium des Freistaates Bayern.

Zur Ausführung der Reichsverordnung über die Fürsorgepflicht vom 13. Februar 1924 — RFV. — (RGBl. I S. 100) wird auf Grund des § 31 dieser Verordnung folgendes verordnet:

Art. 1. (1) Die Geschäfte des Bezirksfürsorgeverbandes in den kreisunmittelbaren Städten verwaltet der städtische Wohlfahrtsausschuß (Wohlfahrtshauptausschuß). Die Zusammensetzung des Wohlfahrtsausschusses wird im Rahmen der folgenden Bestimmungen durch den Stadtrat geregelt.

(2) Der Wohlfahrtsausschuß besteht aus

a) einem Vorsitzenden oder dessen Stellvertreter,
b) einer Anzahl Stadtratsmitglieder,
c) dem Amtsarzt,
d) je einem Geistlichen der katholischen Kirche, der evangelisch-lutherischen Landeskirche r. d. Rh.[1]), der reformierten Kirche, in der Pfalz der protestantischen pfälzischen Landeskirche, insoweit im Stadtbezirk Kirchengemeinden des Bekenntnisses bestehen, ferner aus dem Rabbiner, wenn ein solcher in der Stadt seinen Sitz hat, andernfalls aus einem abgeordneten Mitglied

---

1) Das Komma ist im GVBl. versehentlich hinter dem Wort „Landeskirche" statt hinter „r. d. Rh.".

der israelitischen Kultusverwaltung (in der Pfalz des Synagogen-Ausschusses), wenn eine solche in der Stadt besteht,

e) Vertretern der in der Stadt tätigen Verbände der freien Wohlfahrtspflege wenigstens in der Hälfte der Zahl der Mitglieder nach b),

f) Vertretern aus den Kreisen der Kriegsbeschädigten und Kriegshinterbliebenen, der Sozialrentner und Kleinrentner wenigstens in der Hälfte der Zahl der Mitglieder nach b, von denen wenigstens die Hälfte den Kriegsbeschädigten und Kriegshinterbliebenen zu entnehmen sind,

g) Vertretern der Vorsteher von Wohlfahrtsbezirken (Art. 2 Abs. I und II) oder sonstigen in der öffentlichen Wohlfahrtspflege tätigen Personen bis zu 1/3 der Zahl der Mitglieder nach b).

(3) Den Vorsitzenden und dessen Stellvertreter beruft der Stadtrat für die Dauer seiner Wahlzeit aus seiner Mitte; er bestimmt die Zahl der Mitglieder nach Abs. II b und g und beruft sie und ebenso viele Stellvertreter für die Dauer seiner Wahlzeit.

(4) Die Geistlichen und ihre Stellvertreter (Abs. II d 1. Teil) ordnet für die Dauer der Wahlzeit die kirchliche Oberbehörde ab. Haben mehrere Amtsärzte im Stadtbezirk ihren Sitz, so bestimmt die vorgesetzte Dienstbehörde, welcher von ihnen dem Wohlfahrtsausschusse angehört.

(5) Die Vertreter der Verbände der freien Wohlfahrtspflege und ebenso viele Stellvertreter werden vom Stadtrat für die Dauer seiner Wahlzeit nach den Vorschlägen der im Stadtbezirk wirkenden Vereinigungen für freie Wohlfahrtspflege berufen. Vorschlagsberechtigt sind Vereinigungen, die sich seit mindestens drei Jahren mit Wohlfahrtspflege im Stadtbezirk befassen und eine entsprechende Zahl von Mitgliedern ausweisen. Ihre Vorschläge sind nach Umfang und Bedeutung des Wirkens der Vereinigung zu berücksichtigen. Den Vereinigungen steht wegen Ausschlusses vom Vorschlag oder wegen Nichtberücksichtigung ihrer Vorschläge binnen zwei Wochen die Beschwerde zur Regierung, Kammer des Innern, offen. Diese entscheidet unbeschadet der Oberaufsichtsbeschwerde endgültig. Von den Voraussetzungen nach Satz 2 kann für die erstmalige Bildung der Ausschüsse die Regierung, Kammer des Innern, auf Antrag Befreiungen bewilligen. Liegen Vorschläge im Sinne vorstehender Bestimmungen nicht vor, so beruft der Stadtrat die Vertreter nach freiem Ermessen.

(6) Die Vertreter der Hilfsbedürftigen (Abs. II f) und ebensoviele Stellvertreter werden vom Stadtrat für die Dauer seiner Wahlzeit nach den Vorschlägen der Vereinigungen der Kriegsbeschädigten und Kriegshinterbliebenen, der Sozialrentner und Kleinrentner berufen. Abs. V Satz 2 mit 7 gilt entsprechend.

Art. 2. (1) Nach Bedarf können in kreisunmittelbaren Städten für die Durchführung der Einzelfürsorge Wohlfahrtsbezirke gebildet werden. Die Staatsaufsichtsbehörde kann die Bildung solcher anordnen.

(2) Mehrere Wohlfahrtsbezirke können zu Mittelbezirken zusammengeschlossen werden.

(3) Die Bildung von Bezirken nach Abs. I und II, ihre Verwaltung und die Geschäftsverteilung regelt der Stadtrat.

(4) Der Wohlfahrtsausschuß (Art. 1 Abs. II) kann in widerruflicher Weise zur Durchführung der Fürsorge ehrenamtliche Pfleger aufstellen. Das Nähere regelt der Stadtrat.

Art. 3. (1) Bei den Wohlfahrtsausschüssen nach Art. 1 Abs. I ist zur Verbescheidung von Anträgen auf Leistungen des Fürsorgeverbandes ein Spruchausschuß zu bilden. Der Spruchausschuß besteht aus einem Vorsitzenden und nach Bestimmung des Stadtrates aus drei oder sechs Beisitzern, die den Gruppen der Stadtratsmitglieder, der Vertreter der Verbände der freien Wohlfahrtspflege und der Vertreter der Hilfsbedürftigen (Art. 1 Abs. II f) in gleicher Zahl zu entnehmen sind. In Angelegenheiten der Kriegsbeschädigten- und Kriegshinterbliebenenfürsorge müssen die Vertreter der Hilfsbedürftigen Vertreter der Kriegsbeschädigten und Kriegshinterbliebenen sein. Die Mitglieder des Spruchausschusses und die erforderliche Zahl von Stellvertretern beruft der Wohlfahrtsausschuß für die Dauer seiner Wahlzeit aus seiner Mitte.

(2) Der Wohlfahrtsausschuß kann bestimmen, daß der Vorsitzende des Spruchausschusses oder ein Beamter der Stadt über Anträge allein entscheidet. Gegen dessen Entscheidung steht den Beteiligten binnen 14 Tagen, von der Zustellung des Bescheides an gerechnet, der Einspruch zum Spruchausschuß zu. Auf das Einspruchsrecht ist im Bescheid hinzuweisen. Der Vorsitzende oder Beamte kann vorweg die Entscheidung des Spruchausschusses herbeiführen.

(3) Für die Behandlung von sonstigen Einzelgebieten der öffentlichen Fürsorge können weitere Ausschüsse berufen werden. Das Nähere bestimmt der Wohlfahrtsausschuß.

Art. 4. (1) Die Geschäfte des Bezirkes als Bezirksfürsorgeverband verwaltet das Bezirksamt mit dem Bezirksfürsorgeausschuß.

(2) Der Bezirksfürsorgeausschuß besteht aus
a) dem Vorstande des Bezirksamts oder einem seiner Stellvertreter als Vorsitzenden,
b) dem Bezirksarzt,
c) Mitgliedern des Bezirkstages,
d) je einem Geistlichen der katholischen Kirche, der evangel.-lutherischen Landeskirche rechts des Rheins[1]), der reformierten

[1]) Das Komma ist im GVBl. versehentlich hinter „Landeskirche" gestellt.

Kirche, in der Pfalz der protestantischen pfälzischen Landeskirche, insoweit im Bezirke Kirchengemeinden des Bekenntnisses bestehen,

e) Vertretern der im Bezirk tätigen Verbände der freien Wohlfahrtspflege wenigstens in der Hälfte der Zahl der Mitglieder nach c),

f) Vertretern aus den Kreisen der Kriegsbeschädigten und Kriegshinterbliebenen, der Sozialrentner und Kleinrentner wenigstens in der Hälfte der Zahl der Mitglieder nach c), von denen wenigstens die Hälfte den Kriegsbeschädigten und Kriegshinterbliebenen zu entnehmen sind.

(3) Der Bezirkstag bestimmt die Zahl der aus seiner Mitte abzuordnenden Mitglieder und beruft sie und ebenso viele Stellvertreter für die Dauer seiner Wahlzeit.

(4) Die Geistlichen und ihre Stellvertreter ordnet für die Dauer der Wahlzeit die kirchliche Oberbehörde ab. Die Zahl der Vertreter der Verbände der freien Wohlfahrtspflege und der Vertreter der Hilfsbedürftigen (Abs. II f) bestimmt der Bezirkstag; er beruft sie und ebenso viele Stellvertreter für die Dauer seiner Wahlzeit; Art. 1[1]) Abs. V Satz 2 mit 7 und VI gilt entsprechend.

Art. 5. (1) Beim Bezirksfürsorgeausschuß ist zur Verbescheidung von Anträgen auf Leistungen des Fürsorgeverbandes ein Spruchausschuß zu bilden. Der Spruchausschuß besteht aus dem Vorsitzenden des Bezirksfürsorgeausschusses oder dessen Stellvertreter, ferner nach Bestimmung des Bezirkstages aus drei oder sechs Beisitzern, die den Gruppen der Bezirkstagsmitglieder, der Vertreter der Verbände der freien Wohlfahrtspflege und der Vertreter der Hilfsbedürftigen (Art. 4 Abs. II f) in gleicher Zahl zu entnehmen sind. In Angelegenheiten der Kriegsbeschädigten- und Kriegshinterbliebenenfürsorge müssen die Vertreter der Hilfsbedürftigen Vertreter der Kriegsbeschädigten und Kriegshinterbliebenen sein. Die Beisitzer des Spruchausschusses und die erforderliche Zahl von Stellvertretern beruft der Bezirksfürsorgeausschuß für die Dauer seiner Wahlzeit aus seiner Mitte.

(2) Der Bezirksfürsorgeausschuß kann die Entscheidung über Anträge dem Vorsitzenden allein übertragen. Gegen dessen Entscheidung steht den Beteiligten binnen 14 Tagen, von der Zustellung an gerechnet, der Einspruch zum Spruchausschuß zu. Auf das Einspruchsrecht ist im Bescheid hinzuweisen. Der Vorsitzende kann vorweg die Entscheidung des Spruchausschusses herbeiführen.

(3) Für die Behandlung von sonstigen Einzelgebieten der öffentlichen Fürsorge können weitere Ausschüsse berufen werden. Das nähere bestimmt der Bezirksfürsorgeausschuß.

Art. 6. (1) Die Aufgaben der amtlichen Fürsorgestellen (§ 9 der RV. über die soziale Kriegsbeschädigten- und Kriegshinterbliebenen-

---

[1]) Im GVBl. ist versehentlich I gesetzt.

fürsorge vom 8. Februar 1919 in der Fassung des § 34 RFV.) werden, soweit es sich um Aufgaben nach der RFV. handelt, den Verwaltungsorganen der Bezirksfürsorgeverbände (Art. 1—5) übertragen. Ihre sonstigen Aufgaben gehen auf die Bezirksverwaltungsbehörden über.

(2) Die Spruchausschüsse (Art. 3 und 5) sind Beiräte im Sinne der RV. vom 8. Februar 1919.

Art. 7. (1) Die Geschäfte des Ortsfürsorgeverbandes verwaltet der Ortsfürsorgeausschuß.

(2) Er besteht aus

a) den Bürgermeistern der Gemeinde,
b) weiteren Mitgliedern des Stadt- oder Gemeinderates,
c) den Pfarrern der Pfarreien, zu deren Sprengeln der Ortsfürsorgeverband gehört,
d) dem Rabbiner, wenn ein solcher im Ortsfürsorgeverband seinen Sitz hat, andernfalls aus einem abgeordneten Mitglied der israelitischen Kultusverwaltung (in der Pfalz des Synagogenausschusses), wenn eine solche in der Gemeinde besteht,
e) dem Bezirksarzt, wenn er im Ortsfürsorgeverband seinen Sitz hat,
f) weiteren gewählten Mitgliedern.

(3) Der Stadtrat (Gemeinderat) bestimmt die Zahl der Mitglieder nach Abs. II b und ordnet sie und ebenso viele Stellvertreter für die Dauer seiner Wahlzeit ab. Er bestimmt die Zahl der Mitglieder nach Abs. II f und wählt sie und ebenso viele Stellvertreter für die Dauer seiner Wahlzeit. Hierbei ist darauf zu achten, daß auch Personen aus den Kreisen der freien Wohlfahrtspflege beigezogen werden.

(4) Die Stellvertreter im Pfarramt, ferner die mit vollen pfarrlichen Rechten ausgestatteten Seelsorgegeistlichen stehen den Pfarrern gleich. In Gemeinden, die ganz oder teilweise zu einem Seelsorgebezirk gehören, für den ein eigener Geistlicher bestellt ist, kann die Saatsaufsichtsbehörde diesen auf Antrag des Pfarrers an dessen Stelle in widerruflicher Weise als selbständiges Mitglied des Ortsfürsorgeausschusses bestimmen. Er steht dann im Ortsfürsorgeausschuß dem Pfarrer gleich. Seine Geschäftsführung unterliegt jedoch der Aufsicht des Pfarrers. Sind in einer protestantischen Pfarrei mehrere Pfarrer angestellt, so ist der 1. (in der Pfalz der mit höherer Amtswürde, bei gleicher Amtswürde mit höherem Dienstalter) zum Mitglied des Ortsfürsorgeausschusses berufen. Eine andere Regelung durch die beteiligten Pfarrer ist zulässig.

(5) Den Vorsitz führt in den Gemeinden mit vormals städtischer Verfassung und in den Gemeinden mit pfälzischer Gemeindeverfassung der Bürgermeister, von mehreren der erste; in anderen Gemeinden der Pfarrer, von mehreren Pfarrern der Pfarrer des überwiegenden Bekenntnisses, dessen Pfarrei die meisten Angehörigen dieses Bekenntnisses im Ortsfürsorgeverband umfaßt. Eine andere Vereinbarung

unter den Pfarrern bleibt vorbehalten. Den Stellvertreter des Vorsitzenden bestimmt der Ortsfürsorgeausschuß aus seiner Mitte.

Art. 8. (1) Die Geschäfte des Kreises als Landesfürsorgeverband verwaltet der Kreisfürsorgeausschuß.

(2) Er besteht aus

a) dem Vorsitzenden,

b) dem Leiter der Kreishauptfürsorgestelle der Kriegsbeschädigten und Kriegshinterbliebenen, falls er nicht Vorsitzender ist,

c) Mitgliedern des Kreistags,

d) Vertretern der im Regierungsbezirk tätigen Verbände der freien Wohlfahrtspflege wenigstens in der Hälfte der Zahl der Mitglieder nach c,

e) Vertretern aus den Kreisen der Kriegsbeschädigten und Kriegshinterbliebenen, der Sozialrentner und Kleinrentner wenigstens in der Hälfte der Zahl der Mitglieder nach c, von denen wenigstens die Hälfte den[1]) Kriegsbeschädigten und Kriegshinterbliebenen zu entnehmen sind,

f) je einem Vertreter eines Wohlfahrtsausschusses und eines Bezirksfürsorgeausschusses (Art. 1 und 5) der zum Kreise gehörigen Bezirksfürsorgeverbände.

(3) Der Vorsitzende und dessen Stellvertreter werden vom Ministerium des Innern und vom Ministerium für Soziale Fürsorge aus den höheren Beamten der inneren Verwaltung bestimmt.

(4) Der Kreisausschuß bestimmt die Zahl der Kreistagsmitglieder und beruft sie und die Vertreter nach Abs. II f sowie ebenso viele Stellvertreter für die Dauer seiner Wahlzeit. Er bestimmt auch die Zahl der Vertreter der Verbände der freien Wohlfahrtspflege sowie der Vertreter der Hilfsbedürftigen (Abs. II e) und beruft sie und ebenso viele Stellvertreter für die Dauer seiner Wahlzeit. Die Vertreter der Kriegsbeschädigten und Kriegshinterbliebenen bringt der Beirat der Kreishauptfürsorgestelle für Kriegsbeschädigte und Kriegshinterbliebene in Vorschlag. Im übrigen gilt Art. 1[2]) Abs. V Satz 2 mit 7 und VI entsprechend.

(5) Der Kreisfürsorgeausschuß kann für die Behandlung von Einzelgebieten der öffentlichen Fürsorge Ausschüsse bilden. Er kann die Verbescheidung von Anträgen auf Leistungen des Fürsorgeverbandes einem Ausschuß oder dem Vorsitzenden allein übertragen.

Art. 9. Die Aufgaben des Staates als Landesfürsorgeverband werden vom Ministerium des Innern und vom Ministerium für Soziale Fürsorge nach Maßgabe ihrer Zuständigkeit verwaltet.

Art. 10. Die Landeshauptfürsorgestelle und die Kreishauptfürsorgestellen für Kriegsbeschädigte und Kriegshinterbliebene sowie ihre

---

1) Im GVBl. heißt es versehentlich „der".

2) Im GVBl. heißt es versehentlich „I".

Beiräte und Schwerbeschädigten-Ausschüsse bleiben bis zu anderweitiger Regelung bestehen. Bis dahin bemißt sich ihre Zuständigkeit nach den bisherigen Vorschriften.

Art. 11. (1) In die Verwaltung der Fürsorgeverbände und zu Pflegern können nur Personen berufen werden, die zu Gemeindeämtern wählbar sind; sie scheiden aus, wenn sie die Wählbarkeit verlieren. Im Streitfall entscheidet die dem Fürsorgeverband vorgesetzte Staatsaufsichtsbehörde endgültig.

(2) Mitglieder der Verwaltungsorgane, die auf Grund eines staatlichen oder kirchlichen Amtes berufen sind, können die Mitgliedschaft nicht ablehnen. Im übrigen gelten für die Ablehnung, Niederlegung oder Entlassung die Vorschriften der Gemeindeordnungen. Die Dienstleistung in der Verwaltung der Fürsorgeverbände oder als Pfleger gilt als Amt nach Art. 174 Abs. I Ziff. 3 der rrh. GemO. Die Staatsaufsichtsbehörden entscheiden endgültig.

(3) Die Mitglieder der Verwaltungsorgane, die nicht auf Grund eines staatlichen oder kirchlichen Amtes berufen sind, und Pfleger werden zur gewissenhaften Erfüllung ihrer Obliegenheiten und insbesondere zur Wahrung der Amtsverschwiegenheit in Pflicht genommen. Für sie gelten die Art. 166, 167, 169 der rrh. GemO. und Art. 96—99 der pfälz. GemO. entsprechend. Entscheidungen treffen die Staatsaufsichtsbehörden.

(4) Die Mitglieder der Verwaltungsorgane und Pfleger versehen ihre Stelle ehrenamtlich und unentgeltlich. Bei Dienstleistungen außerhalb ihres Wohnortes erhalten sie Entschädigung für Reisekosten und Aufwand vom Fürsorgeverband nach dessen Regelung.

Art. 12. (1) Der Wohlfahrtsausschuß (Art. 1), der Bezirksfürsorgeausschuß, der Kreisfürsorgeausschuß vertreten in den Angelegenheiten der öffentlichen Fürsorge der Stadt, den Bezirk, den Kreis als Bezirks- und Landesfürsorgeverband. Sie verwalten die öffentlich-rechtliche Fürsorge nach den für die Verwaltung der Gemeinden, der Bezirke und Kreise geltenden allgemeinen Bestimmungen und den besonderen reichs- und landesrechtlichen Vorschriften über die öffentliche Fürsorge im Rahmen des vom Stadtrat, vom Bezirkstag, vom Kreistag bewilligten Haushalts. Vor der Verbescheidung des Haushaltsplans ist dem Fürsorgeausschuß Gelegenheit zur Stellungnahme zu geben.

(2) Der durch andere Einnahmen der Fürsorgeverbände nicht gedeckte Bedarf ist nach den für den Gemeinde-, Bezirks- und Kreisbedarf geltenden allgemeinen Grundsätzen aufzubringen.

Art. 13. (1) Der Ortsfürsorgeausschuß vertritt in den Angelegenheiten der Armenfürsorge die Gemeinde als Ortsfürsorgeverband. Er verwaltet die Armenfürsorge nach den für die Verwaltung der gemeindlichen Angelegenheiten geltenden allgemeinen Bestimmungen und den besonderen reichs- und landesrechtlichen Vorschriften über die öffentliche Fürsorge im Rahmen des vom Gemeinderat bewilligten

Haushalts. Vor der Verbescheidung des Haushaltsplanes ist dem Ortsfürsorgeausschuß Gelegenheit zur Stellungnahme zu geben.

(²) Der durch andere Einnahmen nicht gedeckte Bedarf des Ortsfürsorgeverbandes ist nach den für den Gemeindebedarf geltenden allgemeinen Bestimmungen aufzubringen.

Art. 14. In den Bezirken der Pfalz, zu denen kreisunmittelbare Städte gehören, sind für die in gegenwärtiger Verordnung dem Bezirkstag übertragenen Aufgaben die Bezirkstagsmitglieder, welche in den kreisunmittelbaren Städten ihren Wohnsitz haben, nicht stimmberechtigt; sie können auch nicht in den Bezirksfürsorgeausschuß oder in Ausschüsse des Bezirkes gem. Art. 5 berufen werden.

Art. 15. Die Verordnung tritt sofort in Kraft.

Nachtrag.[1])

Verordnung über arbeitslose landwirtschaftliche Siedlungsanwärter.

Vom 18. Februar 1932.

(RGBl. I S. 78).

Auf Grund der Dritten Verordnung des Reichspräsidenten zur Sicherung von Wirtschaft und Finanzen und zur Bekämpfung politischer Ausschreitungen vom 6. Oktober 1931 Vierter Teil Kapitel II § 21 (Reichsgesetzbl. I S. 537/553) wird hiermit nach Zustimmung des Reichsrats verordnet:

Art. 1. (1) Die unentgeltliche Mitarbeit eines Siedlungsanwärters bei der Errichtung einer landwirtschaftlichen Siedlung (insbesondere bei Aufschließung des Geländes, Herstellung der Gebäude und Gemeinschaftsanlagen) begründet kein Arbeitsverhältnis im Sinne des Arbeitsrechts und kein Arbeits- oder Dienstverhältnis im Sinne des § 11 der Verordnung über die Fürsorgepflicht.

(2) Die Unentgeltlichkeit der Mitarbeit wird nicht dadurch ausgeschlossen, daß dem Siedlungsanwärter der Betrag, der durch seine Mitarbeit beim Aufbau der Siedlung erspart wird, auf die Anzahlung oder den Kaufpreis angerechnet wird.

Art. 2. (1) Siedlungsanwärter, die bei der Errichtung der Siedlung unentgeltlich mitarbeiten, erhalten Arbeitslosenunterstützung, soweit bei ihnen im übrigen die Voraussetzungen dafür vorliegen; der Unterstützung steht es nicht entgegen, daß der Siedlungsanwärter berufsmäßig überwiegend nicht mehr als Arbeitnehmer tätig zu sein pflegt und daß er dem Arbeitsmarkt nicht zur Verfügung steht.

(2) Abs. 1 gilt nur für solche Siedlungsanwärter, die mindestens einen Angehörigen haben, für den ihnen nach dem Gesetz über Arbeitsvermittlung und Arbeitslosenversicherung der Familienzuschlag zustände.

(3) Der Betrag, der durch die Mitarbeit erspart wird (Artikel 1 Abs. 2), ist auf die Unterstützung nicht anzurechnen.

Art. 3. (1) Soweit nach Artikel 2 Arbeitslosenunterstützung an Siedlungsanwärter zu gewähren ist, richtet sich die Höchstdauer der

---

[1]) Einzufügen auf S. 75 als Abänderung gg). Vorzumerken zu S. 16 Ziff. 7, dann zu § 7 Abs. 1 (S. 24 Fußnote 5), zu § 11 (S. 25) und zu § 14 Abs. 3c (S. 27).

versicherungsmäßigen Unterstützung nach den allgemeinen Vorschriften. Im gleichen Falle wird die Krisenunterstützung über die jeweilige Höchstdauer hinaus gewährt, sofern die sonstigen Voraussetzungen für die Krisenunterstützung vorliegen.

(2) Die versicherungsmäßige Arbeitslosenunterstützung oder die Krisenunterstützung darf nicht über die Übergabe der Siedlerstelle an den Siedlungsanwärter hinaus gewährt werden. Die Unterstützung ist jedoch vorher zu entziehen, wenn die zuständige Siedlungsbehörde feststellt, daß die Durchführung des Siedlungsverfahrens unnötig verzögert wird.

Art. 4. (1) In den Fällen des Artikel 2 wird die Krisenunterstützung ohne Rücksicht auf die Berufszugehörigkeit oder den Wohnort des Siedlungsanwärters gewährt.

(2) Die Krisenunterstützung ist jedoch ausgeschlossen, wenn der Siedlungsanwärter, ohne versicherungsmäßige Arbeitslosenunterstützung oder Krisenunterstützung zu empfangen, in dem Zeitpunkt, in dem er seine Mitarbeit aufnimmt, allein von der öffentlichen Fürsorge unterstützt wird. In diesem Falle verbleibt abweichend von § 7 Abs. 1 der Fürsorgepflichtverordnung für den Siedlungsanwärter und seine Haushaltsangehörigen während der Mitarbeit, jedoch nicht über die Übergabe der Siedlerstelle hinaus, die Pflicht zur unmittelbaren Gewährung der Fürsorge bei dem Bezirksfürsorgeverbande, der diese Pflicht bis zum Ortswechsel erfüllt hat. Für die landesrechtliche Verteilung der Kostenlast zwischen dem vorläufig verpflichteten Verband und seinen Gemeinden gilt der Hilfsbedürftige in seiner bisherigen Wohnortsgemeinde verblieben. Die Vorschriften über die endgültige Fürsorgepflicht bleiben unberührt.

(3) Die vom Siedlungsunternehmer gewährte freie Kost und Unterkunft gilt für die Krisenunterstützung nicht als Einkommen des Anwärters.

Art. 5. Zuständig für die Arbeitslosenunterstützung des Siedlungsanwärters bleibt das Arbeitsamt, das nach den allgemeinen Vorschriften zuständig wäre, auch dann, wenn der Anwärter seinen Wohn- oder Aufenthaltsort in die Siedlungsgemeinde verlegt.

Art. 6. (1) Der Siedlungsträger hat dem Arbeitsamt (Artikel 5) sowie im Falle des Artikel 4 Abs. 2 der Fürsorgestelle unverzüglich Mitteilung zu machen, wenn ein Siedlungsanwärter die unentgeltliche Mitarbeit in einem Siedlungsverfahren im Sinne des Reichssiedlungsgesetzes vom 11. August 1919 (Reichsgesetzbl. S. 1429), in dem er eine Siedlerstelle erhalten soll, aufnimmt.

(2) Eine entsprechende Mitteilung hat der Siedlungsträger zu machen, sobald eine dieser Voraussetzungen fortfällt, die Mitarbeit aufhört oder die Übergabe der Stelle stattfindet.

(3) Die Unterstützung nach dieser Verordnung darf nur für den

Zeitraum gewährt werden, den die Mitarbeit auf Grund dieser Mitteilungen dauert.

Art. 7. Siedlungsanwärter, die Arbeitslosenunterstützung beziehen, unterliegen nicht der Meldepflicht nach § 173 des Gesetzes über Arbeitsvermittlung und Arbeitslosenversicherung.

Art. 8. Das Arbeitsamt soll die Unterstützung in der Regel nicht dem Siedlungsanwärter selber, sondern dem zuschlagsberechtigten Angehörigen oder derjenigen Person, Anstalt oder Behörde auszahlen, in deren Obhut sich der Angehörige befindet.

Art. 9. Für die Aufbringung der Mittel für die Arbeitslosenunterstützung der Siedlungsanwärter gelten die allgemeinen Vorschriften. Das gilt auch hinsichtlich der Verpflichtung der Gemeinden, einen Teil des Aufwandes der Krisenunterstützung zu tragen (Gesetz über Arbeitsvermittlung und Arbeitslosenversicherung § 167 Abs. 1).

Art. 10. Eine offensichtliche Härte im Sinne der Verordnung über die Fürsorgepflicht (§ 14 Abs. 3 c) liegt insbesondere vor, solange vom Verbleiben des Siedlungsanwärters auf seiner Siedlerstelle eine Beseitigung oder Minderung seiner Hilfsbedürftigkeit noch zu erwarten ist.

Art. 11. Gemeinden, in deren Bezirk Siedlungsanwärter angesiedelt werden, sind abweichend vom Gesetz über die Freizügigkeit (§ 4) den Siedlungsanwärtern und ihren Haushaltsangehörigen gegenüber zur Abweisung nicht befugt.

Art. 12. Diese Verordnung tritt am 22. Februar 1932 in Kraft.

Sachregister.

Die Zahlen bedeuten die Seiten; die Paragraphen oder Artikel sind in Klammern beigefügt; die Absätze sind neben den Paragraphen oder Artikeln mit hochgestellten kleinen Ziffern bezeichnet.

A.

FSC
www.fsc.org
MIX
Papier | Fördert gute Waldnutzung
FSC® C083411

Kolibri 360 GmbH
Ferdinand-Jühlke-Straße 7
99095 Erfurt, Deutschland
produktsicherheit@kolibri360.de